Q&A 小学英語指導法事典

教師の質問112に答える

樋口 忠彦・髙橋 一幸・
加賀田 哲也・泉 惠美子 編著

教育出版

はしがき

　急速に進展するグローバル化を見据えて，世界の国々で外国語教育の改革・改善が推進されています。わが国でも外国語教育の改革・改善は喫緊の課題であり，小学校外国語活動の教科化，小中高に一貫する学習到達目標の設定，小中高における言語材料の拡充，活動の高度化，大学入試方法の改善など，これまでにない規模の改革・改善が実施されようとしています。
　なかでも小学校の外国語教育は，3，4年生で外国語活動，5，6年生で外国語科が実施されますが，わが国の公立小学校で必修教科として外国語が指導されるのは初めてのことです。この教科化により，小中高で展開される外国語教育において，小学校外国語教育は，当然，重要な役割―以後の外国語教育への動機づけと外国語学習の「基礎づくり」―を担うことになります。小学校が担う役割の重要性を考えると，小学校外国語教育が今後のわが国の外国語教育改革・改善の成否を左右するように思われます。
　多くの小学校の先生方は，今回の教科化にともなう新たな挑戦に，責任感と不安感をお持ちではないでしょうか。本書は，このような先生方に少しでもお役に立つ書物をという気持ちで企画しました。小学校で外国語を指導する際に必要な基礎知識や一歩進んだ知識に関して，先生方からよく耳にする質問に理論と実践を踏まえて答えるという形式で編集しました。執筆者は英語教育の研究者，小学校で先導的な実践をされ成果をあげておられる先生方に依頼し，簡潔，明瞭に執筆していただきました。したがって，本書は，小学校で英語指導に携わる先生方に，これからの授業を考える新たな視点や明日の授業に役立つアイディアを提供する書であると確信しています。
　本書のご利用にあたっては，1章から順に読み進めると小学校外国語教育について体系的にご理解いただけますが，必要なときに必要な項目を選んで読み，「事典的」に活用されてもよいでしょう。
　最後に，本書の刊行にあたりお世話になった教育出版㈱の山﨑富士雄社長，廣瀬智久関西支社長，編集の実務を担当していただいた阪口建吾氏，舟本朝子氏に，心よりお礼を申し上げます。

　2017年7月

編著者代表　樋口忠彦

もくじ

はしがき

第1章　小学校外国語教育の目的，目標と役割 …………………… 1
- **Q1-1**　外国語教育の目的と小学校外国語教育の意義は？　2
- **Q1-2**　小学校外国語の教科化の経緯とその理由は？　4
- **Q1-3**　小学校外国語教育の目標と役割は？　7
- **Q1-4**　諸外国と日本の小学校外国語・英語教育の相違点は？　9
- **Q1-5**　小学校外国語教育の課題と課題解決策は？　13

第2章　児童の特性と小学校英語教育の在り方 …………………… 15
- **Q2-1**　児童の発達段階と英語教育の関連は？　16
- **Q2-2**　母語習得と第二言語習得の共通点，相違点は？　18
- **Q2-3**　第二言語習得研究から得られる示唆とは？　20
- **Q2-4**　脳の発達と英語学習の関連は？　22
- **Q2-5**　社会文化理論から得られる示唆とは？　24
- **Q2-6**　英語学習に関わる学習者要因とは？　25
- **Q2-7**　コミュニケーション能力とは？　27
- **Q2-8**　小学校英語教育の影響と効果は？　29

第3章　学習到達目標（CAN-DO）と指導内容 …………………… 31
- **Q3-1**　小学校外国語活動，外国語科の目標は？　32
- **Q3-2**　言語活動とは？　35
- **Q3-3**　言語材料とは？　37
- **Q3-4**　学習到達目標（CAN-DO）とは？　39
- **Q3-5**　「聞くこと」の学習到達目標と指導内容は？　40
- **Q3-6**　「話すこと」の学習到達目標と指導内容は？　43
- **Q3-7**　「読むこと」の学習到達目標と指導内容は？　46
- **Q3-8**　「書くこと」の学習到達目標と指導内容は？　48
- **Q3-9**　学習到達目標（CAN-DOリスト）の作成方法と作成の手順は？　50

| Q3-10 | 参考になるCAN-DOリストの具体例は？　52 |

第4章　4技能5領域の指導方法と留意点 …………………… 57
Q4-1	4技能の指導順序は？　58
Q4-2	「聞くこと」の指導方法と指導上の留意点は？　59
Q4-3	「話すこと」の指導方法と指導上の留意点は？　62
Q4-4	コミュニケーション・ストラテジー(方略)の指導は？　65
Q4-5	「読むこと」の指導方法と指導上の留意点は？　67
Q4-6	「書くこと」の指導方法と指導上の留意点は？　69
Q4-7	ローマ字指導とアルファベット指導の関係は？　71
Q4-8	フォニックスの利用方法は？　73

第5章　外国語教育における国際理解教育の進め方 …………… 77
Q5-1	国際理解教育とは？　78
Q5-2	外国語教育における国際理解教育の目標と育成すべき態度や能力は？　80
Q5-3	国際理解を深める題材と指導のポイントは？　82
Q5-4	国際理解を深める中学年の題材と活動は？　85
Q5-5	国際理解を深める高学年の題材と活動は？　87
Q5-6	アジア諸国の外国語教育でみられる国際理解教育は？　89

第6章　児童が主体的に取り組み，学ぶ活動 …………………… 91
Q6-1	語彙や表現に慣れ親しむ活動とは？　92
Q6-2	コミュニケーション・自己表現を楽しむ活動とは？　95
Q6-3	クイズの作り方，具体例と活用法は？　99
Q6-4	ゲームの作り方，具体例と活用法は？　101
Q6-5	他教科の内容を使った活動の具体例は？　104
Q6-6	プロジェクト学習の進め方は？　108

第7章　教材・教具の活用法 ……………………………………… 113
Q7-1	児童が生き生き学ぶ教科書の使い方は？　114
Q7-2	うたの効果的な活用法は？　115
Q7-3	チャンツの効果的な活用法は？　117

Q7-4	絵本を使ってみたいが……？ 119
Q7-5	絵，写真，カレンダーなどの視覚教材の活用法は？ 122
Q7-6	絵カード，文字カードの上手な使い方は？ 124
Q7-7	パペット（人形）の効果的な使い方は？ 126
Q7-8	CD，DVDの効果的な使い方は？ 127
Q7-9	デジタル教材の活用法は？ 128
Q7-10	パソコン，タブレット端末機の活用法は？ 131

第8章　学習指導案作りの基礎知識—よりよい授業設計のために ……… 135

Q8-1	小学校の英語授業に役立つ指導法は？ 136
Q8-2	現場から見た小学生の英語の学び方の特徴は？ 140
Q8-3	教材研究のポイントは？ 142
Q8-4	基本的な授業過程と各過程の役割と活動内容　143
Q8-5	学習指導案の作成方法は？ 145
Q8-6	英語に楽しくふれる学習指導案とは？（中学年）　147
Q8-7	積極的にコミュニケーションを図りたくなる学習指導案とは？（5年生）153
Q8-8	自己表現力の育成をめざした学習指導案とは？（6年生）158
Q8-9	CLILの理念に基づく学習指導案は？（5年／6年）163
Q8-10	短時間授業のメリットを生かす方法は？ 167
Q8-11	くり返し学習中心の短時間授業の展開例は？ 168
Q8-12	発展的な学習を中心にした短時間授業の展開例は？ 170
Q8-13	45分授業から独立した学習内容中心の短時間授業の実践例は？ 172

第9章　授業の進め方—よりよい授業づくりのために ……………… 175

Q9-1	授業を英語で進めるコツと望ましいティーチャー・トークは？ 176
Q9-2	授業の各過程で使う教室英語は？ 179
Q9-3	語彙や表現の導入方法と留意点は？ 182
Q9-4	効果的な反復・模倣のさせ方は？ 185
Q9-5	望ましい発問とは？ 186
Q9-6	さまざまな活動形態の活用法は？ 187
Q9-7	誤りの修正方法は？ 189
Q9-8	授業を学習指導案通りに進められないが……？ 191

| Q9-9 | TTのための短時間で効果的な打ち合わせのコツは？　192 |
| Q9-10 | TTを上手に進めるためのポイントは？　193 |

第10章　児童の関心，意欲を高める指導 …………………… 195

Q10-1	児童にやる気を起こさせる指導のポイントは？　196
Q10-2	英語学習に対する関心・意欲・態度を育成，持続させるには？　198
Q10-3	中学年の児童の動機づけを高める指導とは？　200
Q10-4	高学年の児童の動機づけを高める指導とは？　202
Q10-5	自己有能感を高める指導とは？　204
Q10-6	自律した学習者を育成するには？　206

第11章　多様な児童への対応とクラスルーム・マネージメント …… 209

Q11-1	児童が楽しく，自信を持って参加できる環境を作るには？　210
Q11-2	「学びのユニバーサル・デザイン」とは？　212
Q11-3	英語学習が遅れがちな児童に対する指導は？　214
Q11-4	授業中に立ち歩いたり，集中できない児童への指導は？　216
Q11-5	ペアやグループでの活動に参加できない児童への指導は？　217
Q11-6	「発達障がい」のある児童への対応や英語の指導は？　218

第12章　評価の在り方，進め方 …………………………… 221

Q12-1	領域と教科の評価の違いは？　222
Q12-2	評価の観点，評価規準，評価基準の関係は？　223
Q12-3	外国語活動と外国語科の評価方法は？　225
Q12-4	4技能の評価は？　227
Q12-5	CAN-DO評価とは？　229
Q12-6	振り返りシートの作成法と活用法は？　231
Q12-7	パフォーマンス評価とは？　233
Q12-8	ポートフォリオ評価とは？　235
Q12-9	自己評価・相互評価の意義と進め方は？　237
Q12-10	授業中に教員が行う評価は？　238

第13章　これからの指導者の研修，養成 …………………………………… 241

- Q13-1　担任，ALT，特別非常勤講師，専科教員の役割は？　242
- Q13-2　指導者に求められる資質や能力は？　244
- Q13-3　担任に必要な英語力は？　246
- Q13-4　校内研修会の運営方法は？　247
- Q13-5　教育センターや民間の研修会の特徴と効果的な利用方法は？　249
- Q13-6　自己研修の進め方は？　251
- Q13-7　諸外国における教員研修や教員養成は？　252
- Q13-8　教員養成や教員研修の現状と今後は？　254

第14章　小中英語教育の現状と小中連携の在り方 …………………… 257

- Q14-1　小・中教員から見た小英の成果と課題は？　258
- Q14-2　中学校英語教育の現状—成果と課題は？　260
- Q14-3　小が中，中が小の英語授業に期待することは？　262
- Q14-4　小・中学生に英語を指導する際の違いは？　263
- Q14-5　小中連携を考える観点は？　265
- Q14-6　小中連携の事例とそれを意義あるものにする方策は？　267

第 1 章

小学校外国語教育の目的,目標と役割

> この章では,まず諸外国とわが国の外国語教育の目的と小学校で外国語教育を行う意義について考えます。次に,わが国の小学校における外国語の教科化の経緯とねらい,小中高の外国語教育の目標と小学校の役割や外国語活動と外国語科の共通点と相違点について示します。その後,諸外国の小学校外国語教育の現状と日本との相違点,及びわが国の小学校外国語教育の課題と課題解決のためのヒントを探ります。

Q 1-1　外国語教育の目的と小学校外国語教育の意義は？ ……………… 2
Q 1-2　小学校外国語の教科化の経緯とその理由は？ …………………… 4
Q 1-3　小学校外国語教育の目標と役割は？ ……………………………… 7
Q 1-4　諸外国と日本の小学校外国語・英語教育の相違点は？ ………… 9
Q 1-5　小学校外国語教育の課題と課題解決策は？ ……………………… 13

外国語教育の目的と小学校外国語教育の意義は？

グローバル化が進展する21世紀における外国語教育の目的と小学校で外国語を指導する意義を説明してください。

1．諸外国とわが国の外国語教育の目的

まず英語を外国語として学習している国や地域，次にわが国の外国語・英語教育の目的について考えます。

中国，韓国，タイ，台湾などのアジアの国や地域では，自国がグローバル化が進む世界で政治的，経済的に生き残り飛躍するために，英語をコミュニケーションの手段として使って国際的視野に立って活躍できる人材の育成を英語教育の目的としています。またそのような能力を身に付けることが個人の繁栄や幸福にもつながる，と考えています。

他方，EU諸国では，第二次世界大戦の反省から，異言語・異文化への理解を深め，互いの存在を尊重する「複言語主義」「複文化主義」を掲げ，母語以外に2言語の学習を奨励しています。これは，複数の言語によるコミュニケーション能力を高めることによって，より多くの情報が入手でき，成功する機会が高まるだけでなく，平和で豊かな生活につながる，という考えによるものです。

では，わが国の外国語・英語教育の目的はどこにあるのでしょうか。長い間，実用重視か教養重視かという視点から目的論が展開されてきましたが，平成元年（1989）告示の中学校学習指導要領で「コミュニケーション重視」の英語教育が明確に打ち出されました。そして現在の外国語教育の目的と方向性は，1996年の中央教育審議会答申の第2章①「国際化と教育」の以下の提案に基づいているように思われます。

> (a) 広い視野を持ち，異文化を理解するとともに，これを尊重する態度や異なる文化を持った人々と共に生きていく資質や能力の育成を図ること。
> (b) 国際理解のためにも，日本人として，また，個人としての自己の確立を図ること。
> (c) 国際社会において，相手の立場を尊重しつつ，自分の考えや意思を表現できる基礎的な力を育成する観点から，外国語能力の基礎や表現力等のコミュニケーション能力の育成を図ること。

この提案において，木村（2011）が指摘するように，(a) では多様な人々と「共生」していく資質，能力の育成，(b) では日本人としてまた個人としての「アイデンティティー」の確立，(c) では国際社会で互恵的な存在として生きていくのに必要なコミュニケーション能力の育成が明示されており，これらは今日のわが国の外国語教育の基盤となっています。なお，今期の中教審外国語ワーキンググループの「審議の取りまとめ」（2016）において，グローバル化が，今後，国内外で急速に進展するという視点から，以下のように，コミュニケーション能力の育成を一段と強調されています。

> 我が国では，外国語を日常的に使用する機会は限られているが，現在，学校で学ぶ児童生徒が卒業して活躍する社会や世界の舞台では，多文化・多言語の中で，国際的な協調と競争の環境の中にあることが予想される。そうした中で，国民一人ひとりが，さまざまな社会的・職業的な場面において，外国語を用いて互いの考えを伝え合い理解し合うことが一層重要になることが予想される。

2．小学校外国語教育の意義

一言でいえば，小学生，特に低・中学年の児童は，異言語や異文化に対して柔軟な適応力を備えており，コミュニケーション能力を育成するのに適している，ということです。

日本児童英語教育学会関東・関西合同プロジェクトチーム（2013）は，小学校における外国語教育の意義を，概略，次のように説明しています。

低・中学年の児童は，母語や母語文化の文化心理的枠組みが形成されておらず，異言語や異文化，及びそれらを持つ人々に心が開いている。それゆえ，外国語教育を低・中学年で行うことは，単なる言語学習にとどまらず，互いの言語や文化を理解し，尊重し合う態度を育んでいくことになる。また児童は，母語において，場面を推測する力，談話を理解する力，さまざまな方略を用いる力など，文法や語彙の知識を支えコミュニケーションを可能にする力を成長させていく。外国語学習においても，このようなことばのコミュニケーション能力を育てることが肝要であり，それは分析的なアプローチが相応しくなる段階（高学年）以前に，直感的・全言語的アプローチを通してこそ養える（⇨ **Q2-1**）。

以上のように，小学校，特に低・中学年の段階は，外国語学習の適齢期といえるでしょう。

小学校外国語の教科化の経緯とその理由は？

わが国の公立小学校における外国語の教科化に至った経緯とその理由について説明してください。

日本の公立小学校における英語教育は意外に長い歴史があります。学制が1872年に制定された際，小学校はそれぞれ4年制の下等小学校（後に尋常小学校）と上等小学校（後に高等小学校）からなり，上等小学校では，地域の実態等により「加設科目」として，英語を指導することが可能でした。しかし，1907年に尋常小学校が4年間から6年間に延長され，高等小学校の生徒は現在の中学生の年齢にあたるようになり，公立小学校から教科としての英語は姿を消しました（若林（1990），伊村（2003））。

その後，公立小学校への英語教育の導入が国レベルで検討されるようになったのは，約80年後です。臨時教育審議会答申（1986）において，英語教育の開始時期について検討することが提言されました。

以下，この臨教審答申から小学校外国語・英語が教科に至るまでの経緯を年表形式で示します。

外国語・英語の教科化への経緯

＊年表の一部は，樋口ほか（2013）を参考にしている。

1986年	臨時教育審議会答申：コミュニケーション重視の英語教育への改善の一環として，英語教育の開始時期の検討を提言。
1992年	文部省：「英語学習を含む国際理解教育」をテーマとする研究開発学校（小学校2校，中学校1校）を指定。
1993年	外国語教育の改善に関する調査研究協力者会議報告：児童は外国語の習得にきわめて適しているが，小学校で教科として外国語教育を実施するには解決しなければならない課題も多いとし，実践研究の必要性を提言。
	＊この報告後，文部省は1993年度に2校，1994年度に12校，1996年度に34校を研究開発学校に指定。
1996年	中央教育審議会答申：国際理解教育の一環として，「総合的な学習の時間」や特別活動などの時間において，地域や学校の実態等に応じ，外国語，例えば英会話等の導入を答申。

1998年	学習指導要領告示（2002年度から施行）：（外国語学習に関わる内容）児童が外国語に触れたり，外国の生活や文化などに慣れ親しんだりするなど小学校段階にふさわしい体験的な学習が行われるようにすること。
2001年	文部科学省「小学校英語活動実践の手引」刊行：小学校では聞いたり話したりする活動が中心になるので，「総合的な学習の時間」で扱う英会話は「英語活動」と呼ぶ。
2006年	中央教育審議会・外国語専門部会審議のまとめ：グローバル化の進展への対応，小学生の柔軟な適応力を生かすなどの観点から小学校英語教育の充実の必要性を提言。また小学校の英語教育の目標として，スキルの向上よりも，英語を用いて言語や文化に対する理解，積極的にコミュニケーションを図ろうとする態度の育成，国際理解を深めることをより重視することを提言。
2008年	中央教育審議会答申：上記の外国語専門部会のまとめを踏まえて，以下の答申。 ①外国語活動を第5，第6学年で領域として位置づける。両学年とも年間35単位時間，週1コマとする。 ②教科のような数値的評価は行わず，文章による評価を行う。 ③外国語は原則として英語とし，他の言語にもふれるように配慮する。
2008年	学習指導要領告示（2011年度から施行）：（目標）外国語を通じて，言語や文化について体験的理解を深め，積極的にコミュニケーションを図ろうとする態度の育成を図り，外国語の音声や基本的な表現に慣れ親しませながら，コミュニケーション能力の素地を養う。
2009年	文部科学省，共通教材『英語ノート』刊行，配布。（2012年に改訂版，"Hi, friends!"を刊行，配布。）
2014年	英語教育の在り方に関する有識者会議報告：今後の英語教育の改善・充実方策について，小中高の英語教育において，技能ごとに「英語を使って何ができるようになるか」という観点から一貫した目標として示すこと，及び小学校では，中学年で外国語活動を開始し，高学年では学習の系統性を持たせる観点から教科とすることを提言。
2016年	中央教育審議会外国語ワーキンググループ審議の取りまとめ：グローバル化が急速に進展する中で，コミュニケーション能力は，国民一人ひとりが生涯にわたりさまざまな場面で必要となるという観点から，小中高で育成をめざす資質・能力を踏まえた目標や評価の在り方などについて提言。

2016年	中央教育審議会答申：上記の有識者会議や外国語ワーキンググループの提言を踏まえ，小学校外国語に関して以下の答申。 ①中学年では従前通り「聞くこと」「話すこと」を中心とした外国語活動を通じ，外国語に慣れ親しみ，外国語学習への動機づけを高める。年間35単位時間。 ②高学年から発達段階に応じて段階的に「読むこと」「書くこと」を加え，外国語科として4技能を総合的・系統的に学習する。年間70単位時間。 ＊授業時数の確保については，短時間授業や長時間授業の活用など弾力的な時間割編成を行う。 ③高学年では数値評価を行う。（⇨ Q12-1 ）
2017年	学習指導要領告示（2018年度から段階的に移行，2020年度に全面施行）：外国語活動，外国語科の目標については Q1-3 を参照してください。

　以上，小学校における外国語教育の教科化までの経緯を概観しましたが，わが国の外国語教育の改善策は，1986年の臨教審答申以来，一貫して国際化やグローバル化への対応という視点から検討されてきました。そしてその改善策の柱は，国の内外においてますます重要になる異文化理解と異文化間コミュニケーション能力の育成を目標とする英語教育の強化及び小学校への外国語科・英語の導入です。

　では，なぜ小学校で外国語科・英語なのでしょうか。 Q1-1 で見たように小学生は異言語・異文化に対して心が開いており，柔軟な適応力を備えていますので外国語学習の適齢期であり，豊かな成果が期待できるからでしょう。さらに小学校で外国語・英語教育を実施することによって，小中高に一貫する系統的な目標や学習到達目標に基づき，各段階で発達段階に合った学習を展開することによって，これまで以上の大きな成果が期待できるでしょう。（⇨ Q1-1 ）

小学校外国語教育の目標と役割は？

わが国の小中高等学校の外国語教育の目標と小学校の役割について説明してください。

　現行の学習指導要領（小・中学校は2008年，高等学校は2009年告示）の外国語活動・外国語科の目標は，児童・生徒の発達段階に応じて，言語や文化に対する理解を深め，積極的にコミュニケーションを図ろうとする態度，及び情報や考えなどを理解したり伝えたりするコミュニケーション能力の育成です。しかし，「中教審外国語ワーキンググループにおける審議の取りまとめ」（2016）において，現行の学習指導要領に基づく取り組みに一定の成果を認めつつ，次のような課題が指摘されています。

- 小中高等学校間の接続が十分でなく，中学校においては小学校の，高等学校においては中学校の学習成果が生かされていない。
- 中高においてコミュニケーション能力（特に，話すこと，書くこと）の育成を意識した言語活動が十分に行われておらず，話したり書いたりするコミュニケーション能力が十分育成されていない。

　次期学習指導要領は，これらの課題を踏まえながら，急速に進展するグローバル化を視野に入れ，外国語によるコミュニケーション能力の育成が，一段と重視されています。

小中高等学校の外国語活動，外国語科の目標

　次期学習指導要領（小中は2017年告示，高は2018年告示予定）の「第1　目標」は，まず全体的な目標を示し，次に育成すべき3つの資質・能力—(1)知識・技能，(2)思考力・判断力・表現力等，(3)学びに向かう力・人間性（主体的に学ぶ態度）の目標を示していますが，ここで紙幅の関係上，全体的目標のみ示します。（⇨ Q3-1 ）

*1　各段階の目標の文尾，「（次のとおり）育成する（ことを目指す）。」の（　　）部分は省略。
*2　各段階の目標で前段階と同一の文言は省略し，……で示す。

小学校外国語活動（中学年）

> 　外国語によるコミュニケーションにおける見方・考え方を働かせ，外国語による聞くこと，話すことの言語活動を通して，コミュニケーションを図る素地となる資質・能力を育成する。

小学校外国語科（高学年）

> ……，外国語による聞くこと，読むこと，話すこと，書くことの言語活動を通して，コミュニケーションを図る基礎となる資質・能力を育成する。

中学校外国語科

> ……，……，簡単な情報や考えなどを理解したり表現したり伝えあったりするコミュニケーションを図る資質・能力を育成する。

高等学校外国語科

> ……，……，情報や考えなどを的確に理解したり適切に表現したり伝えあったりするコミュニケーションを図る資質・能力を育成する。

　以上のように，次期学習指導要領の小中高に一貫する目標は，コミュニケーションを図る資質・能力の育成です。小学校中学年では「聞くこと」，「話すこと」の言語活動を通して，小学校高学年以降では「読むこと」，「書くこと」が加わり4技能の言語活動を通して，コミュニケーションを図る資質・能力を育成します。また各段階で育成をめざすコミュニケーションを図る資質・能力は，小学校中学年では「素地となる」，高学年では「基礎となる」，中学校では「簡単な情報や考えなどを理解したり表現したり伝えあったりする」，高等学校では「情報や考えなどを的確に理解したり適切に表現したり伝えあったりする」資質・能力とされており，段階的により高い資質・能力の育成がめざされています。

　また文部科学省は，各学校段階の学びを接続させることや，「知識・技能（何を知っているか，何ができるか）」と「思考力・判断力・表現力等（知っていること，できることをどう使うか）」を一体的に育成することをめざし，「外国語を使って何ができるようになるか」という観点から，小中高等学校に一貫する指標形式の目標を設定しています。この指標形式の目標は，小中高の学習指導要領と関連づけ，小学校修了段階から高等学校修了段階まで5段階の学習到達目標を，4技能5領域（「聞くこと」，「話すこと（やり取り）」，「話すこと（発表）」，「読むこと」，「書くこと」）について，段階的に設定しています。

　以上から明らかなように，小学校における外国語教育は中学校以降の外国語教育の「基礎づくり」という非常に重要な役割を担っているのです。

諸外国と日本の小学校外国語・英語教育の相違点は？

諸外国における外国語・英語教育の現状と日本の外国語・英語教育との相違点はどこにあるのですか。

1．アジアにおける小学校英語教育の現状

アジアにはシンガポールのように英語を公用語の1つとする国，マレーシアのように英語を科学や数学の教育言語とする国，日本のように英語を外国語（EFL）として学習する国や地域があり，アジアにおける外国語・英語教育はさまざまです。ここでは，日本と同様，英語を外国語として学習する中国，韓国，台湾における小学校英語教育を取り上げます。これらの国や地域では，急速なグローバル化の進展にともない，英語教育をますます重視する傾向が高まっており，小学校では英語を教科として位置づけ，「基礎的なコミュニケーション能力の育成」及び「自国文化や外国文化の理解，及び自国文化の発信」を主たる目標としています。また，小中高一貫の学習到達目標に基づき小学校の英語教育が実施しています。

＊以下のデータは主に，「外国語能力の向上に関する検討会」(2011a)，樋口ほか（2010b, 2013）に基づいている。

①中国

中国では，国民経済と社会発展のために英語教育が重視され，2001年に3年生より英語が教科として導入されました。現在は，通常，3・4年生で30分授業が週4回，5・6年生で30分授業と40分授業が週2回以上（合計週4回以上）行われています。ただし，上海や香港などの大都市部では，1年生から開始されています。4技能について小学校修了時の学習到達目標を設定し，例えば，「聞くこと」は「簡単な短い物語の内容が理解できる」，「話すこと」は「身近なことがらについて対話ができる」などが挙げられています＊。授業は，主として専科教員が行っています。また，早期バイリンガル教育を行う私立の幼稚園・小・中学校，インターナショナル・スクールが増加傾向にあります。

＊紙幅の関係で，韓国，台湾の学習到達目標についても「聞くこと」「話すこと」の一部を示す。

②韓国

韓国では，1997年に英語は教科として3年生から導入されました。現在，

3・4年生で週2回，5・6年生で週3回（いずれも40分授業）行われており，「聞くこと」「話すこと」の学習到達目標として，「日常生活に関する簡単な話を聞き，相手の意図や話の目的を理解する」「日常的な話題について自分の意見を述べる」などが挙げられています。指導者は，以前は担任でしたが，近年は専科教員や外国人教師による授業が増えています。韓国政府は，TETE (Teaching English Through English) 施策を推進することで，授業でより多く英語を使用する機会を作ったり，校内に英語体験学習センターを設置したり，教員研修の一環として海外研修を拡充したりと，英語教育に莫大な財政投資を行っています。

③台湾

　台湾では，2001年に英語は教科として5年生から導入されました。現在，英語の授業は，3年生以上で週2回（いずれも40分授業）行われていますが，台北市など大都市部では1年生から開始されています。「聞くこと」「話すこと」の学習到達目標として「簡単な文章や日常生活の対話を聞いて理解できる」「絵や図などを参照しながら，簡単なロールプレイができる」などが挙げられています。主として専科教員が指導していますが，担任や中学校英語科教員，外国籍教員が指導する場合もあります。小学校によっては，放課後に英語補習授業や，夏休みなどにはキャンプなどで英語を使うイベントを積極的に催しています。また最近は保育を英語で行うといった幼稚園も少なくありません。

2．EU諸国における外国語・英語教育の現状

　ヨーロッパではアイルランドを除くすべての国の小学校で外国語教育が実施されていることからわかるように，外国語教育が非常に大切にされています。特にEU加盟国では，「多様な言語・文化との共存・交流は豊かな財産である」という理念に基づき，母語以外の2つの外国語の言語運用能力の育成，及びヨーロッパ市民としての資質の育成のために，早期に外国語学習を開始することが奨励されています。そしてヨーロッパ評議会（Council of Europe）によって2001年に提案されたCEFR（「外国語の学習，教授，評価のためのヨーロッパ共通参照枠」）に基づく外国語教育の改善が推進されています。以下，EU加盟国で小学校で英語が選択可能な外国語の1つであるドイツ，フランス，及び英語が必修科目であるデンマークの外国語教育を取り上げます。

①ドイツ

　ドイツでは，州が学校教育に関して決定権を持っていますが，初等教育に関しては地方自治体レベルですべて決定されます。ヘッセン州では小学校外国語教育は1980年代後半に導入されました。小学校は4年制で，英語学習は多くの州で1年生から実施されていますが，ヘッセン州では3年生から開始され，3・4年生は週2回（45分授業）です。制度的に日本の中学校に相当する5年生以降は週3，4回に増えます。3・4年生の授業は歌や日常会話が中心で，「聞くこと」，「話すこと」が重視されますが，次第に「読むこと」，「書くこと」が導入され，4年生修了時には4技能が評価の対象となります。小学校到達目標はCEFRのA1レベル（英検3〜5級程度に相当）に設定されており，指導者は主として専科教員です。

②フランス

　フランスでは，2002年に小学校に外国語教育が導入されました。小学校は5年制で，現在，1年生から外国語が必修科目です。授業時数は各学年とも年間54回（45分授業）です。1年生では外国語に慣れ親しませることが目標ですが，2年生からは「聞くこと」，「話すこと」に加え，「読むこと」も大切にされます。そして5年生修了時までにCEFRのA1レベル到達が求められています。指導者は学級担任が理想であると考えられていますが，実際には専科教員や外国語能力がすぐれている担任が複数のクラスを担当することもあるようです。

③デンマーク

　デンマークでは，1903年に小学校に英語が教科として導入され，現在，3年生（日本の2年生に相当）から必修科目です。授業時数は年間40週で3・4年生は週2回，5年生以上は週3回（いずれも45分授業）です。英語学習の開始当初は「話すこと」が重視されますが，次第に「聞くこと」も重視した授業になります。小学校修了時の到達目標は設定されていませんが，9年生修了時（日本の中学校修了時に相当）の到達目標はCEFRのB1レベル（英検2級に相当）です。なお，指導者は，1つまたは2つの外国語を含め，少なくとも小学校で3科目を指導することができる資格を持つ準専科教員です。

3．諸外国と日本の小学校外国語教育の相違点

　世界の国々で小学校で外国語教育を実施する目的は，　Q1-1　で述べたように，外国語教育や異文化理解教育といった視点から適齢期教育であるからで

しょう。しかし，諸外国と日本では，以下のような違いも見られます。

①小学校への外国語教育導入の時期

日本では2011年度から外国語活動が5，6年生で領域として導入されました。そして外国語活動を3，4年生で領域として，5，6年生で外国語を教科として位置づけた次期学習指導要領は，2018年度から段階的に試行され，2020年度から完全実施されます。1.で紹介したアジアやEU諸国は，100年以上の歴史を有するデンマークは別にして，2000年前後には小学校で英語または外国語を必修教科とし，すでに10数年から20年以上にわたって実践を積み重ねています。

②授業時数

日本では中学年で領域として週1回，高学年で教科として週2回ですが，1.で紹介したアジアの国や地域では各学年で教科として位置づけられており，授業時数が最も少ない台湾でも中学年で週2回，高学年で週2回です。中国や韓国と比較すると授業時数はかなり少なくなっています。

③学習到達目標

1.で紹介したEU3か国の小学校では，CEFRのA1レベルを学習到達目標として指導を展開しています。他方，中国，韓国，台湾でもCEFRを参考にしながら，それぞれの国や地域の言語教育政策や教育課程における外国語の位置づけを反映した小中高一貫の学習到達目標に基づき，小学校で英語教育を行っています。日本でも，次期学習指導要領ではCEFRを参考にして指標形式（CAN-DO）の目標を設定し，英語教育を展開することになります。なお，到達目標のレベルは，EU3か国は目標言語である英語と言語的距離が近く学習しやすいこと，アジアの3つの国や地域は日本と比べ授業時数が多いこともあり，日本より高く設定されています。

④指導者

1.で紹介したように，指導者は，専科教員や準専科教員とする国や地域が多く，担任が主として指導する国でも専科教員や外国人教員が増えてきたり，外国語が得意な担任が他のクラスも指導したりするといった国もあります。小学校の外国語の授業は担任が指導することが望ましい面が多々ありますが，外国語の指導には外国語や外国語の授業に関わる専門性が必要となりますので，英語を指導する担任には十分な研修が期待されます。

小学校外国語教育の課題と課題解決策は？

小学校外国語教育にはどのような課題がありますか。課題の具体例と課題解決のヒントを示してください。

2020年度から全面実施される次期学習指導要領に基づく外国語教育を実りあるものにするには，克服すべき課題がたくさんあります。ここでは，各小学校や各自治体，国が取り組むべき課題と課題解決のヒントを示します。

①小学校における外国語教育推進体制の確立

教科化との関係もあり，自校の外国語教育の目標や指標形式の目標など，全教職員で考えるべき課題が山積しています。それゆえ，校長が先頭に立ち，英語担当を中心に，全員でこれらの課題について話し合う機会や定期的に校内研究会を設定するなど，外国語教育を推進していく体制づくりが重要です。

②中学校区内の小中外国語教育研究会の実施

次期学習指導要領では，現状の反省から，小学校での学習内容や指導方法を中学校で発展的に生かす小中連携が強調されています。小中連携を円滑に進める第一歩は，小中の教員が相互の指導内容や指導方法をしっかり理解することです。中学校区内に「小中外国語教育研究会」といった組織をつくり，小中教員が相互に授業を参観したり，情報を交換したりする研究会を定期的に実施することが必要です（⇨ **Q14-6**）。

③自治体による教員研修の充実

自治体の教育センター等による小学校外国語教育の研修内容は，自治体間の格差が大きくなっているようです。小学校に外国語活動が導入されて日が浅いうえに今回の教科化ですから，国や自治体による教員研修はきわめて重要です。研修内容や対象者，実施時期や時間数などについて工夫し，一人ひとりの参加者の専門性を高める充実したプログラムの提供が求められます。

④指導者の確保，養成と予算措置

小学校外国語教育の充実を図るには，ALT，専科教員や非常勤講師を確保する多額の予算措置が必要ですが，教育の成否は教員次第であり，十分な予算措置は不可欠です。また，小学校で担任あるいは専科教員として外国語を指導する教員養成を行う教員養成大学や学部に，教員養成を担当するスタッフを配置する予算措置も不可欠です。

第 2 章

児童の特性と小学校英語教育の在り方

この章では，児童の発達段階や母語・第二言語習得研究から小学校英語に得られる示唆について，また脳の発達や社会文化理論といった関連領域から小学校英語の意義や協同学習などについて考えます。次に，児童が英語を学ぶ際に教員が知っておくべき個人差要因や動機づけなどの学習者要因について考えます。さらに，コミュニケーション能力について考え，最後に早期外国語教育の影響と効果について紹介します。

Q 2-1	児童の発達段階と英語教育の関連は？	16
Q 2-2	母語習得と第二言語習得の共通点，相違点は？	18
Q 2-3	第二言語習得研究から得られる示唆とは？	20
Q 2-4	脳の発達と英語学習の関連は？	22
Q 2-5	社会文化理論から得られる示唆とは？	24
Q 2-6	英語学習に関わる学習者要因とは？	25
Q 2-7	コミュニケーション能力とは？	27
Q 2-8	小学校英語教育の影響と効果は？	29

児童の発達段階と英語教育の関連は？

小学校の英語教育において，発達段階に応じた指導はどのように考えればよいでしょうか。

1年生と6年生では，身体・認知・心の発達などが大きく異なりますので，同じ内容や指導方法を用いることはできません。そこで，発達段階に応じた活動や指導法を考える必要があります。例えば，低学年は身体を動かし，中学年は口を動かし，高学年は頭を動かすような活動を中心に授業を展開します。もっとも，全学年で心を動かす活動を考え，指導を行うのが大切なことはいうまでもありません（⇨ **Q8-2**）。

1．ピアジェ（Piaget）の発達段階

発達心理学者のピアジェは，認識の発達を次の4段階に分けています。

- 感覚運動期（0～2歳）：感覚と運動が直接結びつき，表象的な知能活動はみられません。
- 前操作期（2～7歳）：身体活動から思考活動への内化が進み，ごっこ遊びのような記号的機能，表象形成，象徴活動，直感的思考が生じます。
- 具体的操作期（7～11, 12歳）：数や量の保存概念が成立し，事物そのものを使った思考活動が可能となります。また，対象や概念に何らかの操作を加えた後に，その操作を取り消し，もとの状態に戻せるといった可逆性を獲得したり，論理的思考も行えます。
- 形式的・抽象的操作期（11, 12歳以降）：形式的，抽象的操作が可能になり，仮説演繹的思考ができるようになります。

このように，言語の学習方法や獲得のしかたが異なり，例えば，低・中学年は具体的操作期にあたり，高学年は形式的操作期にあたります。認知的に理解できないことを導入しても言語は習得できませんので，言語を学ぶ準備（レディネス）が備わっていることが前提です。また，母語である日本語と異なり，英語は初めてふれる外国語ですので，発達段階を意識したていねいな段階的指導を行うことが望まれます。

2．発達段階に応じた指導

①低学年：母語であろうと外国語であろうと，児童は意味を中心に無意識に

言語に接します。そこで，教室の空間をうまく利用して，音やリズムに合わせて身体を動かしたり，"Touch your head / shoulders." など音声を聞いて即座に意味を理解し，身体で反応する"Simon Says"ゲームなどを用いて，音と意味の基礎となるさまざまな体験を通してことばを覚えるとよいでしょう。また，五感を用いた活動を心がけて実物を用いて活動を行うなど，遊びの中でくり返し英語の音声を聞かせて，楽しく学ぶことが望まれます。児童は耳がよく，音をまねたり，くり返すことをいといませんので，ナーサリーライムや歌，チャンツ，絵本の読み聞かせなども取り入れ，英語のお話の世界へ児童を誘ってあげましょう。語彙に関しては，外来語になっているカタカナ語や子どもに身近な色や形，動物や食べ物など馴染みのある単語がよいでしょう。

②**中学年**：中学年になると，クイズやゲーム，ペア活動やごっこ遊び的なロールプレイなどを楽しめるようになります。また，英語が話される場面の中でその表現の意味を丸ごと理解するような全体的処理能力を活用して，"Here you are." "Thank you." "What's this?" "Where is …?" といった定型表現などを場面とともにくり返し示しながら，児童が理解して使えるようにさせるとよいでしょう。Who / What am I? などのクイズを用いて，英語を聞かせ，考えさせながら答えを推測させたり，お店屋さんごっこ，道案内といった実際の場面を設定して，目的を持たせたやり取りの中で楽しい体験を通して，英語を学ぶタスクを取り入れたいものです。

③**高学年**：高学年になれば，ことばの仕組みや語順などを分析的に理解したり，日本語との違いに気付いたり，文字に興味を持ったりするようになります。知的好奇心を満たしたり，発達段階に合うように他教科の内容を取り入れることも有効です。栄養素のカロリー計算を取り入れたヘルシーメニューの提案や，フィート・インチを用いて背の高さ，足の長さを測らせたり，富士山の高さや都道府県の人口などを用いて大きな数字を言わせたり，都道府県ごとに特産品を言わせたり，単数・複数形や語順を意識させるような発話や問いかけをするなど，既知の知識を活用しつつ言語を用いて認知的・分析的な活動を行うとよいでしょう。

　英語の時間数は少なく，児童はすぐに忘れてしまいます。少しずつ内容を変えながら，語彙や表現に何度もくり返し出会わせることも大切です。

母語習得と第二言語習得の共通点,相違点は?

母語習得と英語などの第二言語習得の共通点と相違点はどのような点でしょうか。

　第二言語習得研究は,母語習得研究をもとに発達し,これまでさまざまな理論とモデルが提唱されてきました。そして,それぞれの時代に外国語教育にも大きな影響を及ぼしてきました。母語習得における研究で第二言語習得にも共通して示唆となることがらと,第二言語習得ならではのことがらについて考えてみましょう。

1. 母語習得研究から第二言語習得への示唆
①行動主義的アプローチより

　1920年から1950年頃まで米国心理学の主流であった行動主義の考え方に基づき,言語習得はオペラント条件づけによる言語行動の形成であると考えられています。すなわち,言語習得には模倣（imitation）と反復（repetition）,強化（reinforcement）の過程が不可欠であるとし,刺激と反応のメカニズムにより,文の構造を何度もまねをしたり,くり返したりしながら,自分の発話に対する周囲からの訂正等により正しい行動が強化されることによって,文の構造が無意識の習慣として自動化するようになると考えられています。英語学習においても,反復・模倣や文型練習は重要であり,児童が聞こえる通りに模倣したり,くり返しをいとわない児童の特性を生かしてチャンツ等を取り入れた指導を行うとよいでしょう。しかし,単に意味のないドリル的な活動になったり,丸暗記にならないように留意し,意味のある活動を通して,口頭練習を楽しく行うことが大切です。

②生得主義的アプローチより

　1960年代に行動主義に代わり,生得主義的な考え方が主流となりました。子どもは生まれながらに言語を獲得する能力,すなわち言語獲得装置というヒトに固有な生得的言語機能を備えているとされ,誰でも,その言語にふれ続けると自然に習得すると考えられています。この理論では,文法処理過程は意識的なものではなく,言語刺激に反応して生成されると考えられ,Chomsky（1965）は人間が生得的に共有する言語に関わる知識を普遍文法

(Universal Grammar）と呼びました。そこで，誕生時はどの言語でも習得が可能ですが，その後ある特定の言語環境に接触し始めると数年で，その言語の文法が形成されます。そこで母語に加え外国語を習得する際には，児童に外国語の良質のインプットをたっぷりと与え，時に日本語との違いや文法の気付きを促す指導を行うことが大切です。

③相互交渉主義的アプローチより

　相互交渉主義は1970年代に提唱され，環境からの入力を強調し，認知・社会的知識が言語習得に関わっているとしています。ある言語構造が現われるためにはその概念が発達していなければならず，言語は認識や状況，文脈との関係などから発生，発達します。そこで，幼児は周囲の大人や兄弟などと相互交渉をしながらまず知識の獲得を行い，発達の過程でさらに知識や言語を獲得します。したがって，言語環境において周囲の大人との交流は大切であり，周囲の人々は幼児が理解しやすいように修正した入力（modified input）やわかりやすいことばを用いることが重要です。これは，易しい語彙や表現を用いて，明瞭な発音でくり返し，ゆっくり抑揚をつけて話すなど，第二言語を学ぶ際の外国人発話やティーチャー・トーク（teacher talk）とも共通しています。

2．母語習得と第二言語習得の相違点

　母語習得はその言語が用いられる自然な環境の中で無意識に言語を習得しますが，第二言語はそうではありません。意識して明示的に指導を行わなければ習得できないものもあります。動詞の過去形や冠詞などの形態素の発達順序は，母語習得と第二言語習得は共通しているといわれますが，英語と日本語のように言語的距離が遠いものは，母語の影響を受け，発達順序が異なる場合があります。例えば，日本人は所有格の「's」などの習得が早く，逆に冠詞等は習得が難しいといわれています。語順や時制なども日本語と異なりますので，目標項目を含んだ多くの英語に音声や文字言語を通してふれさせ，日本語と英語の違いに気付かせることが重要です。

　また，母語と目標言語の間に中間言語（interlanguage）と呼ばれる学習者言語が存在します。その段階では，I like dogs. とすべきところを I like dog. と発話するなど間違いが多く出現しますが，それらを観察すれば児童のつまずきを発見できます。児童に間違いに気付かせるなどの工夫が必要です。

第二言語習得研究から得られる示唆とは？

小学校の英語教育において，第二言語習得研究の知見からどのようなことに留意すればよいでしょうか。

　第二言語習得研究の知見から学べることは多くあります。いくつか例を挙げてみましょう。

1．インプットとアウトプット，インタラクションの重要性
①インプット仮説
　Krashen（1982）が提唱した仮説の１つにインプット仮説があります。これは，英語のインプット（入力）の質や量の重要性を指摘し，学習者が現在の中間言語のレベル（i）より一段高いレベルのインプット（$i+1$）を理解することにより，言語習得が無意識に効果的に進められるというものです。また前後の文脈や教員の発話，言語外情報の助けにより理解が可能になる，理解可能なインプット（comprehensible input）の重要性を示しています。すなわち，先生が児童にわかる簡単な英語を用いて，ジェスチャーや実物を提示しながら，くり返し語りかけることが重要だといえます。

②アウトプット仮説
　Swain（1985）は，学習者が目標言語をアウトプット（出力）することが，第二言語習得において不可欠であると主張し，理解可能なインプットを大量に受けることに加え，理解可能なアウトプットを産出する機会をできるだけ多く持つことが重要であるとし，アウトプット仮説を提唱しています。つまり，英語を発話させることで，目標とする言語規則と自分が習得している言語規則の間のギャップに気付いたり，何らかのフィードバックを得て，使っている言語が正しいかを検証したり，修正したりすることができるのです。すなわち，言語は意味を考え，使いつつ，自分で誤りに気付き修正しながら次第に獲得していく過程が必要であるといえます。

③インタラクション仮説
　Long（1981）は，インタラクションの重要性を強調し，"Do you understand?"など，相互に相手の理解度を確認したり，"Sorry? What do you mean?"と明確化を要求したり，"Do you mean…?"と相手に確認するなど，互いに意

味のやり取りを行ったり，修正されたインプットを用いることで，第二言語の習得が促進されるとしています。先生や友達と英語を用いて意味ある楽しいやり取りを行うことで，言語を獲得していきます。

2．個人差要因，その他

　言語習得における年齢や言語適性，性格，多重知能や動機づけ，学習方略といった個人による違いも第二言語習得研究で取り上げられます。例えば，外国語学習は早く始める方がよいのか否か，内向的な人と外向的な人ではどちらが外国語学習に有利か，動機づけの種類や有無によって言語習得に違いはみられるのか，ストラテジー指導は有効かなど，多くの研究がなされており，さまざまな結果や知見が得られています。

　その中でも，最近取り上げられている多重知能は小学校英語でも活用できる理論です。人間は多種類の知能を持ち，それぞれ得意分野が異なります。例えば，言語知能，論理的・数学的知能，身体的知能，空間の知能，音楽的知能，博物館的知能，対人的知能，内省的知能などに分かれます。これらに加え，情動的知能も重要だとされています。例えば，絵本の *A Very Hungry Caterpillar* の読み聞かせを行った後，どのような活動を行うかを設計する際，上記の多様な知能を考慮し，例えば歌やチャンツを用いる，身体を動かす，物を作らせる，数の学習をする，蝶の成長を考えさせる，人と交流させるなど，さまざまな工夫をすることでどの児童にも興味を持たせることができます。

　その他，外国語習得の初期段階では，チャンクといった短い固まりで意味を構成しているもの（例：go to bed / in the morning）や，定型表現など場面依存度が強く音声的に１つのユニットとして結合しているもので使用頻度が高いもの（例：Excuse me.）を優先して教え，習得させることも望ましいと考えられます。児童は意味ある活動の中で，そのような多くの英文の事例に接し，次第にさまざまなルールに気付き，自ら文章を組み立てたりできるようになります。また，児童は誤りを犯すことを気にせず，曖昧さに耐えるといった特徴もあります。そこで，誤りに対しては，冠詞や複数形など，局所的な誤りを細かく修正するよりは，語順や人称代名詞など致命的な誤りについて，適宜，必要に応じて確認や修正を会話の中で行い，児童に気付かせましょう。その際，児童が理解できるように，わかりやすい平易な英語を用いることが重要です。

 **脳の発達と英語学習の関連は？**

脳科学とことばの習得との関連性はどのような点にあるのでしょうか。

　脳科学の研究はfMRIなどを用いて急速に進展し，これまでわからなかったことも解明されるようになってきました。左脳と右脳の働きや，脳の一側化，臨界期仮説など，脳科学・神経言語学といった領域からことばの習得や英語学習に多くの示唆を得ることができます。

1．脳の発達

　脳は右脳と左脳からできています。それぞれの働きとして，右脳は図形を読みとったり，音楽などを聞き取ったり，全体を見たり，直感などに優れており，芸術や創造する力に対する働きが活発だといわれています。一方，左脳は言語を読み取ったり，聞き取ったり，分析したり，思考したりすることに優れ，計算や理論に基づく働きがあるとされています。右利きの人は，言語をつかさどる機能は主に左脳にあると考えられています。9歳までは右脳が活発でそれ以降は左脳が右脳をしのぐとされ，言語中枢として優位な左脳の中でも，言語産出に関わる前頭葉後部の「ブローカ野」と言語理解に関わる側頭葉の「ウェルニッケ野」の機能が認められています。それ以外にも話しことばの処理に関する連携を取り，両者を結ぶ「弓状束」や，文字を読んで理解するためには「角回」や「縁上回」と呼ばれる領域が重要な役割を果たしているとされています。また，話しことばにおけるイントネーションやリズムなどは右脳が関係したり，自由に発話する際は小脳の領域も働き，記憶は海馬が関わって

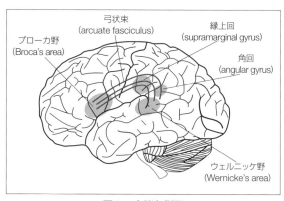

図1　大脳左側面

いるなど,ことばは脳全体で処理されていると考えられます。さらに,言語は身体・情動とも大きく関わっており,身体を動かしたり,楽しい,うれしい,好きなどといった感情をともない,興味を持って学んだり,既知の情報と新たな情報を組み合わせるとき,有意味学習が起こり,記憶に残りやすいといわれています。

2. 臨界期仮説ほか

　脳に関連した研究で,早期に外国語学習を始める方が効果的だとされる根拠としてよく引用されるのが,Lenneberg (1967) による臨界期仮説 (Critical Period Hypothesis) です。これは,2歳頃から思春期までの臨界期は刺激に対して鋭敏で,自然な言語習得が可能ですが,臨界期以前は脳の機能が未成熟であり,臨界期以後は脳の柔軟性が低下し,自然な言語習得能力が衰えるという考え方です。特に10歳を越える頃には脳の可塑性が失われていき,左半球への一側化が進むと,なかなか新たなことが自然に覚えられないとされています。しかし臨界期に関しては,そうでないという研究結果も多く,議論が分かれています。また,臨界期の時期についても研究者によって異なります。そこで,「臨界期」ではなく,「敏感期 (sensitive period)」ということばを使う研究者もいます。ただし,一般的には発音については臨界期が認められるとされ,学習開始年齢が12～3歳を越えると母語話者レベルに到達するのは難しいとされる研究などがあります。

　また,年齢が低ければ母語と異なる音声でも無理なく受け入れたり,英語を構造的・分析的に見るのではなく,1つのかたまり(チャンク)として総合的に学習することができるなどの利点があると考えられますが,12歳以降でも,メタ言語知識を用いて分析的に効果的に学べるといった利点もあります。現在ではThe older, the faster. The younger, the better.の考え方が主流になりつつあります。

　その他,脳科学の知見から,英語教育は楽しく意味ある活動で脳全体を活性化し,音楽や映像などを用いて英語の音声を導入したり,低学年は全体的処理,高学年になると分析的処理をともなう活動などを盛り込むことが大切だといえそうです。

社会文化理論から得られる示唆とは？

集団の学びやアクティブ・ラーニングなど，社会文化理論が示す英語学習に対する示唆にはどのようなものがありますか。

1．社会文化理論（socio-cultural theory）

　ロシアの教育哲学者Vygotskyは，人間は他者との関係性の中で他者を通して自分を知り，学びが起こり，人格が形成されると提唱し，今持っている力と教員や仲間の支援があれば達成できる力の間にある領域を，発達の最近接領域（ZPD：Zone of Proximal Development）と呼びました。対話や活動を通して互いに新たな意味（meaning）を形成し，その相手との心地よい関係性の中で，他者や自己をより理解したり，良さを見つけたりといった経験や，言語を通して深い学びが起こります。ことばは思考であり，その人そのものであると考えられ，その人が持つ本物のことばを使うことで，成長します。そこで，小学校の全人教育における英語学習に期待できることは大きいと考えられます。単なることばのドリルや機械的な会話に終わらず，本当に伝えたい内容や気持ちを情動をともなって発話させることが大切です。またBrunerは，教員は児童に適切な支援を行う必要があるとし，そのような支援を足場がけ（scaffolding）と呼んでいます。あたかも児童が自分でできるようになった，成長したと感じさせることが大切です。

2．アクティブ・ラーニング（active learning）

　集団の学び，他者との関係性を大切にした英語授業の形態として，協働学習があります。最近はアクティブ・ラーニングなどといわれたりしますが，グループなどの集団の中で，互恵関係と平等性が保たれ，一人ひとりが責任を自覚し，役割を分担しながら学びを深めるといった学習形態で，主体的な学び，対話的な学び，深い学びが要求されます。その際，問題解決的な課題を設定し，目標と計画を立て，自ら調べたり，行動を起こしたりしながら課題を協力して解決し，それらを振り返ります。単なるグループ・ワークと異なり，認知的な深まりを重視し，内省を言語化することで，より高次の思考が促され，思考力・判断力・表現力が育成されます。さまざまなタスクやプロジェクト学習などに取り組ませたいものです。

英語学習に関わる学習者要因とは？

英語学習に関わる言語適性や学習スタイル，性格などの個人差要因や動機づけにはどのようなものがありますか。

　指導者は「よりよい指導法」を模索し，「よりよい授業」をめざしますが，すべての学習者に一律に効果的な指導法を見つけることは困難で，同じ授業を受けても学習成果には個人差が出てきます。この背景には，言語学習に対する適性や動機づけなどさまざまな学習者要因があると考えられます。英語学習に関わる代表的な学習者要因には次のようなものがあります。
　①言語適性　　②年齢と学習開始年齢
　③動機づけ　　④学習ストラテジー
　⑤学習スタイル

　言語適性は言語学習の成功を予測する指標になると考えられ，主に言語分析能力，音韻能力，記憶力から構成されるとされています（Carroll, 1990；Skehan, 1998）。これらの能力と言語学習の成功との関係が研究される中で，特に言語分析能力は学習成果に影響を及ぼすという研究結果が複数出されています。それでは，言語分析能力が低い人は，英語学習において成功できないのかというと，それは違います。誰でも鍛えれば筋肉がつき，毎日ジョギングをすることで走れる距離は伸びます。ただ，1kmを3分で走れるようになるまでにかかる期間や筋肉のつきやすさに個人差があるように，言語学習の適性にも個人差があると考えられています。また筋肉はつきやすいけれど，足は速くないというふうに「運動能力」と一口にいっても，その具体は個人で多様に異なります。同様に言語適性も学習者によって，ある能力は高く，ある能力は低いというふうに異なる組み合わせを示します。

　また，年長の学習者で言語学習に成功した人は言語適性が高かったが，若い学習者では適性と成功の間に関係がみられなかったという研究結果もあります（DeKeyser, 2000）。この結果から考えると，学習者の**年齢**や**学習開始年齢**も言語学習の最終到達度に影響を与える1つの要因と考えられます。

　さらに，適性が低いことが学習の失敗につながるものではないのと同様に，適性が高いことが学習の成功を必ず約束するものでもありません。例えば，どんなに適性が高くとも，英語学習にやる気を感じられず，学習に取り組ま

ない人は英語の習得に成功しないでしょう。このように考えると，学習を継続できる意欲や**動機づけ**が重要になってくると思われます。また，学習意欲はあるのに，何をどうやって勉強すればよいかわからず，非効率的なやり方（**学習ストラテジー**）を選択している場合，学習の進みは遅くなるかもしれません。

　このように英語学習に影響を与えていると考えられる学習者の個人要因はいろいろありますが，実際にはそれらの複数の要因が互いに影響し合っており，「Aだから成功する」というような単純な図式にはなりません。例えば，学習意欲が高いことは，「毎日学習する」「わからないことは積極的に先生に尋ねる」といった学習ストラテジーの選択につながるかもしれません。また，動機づけが高い学習者の英語能力が高かったとして，その相関関係は因果を示すものではありません。つまり，動機づけが高いから英語の能力が上がったのか，英語の力がついてきているという自信や成功体験が，もっと学びたいという学習意欲や動機づけにつながったのかはわからないのです。また，若く，言語学習適性が高い人でも，学習するのに良好な環境がなければ英語を習得することはできません。私たち指導者が関わっていけるのは，できるだけ目の前の学習者の特性，状況，学び方の得意・不得意を把握し，「唯一」の教え方に固執しないことではないでしょうか。

　教室には視覚認識が得意な学習者もいれば，身体感覚を使って学ぶのが好きな学習者もいます。細かく分析して理解することが得意な児童もいれば，何となく全体を把握することが得意な児童もいます。このように**学習スタイル**は個々で異なるにもかかわらず，実際の指導は往々にして1冊の教科書を先生の得意な（先生がよいと考える）指導方法で教えるというかたちになりがちです。まずは学習に難しさを感じている子どもに目を向けて「何があればわかりやすくなるだろうか」と考え，それを指導に取り入れていくことで，より多くの児童がわかりやすい，学びやすい授業を作れると考えます。

 **コミュニケーション能力とは？**

コミュニケーション能力の基礎の育成が外国語科・英語の目標に挙げられていますが，コミュニケーション能力とはどのようなことを指すのですか。

1．「コミュニケーション能力」のある人は，何ができるのか？

「コミュニケーション能力を育成しよう！」と授業中にくり返し子どもたちに呼びかけているだけでは，コミュニケーション能力は育ちません。「コミュニケーション能力のある児童は具体的にどのような能力を持ち，どんなことができるのか？」具体的なイメージを持って目標とする「ゴール」を定め，児童の英語力の「現在地点」を確認しましょう。

2．コミュニケーションを支える4つの能力

「コミュニケーション能力」(communicative competence) には，それを支える以下の4つの能力があるといわれています (Canale & Swain 1980，髙橋 2011)。

①文法能力 (grammatical competence)

文法とは自分の伝えたいメッセージを誤解なく相手に伝えるための，また，受け取ったメッセージを正しく理解するためのことばの決まりごとで，この指導なしにコミュニケーション能力の養成はありえません。文法能力は，伝達を豊かにする語彙力や聞き手に通じる発音能力とともに，コミュニケーションを実現するために不可欠な力なのです。もちろん，小学生に「助動詞」や「不定詞」などの文法用語を覚えさせたり，冠詞の使い方や三単現の-sなどについて間違いを強く注意するなど正確さを求めすぎることは，英語嫌いを作る原因になるので注意が必要です。高学年の「外国語科」では，短い語句や文を丸ごと覚える従来の「外国語活動」とは違って，名詞の単数・複数の区別や英語の基本構造である「主語＋動詞＋目的語（S＋V＋O）」の語順などへの気付きを促し，単語を入れ替えることによって正しい文を児童自らが作ることのできる力を養い，中学校での本格的な学習へと橋渡ししてあげましょう。

②社会言語的能力 (sociolinguistic competence)

これは，時と場，目的や相手（TPO）に応じて，適切なことば遣いを選

択して使用できる能力，すなわち言語使用の適切さに関わる能力です。英語で相手の名前を知りたければ，What's your name? と尋ねることができます。これは文法的には正しい文ですが，使う場面や話しかける相手によっては不適切となることもあります。例えば，ホテルのフロント係がチェックインするお客様に対してWhat's your name? と下降調イントネーションで「尋問」するのは不適切で，May I have your name, please? がより適切な表現です。Please help me. とpleaseをつけても「命令文」に変わりはなく，相手に諾否の選択をゆだねるCan you help me?，さらに相手との心理的な距離感を表す過去時制を用いてCould you help me? を使うとよりていねいな「依頼」になります。小学校段階では「英語にもていねいな表現があるんだ」ということに気付かせてあげる程度でよいでしょう。

③談話能力（discourse competence）

　これは，1つの話題（topic）について，文と文とを適切に結びつけてまとまりのある文章（談話：discourse）を構成して書いたり，話したりできる能力のことです。This is my cap. It is red. I like it very much. など3文程度のまとまりで表現する機会を与えて指導してあげましょう。

④方略的能力（strategic competence）

　コミュニケーションの最中に障壁にぶつかったとき，自分の持っている力で何とかそれに対処できるコミュニケーション方略（communication strategies）を身に付けているかです。表現力のレベルでは，例えばkindergarten（幼稚園）をsmall kids' schoolと言い換えたり（paraphrase），聞き取れないときにPardon?（↗）あるいは，Excuse me?（↗）と上がり調子でもう一度言ってくれるように頼んだり，考える間を取るLet me see. やLet's see. などの定型表現の使い方を指導してあげましょう。また，ことばでの伝達を補う表情やジェスチャーなどの非言語コミュニケーション（non-verbal communication）の活用も奨励してあげましょう（⇨ **Q4-4**）。

　中学3年生対象の学力調査から，特に文法能力と談話能力が低いことがわかっています。以上述べたことも踏まえ，小学校ではALTとの交流も通して，「わかった」「通じた」という児童の成功体験を積み重ね，積極的に英語を使おうとする態度を育て，これらの能力の基礎を養いたいものです。

 **小学校英語教育の影響と効果は？**

小学校英語教育が，中学以降の英語教育に及ぼす影響や効果に関する具体的な研究成果を紹介してください。

1．文部科学省の調査結果

「小学校外国語活動実施状況調査　結果」の中で，外国語活動導入以前と導入後の中学1年生の変容に関する中学校外国語教員を対象とした質問紙調査に基づき，小学校外国語活動の中学1年生の英語学習に及ぼす影響が報告されています（文部科学省，2015a）。その概略は次の通りです。

項　　目	平成24年度	平成26年度
外国や異文化に興味を持っている （言語や文化に対する体験的な理解を深める）	62.6%	78.5%
英語を使って積極的にコミュニケーションを図ろうとする態度が育成されている	72.9%	92.6%
英語の音声に慣れ親しんでいる	73.2%	93.5%
英語の基本的な表現に慣れ親しんでいる	67.3%	82.1%
英語を聞く力が高まっている	65.1%	86.2%
英語を話す力が高まっている	51.7%	63.2%
英語の文字や単語，文章を読む力が高まっている	23.5%	29.9%
英語の文字や単語，文章を書く力が高まっている	13.5%	20.0%

＊紙幅の関係上，筆者が項目を取捨選択するとともに項目の配列順序も変更した。

上記の調査結果は，外国語活動の目標「コミュニケーション能力の素地の育成」を実現するための3本の柱—言語や文化の体験的理解を深めさせる，コミュニケーションへの積極的な態度を育成する，外国語の音声や基本的な表現に慣れ親しませることに，外国語活動が定着するにつれより大きな成果を上げていることを示しています。今後，外国語活動の教科化によって，「読むこと」，「書くこと」を含む4技能についても中学以降の英語学習に肯定的な影響が期待できるでしょう。

2．小学校英語学習経験者の追跡調査

中学1年生の段階では，上記の文部科学省調査結果と同様，英語学習に肯定的な影響が認められるとする調査結果が多くあります。しかし，中学2年

生，3年生と学年が進むにつれ，英語学習が「総合的な学習の時間」や「領域」で行われていた関係で小中の連携，接続に問題があることもあり，肯定的な影響が認められないとする調査結果が多いようです（例えば，樋口ほか，2007a，2008）。では高校生の段階ではどうでしょうか。より長いスパンから見た追跡調査の結果をいくつか紹介します。

＊以下のKwonや，静でのExは小学校での英語学習経験者，Non-Exは未経験者，樋口ほかでは，小学校及び小学校時代に民間の英語教室等での英語学習経験者，未経験者を示す。

Kwon（2005）は，韓国における小学校への英語教育導入の効果を長期的な視点から検証するために，導入前の高校1，2年生（Non-Ex）と導入後の1年生（Ex）を対象に，リスニング，リーディング，ライティングの習熟度を測るテストを実施しました。その結果，3技能ともExがNon-Exと比べ有意に優れており，特にリスニングにおける差が顕著であること，またExは高校2年生のNon-Exと比べ3技能とも平均値が高かった，と報告しています。

国内では，静（2007）は高校1～3年生のExとNon-Exを対象に，動機づけに関する質問紙調査とリスニング，リーディング，文法・語彙の習熟度テストを実施しました。その結果，Exは動機づけと習熟度テストの総合点，リスニングの得点が有意に高く，この傾向は小学校の英語学習経験が3年間以上の生徒に顕著である，としています。

また樋口ほか（2009）は，高校1～3年生のExとNon-Exを対象に早期英語学習の情意面への影響について質問紙調査を実施しました。その結果，Exに英語学習に対する関心・意欲・態度や英語学習の内発的動機づけに加え，異文化に対する態度，自己有能感等の情意因子について肯定的な影響が認められること，また遅くとも小学3年生から3年間以上，少なくとも週1回以上の英語学習を経験すると，英語学習に対するより肯定的な態度が形成される可能性が高い，としています。

以上のように，中・長期的な視点から見れば，小学校での英語教育は技能，情意面のいずれにも肯定的な影響を及ぼし，グローバル時代に生きる児童の成長に大いに貢献するでしょう。

第 3 章

学習到達目標（CAN-DO）と指導内容

　この章では，「言語活動」や「言語材料」など，外国語の指導に関する大切な専門用語をわかりやすく解説します。また，「聞くこと」「話すこと（やり取り）」「話すこと（発表）」「読むこと」「書くこと」の言語の4技能5領域それぞれの学習到達目標や指導内容について「外国語活動」「外国語科」別に提案するとともに，「CAN-DOリスト」の作成方法についても具体的に示します。

Q 3-1	小学校外国語活動，外国語科の目標は？	32
Q 3-2	言語活動とは？	35
Q 3-3	言語材料とは？	37
Q 3-4	学習到達目標（CAN-DO）とは？	39
Q 3-5	「聞くこと」の学習到達目標と指導内容は？	40
Q 3-6	「話すこと」の学習到達目標と指導内容は？	43
Q 3-7	「読むこと」の学習到達目標と指導内容は？	46
Q 3-8	「書くこと」の学習到達目標と指導内容は？	48
Q 3-9	学習到達目標（CAN-DOリスト）の作成方法と作成の手順は？	50
Q 3-10	参考になるCAN-DOリストの具体例は？	52

小学校外国語活動，外国語科の目標は？

中学年の外国語活動と，高学年の外国語科の目標の共通点と相違点を説明してください。

1．次期学習指導要領での「目標」

2017年に出された小学校学習指導要領の「外国語活動」と「外国語」の項には，それぞれ次のように記述されています。（⇨ Q1-3 ）

中学年「外国語活動」目標
外国語によるコミュニケーションにおける見方・考え方を働かせ，外国語による聞くこと，話すことの言語活動を通して，コミュニケーションを図る<u>素地</u>となる資質・能力を次のとおり育成することを目指す。
高学年「外国語」目標
外国語によるコミュニケーションにおける見方・考え方を働かせ，外国語による聞くこと，<u>読むこと</u>，話すこと，<u>書くこと</u>の言語活動を通して，コミュニケーションを図る<u>基礎</u>となる資質・能力を次のとおり育成することを目指す。

（下線部は筆者）

ほとんど同一の文言です。違っているのは，中学年の「コミュニケーションを図る素地となる資質・能力の育成」と高学年の「コミュニケーションを図る基礎となる資質・能力の育成」であり，また，高学年に「読むこと」と「書くこと」が入ってきたことです。これまでの中学校「外国語」と小学校「外国語活動」の違いをそのままここに見ることができます。

次期学習指導要領の「目標」は，「次の通り」と書いてあるように，従来にない詳細な記述を加えています。それぞれを見てみましょう。

2．小学校外国語活動と外国語科の「目標」の各項目

中学年と高学年の違いの主なものに下線をつけました。

①中学年「外国語活動」

(1) <u>外国語を通して，言語や文化について体験的に</u>理解を深め，日本語と外国語との音声の違い等に気付くとともに，外国語の音声や<u>基本的な表現に慣れ親しむ</u>ようにする。

(2) 身近で簡単なことがらについて，外国語で聞いたり話したりして自分の考えや気持ちなどを<u>伝え合う力の素地</u>を養う。

(3) 外国語を通して，言語やその背景にある文化に対する理解を深め，相手に配慮しながら，主体的に外国語を用いてコミュニケーションを図ろうとする態度を養う。

②高学年「外国語」
(1) 外国語の音声や文字，語彙，表現，文構造，言語の働きなどについて，日本語と外国語との違いに気付き，これらの知識を理解するとともに，読むこと，書くことに慣れ親しみ，聞くこと，読むこと，話すこと，書くことによる実際のコミュニケーションにおいて活用できる基礎的な技能を身に付けるようにする。
(2) コミュニケーションを行う目的や場面，状況などに応じて，身近で簡単なことがらについて，聞いたり話したりするとともに，音声で十分に慣れ親しんだ外国語の語彙や基本的な表現を推測しながら読んだり，語順を意識しながら書いたりして，自分の考えや気持ちなどを伝え合うことができる基礎的な力を養う。
(3) 外国語の背景にある文化に対する理解を深め，他者に配慮しながら，主体的に外国語を用いてコミュニケーションを図ろうとする態度を養う。

3．外国語活動と外国語科の共通点

小学校の外国語活動と外国語科に共通するものは次の3つだと考えてよいでしょう。指導理念に関わることであり，相違点以上に重要です。

①気付きと慣れ親しむことの重視
中学年では外国語と日本語の音声の違い，高学年ではさらに広い範囲の深い気付きが期待されていることに注目しておきましょう。教え込むのではなく，児童自らが気付くことは，「主体的な学び」へとつながるものです。

②相手（他者）を意識したコミュニケーション
コミュニケーションについては，「自分の考えや気持ちなどを伝え会うことができる力の素地」「自分の考えや気持ちなどを伝え会う基礎的な力」と記し，相手または他者に配慮しながらの主体的なコミュニケーションを図ろうとする態度を養うことを重視しています。これは，学習指導要領全体に関わる「対話的な学び」ともつながると考えてよいものです。

③文化の多様性を尊重する
従前の学習指導要領の「積極的にコミュニケーションを図ろうとする態度

の育成」の概念を一層深め，異なる言語や文化をもつ相手と互いを尊重し理解し合いながら，「多文化共生」をめざすことがより明確になりました。

4．外国語活動と外国語科の相違点

　もちろん，大きな違いがあります。次の２点を挙げられます。

①文字，語彙などに関わる指導

　高学年の目標では「音声」「表現」のみならず「文字，語彙，文構造，言語の働き」についても，日本語と外国語の違いに気付くことが求められています。また，英語を「聞くこと」，「読むこと」，「話すこと」，「読むこと」の「活用できる基本的な技能を身に付ける」ことについては，外国語活動と最も異なる点です。「技能を身に付ける」としていることは，それらの技能の定着までめざすことになります。もちろん，「読むこと」「書くこと」やコミュニケーション技能の指導については，従来の中学校の単なる前倒しではなく，小学生の発達段階にふさわしい内容で行われるべきことです。

②文構造や，言語の使用場面と働き

　高学年では，「活用できる技能」の内容に関して，基礎的な文構造を指定し，語彙数600〜700語を指導するよう規定しました。ある程度の，文法や語彙の知識の定着と活用が求められていると考えられます。もちろん，文法用語や用法の指導に偏らず，言語活動と効果的に関連づけるよう配慮が必要です。特に，「読むこと」と書くことについては，「音声で十分に慣れ親しんだ外国語の語彙や基本的な表現」とあるように，音声による活動を十分に行ってから読ませたり，書かせたりすることが大切です。

　今回の改訂により，外国語活動と外国語科ともに，指標形式（いわゆるCAN-DO）の学習到達目標が提示されました（⇨ **Q3-10**）。これにより，外国語活動で身に付ける「素地」については，具体的にイメージしやすくなって来ると思われます。小中高と一貫した段階的な学習到達目標の中に，小学校外国語活動や外国語科が一貫性・系統性をもって位置づけられるならば，校内での連携も促進しやすくなるでしょう。そして，いずれは「素地」と「基礎」の区別は実質的な意味を持たなくなるかもしれません。

 **言語活動とは？**

言語活動は反復・模倣や文型ドリルなどとどう違うのでしょうか。言語活動を計画したり，実施したりする際の留意点をお聞かせください。

1．「学習活動」と「言語活動」

　英語を児童に使わせて，目標とする語句や表現への習熟を図る活動には，大きく分けて次の２種類があります。

①「学習活動」

　反復・模倣や置き換え練習など，学習した語句や表現の理解を深め，定着を図るドリル的活動です。正しい表現の形を身に付けさせる活動ですから，児童の小さな誤りも見逃さず指導します。

②「言語活動」

　自己表現活動や情報の伝達／交換活動など，伝達目的を遂行するために，学習した語句や表現を自ら使ってみる疑似コミュニケーション活動です。多少の誤りがあってもスムーズに運用することをねらいとする活動ですので，児童が積極的・主体的に英語を使おうとする態度や伝達内容，伝達目的の達成度を評価し，伝達に支障を及ぼす重大な誤り以外は活動を止めて訂正することは我慢して，活動後にフィードバックします。

2．「言語活動」を作る（⇨ Q6-2）

　人間のことばによるコミュニケーション（verbal communication）の４つの特性を考えてみましょう。

①インフォメーション・ギャップ（information gap）を作る

　挨拶などの社会的コミュニケーションを除けば，コミュニケーションには情報の授受があります。「言語活動」では，単に鉛筆を児童に見せて，Is this a pencil? —Yes, it is. のようにわかり切ったことを言い合わせるのではなく，わからないから，必要な情報を求めて尋ねる場面を作ります。これを「インフォメーション・ギャップ」と呼びます。例えば，次のように各列の児童の鉛筆を後ろから集めさせて最前列の児童に渡し，英語を使ってそれぞれの鉛筆の持ち主を確認し返却させるというタスク（task：課題）を与えれば，子どもたちの間にインフォメーション・ギャップ，すなわち質問する必

然性が生まれ，初歩的な「言語活動」となります。

 S_1：Excuse me. Is this your pencil?
 S_2：No, it isn't.
 S_1：Is this your pencil?
 S_2：Yes. It's my pencil.
 S_1：Here you are.
 S_2：Thank you.
 S_1：You're welcome.

 教室では，一部異なる2枚の絵や互いに異なる情報を盛り込んだ2枚1組の表やカードをペアになる児童に与えることにより，インフォメーション・ギャップを設定し情報交換を行わせることができます。

②児童に選択（choice）させる

 与えたモデルをそのままくり返す（repetition）のではなく，伝えたい内容を一人ひとりの児童に選ばせます。小学校段階では，表現の形や内容自体を自由に選択させることは難しいので，児童に必要と予想される単語を示して，自分に当てはめて下線部の語句を選択させるとよいでしょう。

 Hello. I'm <u>Sayuri</u>. Please call me <u>Sayu</u>. I'm from <u>Kamakura</u>. I like <u>English and music</u>. I play <u>volleyball</u>. … Thank you.

③フィードバック（feedback）を返させる

 一方通行にならないように，相手の質問に答えたり，発言にあいづちを打ったりするなど双方向のやり取り（interaction）になるよう促しましょう（⇨ **Q4-4**）。

④ことばの「使用場面」と「働き」を意識する

 言語活動を考案する際には，「ことばの使用場面と働き」，つまり，それは「どのような場面や状況」でのコミュニケーションなのか，その表現を使って「何ができるのか」ということばの働き（function）に着目し，児童に行わせる際には，それらを意識させるようにしましょう。

3．「言語活動」＝「話すこと」だけではない

 小学校での言語活動は，「聞くこと」「話すこと」が中心となりますが，2．の①〜④の要件に配慮すれば，「読むこと」や「書くこと」についても行えます。聞き話す活動だけが言語活動ではないことに注意しましょう。

言語材料とは？

言語材料とは何を指すのでしょうか。外国語活動，英語科で扱う言語材料にはどのようなものがあるのですか。

「言語材料」とは，言語を扱う授業の中で取り扱い，指導するすべての材料を指し，学習指導要領では，「音声」「文字及び符号」「語，連語及び慣用表現」「文及び文構造」の４つに分けて示されています。

1．音声

まず，アルファベットの文字の名前や単語の発音を歌やチャンツ，アルファベット・ジングルなどを使って楽しく身に付けさせましょう。初めて英語にふれる小学校段階では，平板な日本語発音の「ペンギン」と第一音節に強い強勢を置いて発音する強・弱アクセントの英語の"**pén**guin"や，[mi・lu・ku]とすべてに母音が入る３音節語の日本語の「ミルク」と，[mílk]と母音の後に子音が連続する１音節語の英語の"milk"など，カタカナ語と英単語の発音の違いに気付かせ，言語の音声に興味を持たせましょう。

文の発音指導では，強勢やイントネーション（抑揚）とともに，自然な速度で話される英語にみられる「**連音**」（リエゾン：I like it.のように２つの単語の音がつながって１つのように発音される），「**同化**」（Would you ～? が「ウッヂュー」と発音されるなど，連続する２つの単語が互いに近づき合って音質が変わる），「**脱落**」(Don't talk.やWe played tennis.など，同じまたは類似した子音が連続する場合，前の子音は口の構えを作るだけで発音しない）など，「**語と語の連結による音の変化**」に留意しましょう。音に柔軟な児童は歌やチャンツを通じて自然にこれらを体得していきます。

2．文字及び符号

アルファベットの活字体の大文字・小文字，終止符（.）や疑問符（?），コンマ（,）などの基本的な符号も，文字を読んだり書いたりする際に必要な指導すべき言語材料の１つです。音声で十分に慣れ親しんだ後に，アルファベットの大文字・小文字や単語，短い文を「なぞり書き（tracing）」や「書き写し（copying）」をさせたりして，英語の文字や単語，文を書くことに親しませましょう。児童がある程度慣れてくれば，次のようにモデル文の

下線部を自分に当てはめて，与えられた語群の中から単語を選んで書き写させれば，初歩的な書くことの言語活動（自己表現活動）となります。

　Hello. My name is Suzuki Ken. My birthday is June 28. I like English and science. I play baseball with my friends.

3．語，連語及び慣用表現

　日常生活や学校生活などに関する身のまわりの単語（外国語活動で取り扱った語を含む600〜700語程度の語）にくり返しふれさせて慣れ親しませましょう。また，活用頻度の高いget up, look atなどの連語，Nice to meet you. Excuse me. I see. Thank you. You're welcome. などの慣用表現にも，何度も聞かせたり使わせたりして慣れ親しませましょう。

　小学校段階では，まずは聞いて意味のわかる語句を増やすこと。次に，通じる発音で自ら発話できる語句を増やすこと。そして，高学年では，慣れ親しんだ簡単な単語のつづりや短い文を見て，意味を理解し音を再生できること，さらにその中で，基本的なものについては書き写すことができるように，興味を持ったものについてはモデルを見ないで書くことができるように励ましてあげましょう。

4．文及び文構造（基本的な英語の文の仕組み）

　文の種類としては，肯定・否定の平叙文や命令文，疑問文のうち，be動詞や助動詞（can, doなど）で始まるもの，疑問詞（who, what, when, where, why, how）で始まるものを扱います。また，代名詞（I, you, he, she, itなど），名詞の単数・複数形，動名詞（readingなど名詞の働きをする動詞のing形）や過去形の基本的なもの，不定詞の名詞的用法（I want to 〜）などに慣れ親しませます。文構造としては，I swim. など「主語＋動詞」，I am a student. I'm happy. など「主語＋動詞＋補語」，I like sports. I play soccer. など「主語＋動詞＋目的語」を学習します。日本語と英語の語順の違いに気付かせましょう。言語の使用場面では，挨拶，自己紹介，買物，食事，道案内など，言語の働きとしては，コミュニケーションを円滑にする，気持ちを伝える，事実・情報を伝える，考えや意図を伝える，相手の行動を促すなど，児童にとって日常的に体験する身近な場面を取り上げ，基本的な表現の習熟を図ります。具体的な状況の中で文の意味や形に気付かせ，語順に注意してさまざまな文を聞き，話し，高学年では読み，書く活動も行わせましょう。

学習到達目標（CAN-DO）とは？

最近，学習到達目標やCAN-DO（リスト）ということばをよく耳にしますが，どのようなものなのでしょうか。

1．具体的な到達目標に基づく指導と評価をめざして

「グローバル化に対応した英語教育改革実施計画」（文部科学省, 2013）では，「小中高を通じて一貫した学習到達目標を設定することにより，英語によるコミュニケーション能力を確実に養う」ことを求めています。指導する教員にも，学習する児童・生徒にも「できた／できなかった」がはっきりとわかる具体的な学習到達目標を指標形式（CAN-DO）で示し，その達成に向けて活動や指導を組み立てていこう，ということです。「主体的にコミュニケーションを図ろうとする態度を育成する」とか「コミュニケーション能力の基礎を養う」など，指導要領に記された抽象的な目標を学年や単元，単位授業の目標として掲げても，それを達成できたかどうか児童にははっきりわかりませんし，教員も自信を持って評価することはできません。

2．CAN-DOリストとは

一方，授業の目標を「曜日や日付を尋ねたり，答えたりできる」「好きなスポーツや食べ物などについて尋ねたり，答えたりすることができる」「初対面の挨拶をして，4～5文程度で自己紹介ができる」「自分の将来の夢について1分程度のスピーチができる」＋「友だちのスピーチを聞いて，その概要を理解し興味を持ったことについて英語で1つ質問することができる」などとすれば，子どもたちにも「できた／できなかった」がはっきりとわかり，教員にとっても絶対評価が可能な目標になります。

このように，授業のめあてを児童にとって達成可能な具体的目標として示し，それを全員が達成できるように指導を工夫し，できつつある過程も評価してあげれば，子どもたちの学習意欲を高めてあげることができます。

学習到達目標に基づく指導と学習を展開することによって，掲げた目標が「絵に描いた餅」で終わらず，児童のコミュニケーションへの意欲と能力を育み，それを適切に評価できる授業をめざしましょう（⇨ Q3-9 , Q3-10 , Q12-5 ）。

「聞くこと」の学習到達目標と指導内容は？

小学校修了時点での,「聞くこと」の学習到達目標と, それに向けた望ましい指導内容を紹介してください。

1.「聞くこと」の指導のポイント

子どもの母語習得の様子を観察すれば,「聞くこと」がことばの習得の第一歩であることは明らかです。母語の習得過程を参考に外国語学習での「聞くこと」の指導を考える場合, 児童の生活・文化に身近な話題, 場面を設定し, 理解を助ける視覚教材（絵や写真, 実物など）を活用して, できるだけ平易な語句や表現を使って身振りや表情などを交えながら話しかけます。その際, 明瞭な発話でくり返し, ゆっくり抑揚をつけて話すなどの配慮をして聞かせましょう。「聞くこと」でことばを理解する能力を高め,「話すこと」に転化するように指導することが大切です。聞くことが十分でない段階で, 無理に話す活動を強制しないことです。

2.「聞くこと」の学習到達目標

学習指導要領も踏まえ, 中学年の「外国語活動」, 高学年の「外国語科」の「聞くこと」の指導目標を次のように設定できるでしょう。

①外国語活動
- アルファベットの発音を聞いて, どの文字かわかる。
- 慣れ親しんだ語句や表現を使って, ゆっくりはっきりと話されれば, 自分のことや身のまわりの物を表す簡単な語句を聞き取ることができる。
- 慣れ親しんだ語句や表現を使って, ゆっくりはっきりと話されれば, 簡単なやり取りや短い話を聞いて, 基本的な表現の意味がわかる。

②外国語科
- 慣れ親しんだ語句や表現を使って, ゆっくりはっきりと話されれば, 自分のことや身近で簡単なことがらについて, 簡単な語句や基本的な表現を聞いて理解できる。
- 慣れ親しんだ語句や表現を使って, ゆっくりはっきりと話されれば, 日常生活に関する身近で簡単なことがらについて, 具体的な情報を聞き取ったり, 短い話の概要を捉えたりすることができる。

なお，中学年，高学年にかかわらず，推測しながら聞く力を育てるために，扱う話題，場面，理解を助ける工夫，聞かせる分量などに配慮しながら最後まで聞かせることが大切です。次に「音声」「やり取り」「発表」に分けて，「聞くこと」の具体的な学習到達目標を示します。

①音声
　英語の基本的な音声的特徴（音，リズム，イントネーションなど）をある程度正しく聞き取ることができる。（中・高学年）

② やり取り
　(1)挨拶などの定型表現や短い簡単な指示を聞いて，理解し行動できる。（中学年）
　(2)自分や相手に関する短いやり取りを理解できる。（中・高学年）
　(3)家庭，学校，自分たちの住む町などの身近な話題に関する具体的な情報のやり取りを聞いて理解できる。（高学年）

③発表
　(1)自分や相手に関することや身近で具体的な事物を表す語句や文などを理解できる。（中学年）
　(2)家庭，学校，自分たちの住む町などに関わる身近な話題について，イラストや写真などを参考にしながら理解できる。（中・高学年）
　(3)絵本やDVD，紙芝居などを見ながら，まとまりある簡単な話の概要をある程度正確に理解することができる。（高学年）

3．「聞くこと」の指導場面と指導内容 (1)

　単元「将来の夢」を例に，指導の場面と内容を考えます。

①新しい単語，表現の導入

　絵カードで職業名の単語を導入後，黒板に職業絵カードと子どもの顔の絵カードを数枚はり，次のようなやり取りを通して導入します。

　(1)担任が単独で話を聞かせる場合（タカシの絵カードを見せながら）

　　担任：Hello, my name is Takashi. I like video games. I play video games. I want to make my video games. I want to be a ….
　　児童：Video game を作る人．
　　担任：Good. Video game developer. I want to be a video game developer.

(2)ティーム・ティーチングで，担任がALTとやり取りを聞かせる場合
　ALT：Hello, Takashi. What do you want to be?
　担任：I want to be a video game developer, "ビデオゲームを開発する人" in Japanese.
　ALT：Oh, you want to be a video game developer. Why?
　担任：I can play video games well. I want to make my video games.
　ALT：Oh, really. That's a good dream.

　英語を聞かせる際，話すスピードやポーズを調整し，時にはくり返したりしながら，児童の理解に合わせて英語で語りかけましょう（⇨ Q9-1 ）。

②新しい表現の理解を深めるリスニング活動
　"What do you want to be?" —"I want to be a doctor." タイプのQ & Aをいくつか聞かせ，子どもの名前と職業名を線で結びつけさせる活動や子どもの名前や職業名を表の空所部分に記入して完成させる活動などが考えられます。また，導入例の(2)に示したように理由を英語で聞かせて，推測させながら表現の理解を深める活動もできます。

③国際理解を促すスモール・トーク（small talk）
　世界の国の子どもたちの将来就きたい職業や理由を聞いて，どの国の子どもかを推測させるクイズ形式の活動や，ALTが子どもの頃に就きたかった職業の話を易しい英語で児童に語り聞かせる活動も考えられます。

4．「聞くこと」の指導場面と指導内容(2)
①チャンツ，ナーサリーライムの活用
　歌やチャンツ，ナーサリーライムなど，リズムに乗って英語を聞いたり歌ったりすることで，楽しみながら英語の音声的特徴が身に付き，同時に自然な速度のスピードで話される英語を聞き取る力も高まります。これらは毎時間のウォームアップや，表現に慣れ親しませる活動などで利用できます（⇨ Q7-2,3 ）。

②絵本の読み聞かせ
　絵の助けも借りながら，未知の語句の意味を推測したり，話の展開を予想しながら聞くなど，まとまりあるストリーの内容を理解する方略を身に付けることができ，楽しみながら学習を促すことができます（⇨ Q7-4 ）。

「話すこと」の学習到達目標と指導内容は？

小学校修了時点での，「話すこと」（やり取りと発表）の学習到達目標と，それに向けた望ましい指導内容を紹介してください。

1．「話すこと」の指導のポイント

Q4-1 でも述べますが，児童が外国語を学習する場合，理解可能な英語を十分に聞かせ，音声と意味を理解させることが不可欠であり，インプットが不十分な段階，すなわち，話す準備がともなっていない段階で児童に発話を強要することは危険です。児童の学習段階を適切に把握し，「話す」活動を取り入れると，相手とやり取りをする体験や自分のことを相手に伝える体験を通して，児童がコミュニケーションする楽しさや喜びを味わいます。また，自分の使う英語を修正する機会を持つことができ，もっと聞けるようになりたい，話せるようになりたいという意欲を喚起することができます。話す活動を段階的に準備することが求められるゆえんです。

2．「話すこと」の学習到達目標

学習指導要領も踏まえ，中学年の「外国語活動」，高学年の「外国語科」の「話すこと」の指導目標を次のように設定できるでしょう。

①外国語活動
- モデルを聞き，英語の音声的な特徴を踏まえてくり返したり，基本的な定型表現を使って，挨拶，感謝，簡単な指示をしたり応じたりできる。
- 自分や相手のこと及び身のまわりのことについて，簡単な語句や基本的な表現を用いて伝えたり，質問したり，質問に答えたりできる。
- 自分のことや日常生活に関する身近なことがらについて，実物などを見せながら，簡単な語句や基本的な表現を用いて話すことができる。

②外国語科
- 基本的な定型表現を使って，指示や依頼をしたり応じたりできる。
- 自分や相手のこと及び日常生活の身近なことがらについて，自分の考えや気持ちなどを簡単な語句や基本的な表現を用いて伝え合うことができる。
- 自分のことや身近で簡単なことがらについて，伝えようとする内容を前もって整理したうえで，簡単な語句や基本的な表現を用いて話すことが

できる。
　次に,「発音」「やり取り（対話）」と「発表（ある話題について一人あるいは二人以上の聞き手に向かって話すこと）」に分けて,具体的な学習到達目標を示します(⇨ Q3-9 , Q4-3)。
①発音
　英語の音声的特徴（音，リズム，イントネーションなど）を模倣し，ある程度正しく発音することができる。(中・高学年)
②「話すこと（やり取り）」
　(1)指導者の示すモデルにしたがって，動作などを交えて，自分や身のまわりのことについて1往復〜1往復半程度のやり取りができる。(中学年)
　(2)聞き手が理解していることを確認しながら話し，必要に応じてくり返しながら，身近な話題について簡単な情報交換ができる。(高学年)
③「話すこと（発表）」
　(1)指導者の示すモデルにしたがって，自分や身のまわりのことについて，実物などを見せながら，1〜3文程度で発表できる。(中学年)
　(2)事前に準備すれば，既習の語句や表現を使って身近な話題について，関連のある情報を整理して，3〜5文程度で発表できる。(高学年)

3．「話すこと」の指導内容
　上記の学習到達目標を達成するために，取り扱いたい話題，場面，発音，コミュニケーション方略，及び言語活動の具体例を示します。
①話題
　児童の学年や興味・関心，取り扱う言語材料（単語，表現など）を考慮し，児童の生活，文化に身近な話題を選択します。例：動物・食べ物・スポーツなどの好き嫌い，欲しいもの，大切な日，できることやできないこと，食事，自分たちの住む町や学校の紹介，行ってみたい国，日本と世界の国々の学校生活や習慣，行事などの共通点や相違点，日課，将来の夢など
②場面
　児童が日常生活で頻繁に遭遇する，または体験する身近な場面を選択します。例：挨拶，自己紹介，学校生活（教室案内，時間割など），道案内，食事（給食など），家庭生活（日課，好き嫌いなど），住んでいる地域（建物，行事など）

③発音

　自然な英語のリズムやイントネーションが崩れないように，相手に聞き取りやすい発音を指導します。

④コミュニケーション・ストラテジー（方略）

　自分の持てる力，または相手の力を借りて，話をなんとか継続するコミュニケーション・ストラテジー（⇨ Q4-4）を折にふれ少しずつ指導します。

⑤具体的な言語活動例

　単元「何が食べたい？―好きなメニューを伝えてみよう」を例に，毎時間の言語活動と単元のまとめとして実施する言語活動（コミュニケーション・自己表現活動）の具体例を紹介します。

　毎時間の言語活動は，当該時間に学習した言語材料（単語，表現）を主として使用する5人グループによる「Q&Aリレーゲーム」です。グループ内で月曜から金曜までの担当者を決め，各担当者は担当曜日に食べたい給食のメニューを考え，2つ（主菜とデザート）記入します。例えば，女子児童ナナのワークシートは下のようになります。次に，グループ内で順番に，次のようにやり取りをして，一週間の給食メニューを完成させます。

Ken：Hi, Nana.　What do you want to have on Thursday?
Nana：Well, I want to have pizza and pudding.
Ken：Nana, you want to have pizza and pudding. OK?
Nana：That's right.
Ken：Thank you.
Nana：Hi, Jun.　What do you want to have on Friday?
Jun：Well, I want to have….

私たちが食べたい給食メニュー

曜日	名前	食べたい給食メニュー（2つ）	
Monday（月曜日）	Ken		
Tuesday（火曜日）	Maki		
Wednesday（水曜日）	Kazu		
Thursday（木曜日）	Nana	ピザ	プリン
Friday（金曜日）	Jun		

　単元のまとめの活動は，単元で新しく学習した言語材料と既習の言語材料を駆使していろいろなお店を回って，自分の誕生パーティで食べたいものを購入し，誕生パーティのメニューをshow & tell形式で発表させます。

「読むこと」の学習到達目標と指導内容は？

小学校修了時点での,「読むこと」の到達目標と,それに向けた望ましい指導内容を紹介してください。

1.「読むこと」の指導のポイント

「読む」という言語行為にはいろいろな意味合いがあります。従来の外国語の授業では,①文字で書かれた語,句,文を見て音声化できること,及び,②書かれている内容が理解できることの2つがあり,多くの場合,①と②をどちらもできることが学習到達目標とされます。しかし,すべての学習者が両方を完璧にできるとはかぎりません。例えば,食品包装のNet 100 cc.という表記を見て,多くの中学生は,音声化はできても意味には自信がなく,「網が100 cc？」という程度の反応しかできないでしょう。

ほとんどの小学生にとって,意味がわかる語は聞いてわかる語です。音声での指導が優先する小学校英語では,児童は音と意味をつなげることに慣れています。そのような児童は,絵や写真,前後関係など具体的なヒントとともに語句を見たとき,「読める」と感じます。例えば,白いトラが描かれた絵本にThe White Tigerと書かれていれば（theは別として）意味がわかり,声に出せる児童も多いでしょう。しかし,絵がなければ理解も音声化も困難です。本当に「読むこと」ができるようになる前段階として,このように具体的ヒントと文字を同時に目にする体験は不可欠です。

2.「読むこと」の学習到達目標

学習指導要領では「読むこと」に慣れ親しむことを求めています。次のような段階的な学習到達目標が考えられるでしょう。

①活字体で書かれた文字を識別し,発音することができる
 a. アルファベットの大文字の名前を発音できる。
 b. アルファベットの小文字の名前を発音できる。
 c. アルファベットの大文字と小文字の区別ができる。
 d. DVDやUSA, a.m.やp.m.など,アルファベットの大文字や小文字の連続が読める。

②音声で十分に慣れ親しんだ簡単な語句や基本的な表現の意味がわかる
  a. 意味がわかっている日常的に慣れ親しんだ単語は，絵などの具体的ヒントがあれば読める。
  b. 意味がわかっている日常的に慣れ親しんだ3文字や4文字の単語であれば，絵などのヒントがなくても読める。
  c. 意味がわかっている日常的に慣れ親しんだ挨拶などの簡単な定型表現，短い文や対話文であれば，絵などのヒントがなくても読める。

ただし，①dで，ufdなど無意味な文字連続を読ませることは，ドリルではあっても，コミュニケーション能力としての「読むこと」の活動にはならないことに留意してください。また，②bや，特に②cの指導では，児童の文字への習熟とともに音声面での習熟を踏まえる配慮が必要です。

3．「読むこと」の指導内容

実際，「読むこと」を指導する際には，上述の小学校英語の特性を考慮して，音声と文字をつなぐ最も単純な内容から始めることが大切です。

①ボトム・アップ（bottom-up）指導
  a. 頭文字だけを書いた絵カードを見せ，語を答えさせる。
  b. 語のつづりを添えた絵カードを見せ，答えさせる。
  c. 絵だけのカードを，語頭音，語末音などに基づいて分類させる。

語頭音や語末音が同じ単語（bear, book, ball / bat, hat, cat など）を同時に扱うことで，つづりと音の関係について児童の気付きを促します。

②トップ・ダウン（top-down）指導
  a. 同じ語句や表現がくり返される構成の簡単な絵本を読み聞かせる。
  b. そのような絵本を児童がいつでも手に取れるよう，学級に常備する。

絵本は，登場人物，動物や物に関わる語句だけでなく，前後関係や具体的な場面や状況を提供します。全部の語をていねいに理解させる必要はなく，1語でも2語でも「わかった，読めた！」という体験ができれば十分です。

1音ずつ読む練習を重ねていく①は，bottom-up型の指導です。一方，②はtop-down型の指導法で，Whole Language Approachと呼ばれ，言語の使用場面や状況など，さまざまな手がかりを生かして意味を想像させる手法です。①，②の両方を効果的に用いてください（「読むこと」の指導の詳細は，Q4-5）。

「書くこと」の学習到達目標と指導内容は？

小学校修了時点での,「書くこと」の到達目標と, それに向けた望ましい指導内容を紹介してください。

1.「書くこと」の指導のポイント

本来「書く」という言語行為は, 文字で伝えたいことがあって行うコミュニケーションにほかなりません。しかし従来の英語教育では, 書くための作法, すなわち文法やつづりなど, ルールの学習が自己目的化してしまい, ともすれば「伝達」とはかけ離れた指導が学習者の意欲を失わせてきました。

小学校では, 文法学習のために英語を書くという視点は存在しません。「書くこと」は, 文字によるコミュニケーションと捉え, 相手に読んでもらうために正しくていねいに書く, という意識を児童に持たせたいものです。

2.「書くこと」の学習到達目標

学習到達目標としては, 次の2点を想定します。
①アルファベットの大文字・小文字を活字体で書くことができる。
②身近で慣れ親しんだ語句や慣用表現, 短い文などを書くことができる。

次に, それぞれについて詳しく考えてみましょう。アルファベットを書くことは正確性に関わる活動です。大文字と小文字を区別して書くことや, 文字の形を整えるための空間認知力も, 児童の個人差が出やすいので, 時間をかけたていねいな指導が求められます。「外国語科」では, ローマ字では使わなかったJ, F, L, Qなどにも注意する必要があります（⇨ **Q4-7**）。しかし, アルファベットを書くことがゴールではなく, 相手に伝達する目的を持って書くことができるようになることが目標です（⇨ **Q4-6**）。

学習指導要領では, 次のような段階的な学習到達目標を設定しています。
①活字体の大文字, 小文字を書くことができる。
②音声で十分に慣れ親しんだ簡単な語句を書き写すことができる。
③語順を意識しながら, 音声で十分慣れ親しんだ基本的表現を書き写すことができる。
④自分のことや身近で簡単なことがらについて, 例文を参考に, 音声で十分慣れ親しんだ基本的な表現を書くことができる。

3．「書くこと」の指導内容

　原則は，児童が「聞いて理解し，言えて，読める」ようになった慣れ親しんだ単語，定型表現や短い文を書いてコミュニケーションをすることです。音と意味が結びついたところに文字が加わることが最も自然なかたちであり，この順序で三者が一体となることで，語の記憶は強化され定着に向かいます。アルファベットの指導と語句や文を書く指導でも，次のような段階的な学習内容を設定してみましょう。

　①教員が発音する文字の名を聞き，活字体の大文字と小文字を書く。
　②音声で十分に慣れ親しんだ簡単な語句を書き写す。
　③伝え合う言語活動の中で，身近で簡単なことがらについて，慣れ親しんだ基本的な表現を書き写す。
　④伝え合う言語活動の中で，自分のことがらについて，慣れ親しんだ基本的な語句や表現の中からことばを選んで書く。

　②〜④の活動では，単なる作業ではなく，コミュニケーションとしての「書くこと」へのつながりに留意します。次のような内容が可能です。

- グループで動物園の園内図を描き，動物の名前を選択して書き込ませる。
- メッセージカード，友人激励カード，自己紹介カードなどを，モデル文を提示して選択させ，自由にデザインして書かせる。

　また，書く活動を指導する際には，次のような，文字認識に関わる内容も含めることが可能です（「書くこと」の指導の詳細は， Q4-6 参照）。

- 身のまわりにある1文字〜3文字のアルファベット記号（駐車場のPや鉛筆のHBなど）を発見させ，書かせる。
- c, o, s, v, w, z（大文字と小文字が同じ形）やg, j, p, q, y（小文字が基本線より下に伸びる形）などの区別に気付かせる。

　高学年児童の知的発達を考えれば当然なことですが，英語の学習が進むにつれ，児童の書くことへの欲求は高まります。音声で慣れ親しんだ表現を書き留めて覚えたい，自分のことを書いて伝えたいという児童の思いは，小学校英語の指導者がしばしば耳にしてきたことです。児童の自己学習の発展につながる欲求に応えながら，指導内容を構成する必要があります。

学習到達目標(CAN-DOリスト)の作成方法と作成の手順は？

CAN-DOリストを作ることになりました。その作成方法と手順を教えてください。

1．学習到達目標（CAN-DOリスト）の作成方法

　小学校英語において，学習到達目標を明確にすることは重要です。特に，学習指導要領の目標に示されている3つの資質・能力—「知識・技能」「思考力・判断力・表現力等」「学びに向かう力・人間性等（主体的に学習に取り組む態度）」に沿って，外国語を聞いたり話したりしながら，外国語の音声や基本的な表現の習得をめざし，学習到達目標を設定します。その際，文部科学省は指標形式（CAN-DO）で目標を具体的に設定することを提言しています。児童に身に付けさせたい能力，すなわち英語を使って何ができるようになるかを，「〜することができる」「〜している，〜できる」「〜しようとしている」といった具体的な指標によって表します。

　作成にあたっては，学習指導要領の具体的内容（話題，場面，ことばの働き，語彙や表現など）と，文部科学省作成の共通教材や教科書の内容を精査し，学習到達目標に反映させることが重要です。また，学校の教育目標や他教科の目標なども参考に，小学校修了時に児童に身に付けさせたい力や育ってほしい姿などを設定し，そこから逆算してそれぞれの学年（段階）で「何を，どこまで」できるようになればよいのかを考えて，学習到達目標を作成します。また，学校独自のカリキュラムで指導を行っている場合は，各単元の到達目標や言語材料などを整理し，それらを踏まえて外国語活動あるいは外国語科のCAN-DOリストにまとめるとよいでしょう。

2．学習到達目標（CAN-DOリスト）作成の手順

　小学校では聞くこと，話すことが中心となりますが，話すことはspeech, show & tellやプレゼンテーション等の「発表（spoken production）」と，インタビュー活動やロールプレイなどの「やり取り（spoken interaction）」の2つに分け，「読むこと」，「書くこと」とともに，4技能5領域の学習到達目標を設定します。

①何段階に設定するかを考える

　まず学習到達目標を何段階にすればよいのかを考えて設定します。例えば，3・4年生を1つの段階，5年生，6年生をそれぞれ分けて3段階で設定するのか，あるいは，低学年から外国語活動を始めている学校であれば，低・中・高学年（5年生，6年生）の4段階に分けることも考えられます。各学校や地域の実態に合わせて段階を設けます。

②具体的な指標を文にして，段階ごとに並べる

　次に学習指導要領や共通教材，教科書をもとに，どの段階で，どの技能がどの程度できるようになれば（あるいは，しようとすれば）よいのかを考え，その児童の姿を指標として記述します。例えば，「聞くこと」であれば，「先生の英語の指示を聞いて理解できる」「簡単な絵本の読み聞かせを聞いて大体の意味がわかる」。「話すこと（発表）」であれば，「自分の好きなもの，できること，行きたい国，なりたい職業などを含んだ自己紹介ができる」。「話すこと（やり取り）」なら，「友達と誕生日について，尋ねたり答えたりすることができる」。「読むこと」であれば，「アルファベットの文字と音を結びつけることができる」「音声で慣れ親しんだ単語や文を読むことができる」。「書くこと」なら，「音声で慣れ親しんだ簡単な単語を書き写すことができる」「自己紹介文に，自分の好きなものやできることなどを書くことができる」など，具体的に記述し，それらを段階ごとに並べます（⇨ Q3-10 ）。その他，学校によっては，「異文化理解」や「自律的学習者の育成」といった項目を学習到達目標として掲げているところもあります。

3．学習到達目標（CAN-DOリスト）使用上の留意点

　学習到達目標は作成することが最終目的ではなく，その学習到達目標に向かって，教員が授業を考え，つけたい力を活動を通して育成し，それを児童に振り返らせ，自己の能力や到達度を客観的に評価させることが重要です。そのため作成した学習到達目標は教員や児童で共有し，評価規準，評価方法及び評価時期を有機的に結びつけ，指導と評価をくり返す中で自己評価やパフォーマンス評価（児童の発表評価）などとも照らし合わせ，必要に応じて改訂する必要があります。また，CAN-DOリストはポートフォリオ評価としても活用することができます（⇨ Q3-4 ， Q12-5,7,8 ）。

参考になるCAN-DOリストの具体例は？

私たちの小学校でもCAN-DOリストの作成を計画しています。参考となる優れた事例を紹介してください。

各学校において、地域や学校、児童の実態に応じた学習到達目標（CAN-DO）を具体的に設定する際に、文部科学省の小中高等学校を通じた指標形式の目標をはじめ、資料として参照できるリストがいくつか公開されています。まずそれらの中から、どなたでも入手可能な、文部科学省のもの以外の事例を簡潔に紹介し、次に具体例としてCAN-DOリストの試案を示します。

1．参照したいCAN-DOリストの具体例

以下に紹介するCAN-DOリストはいずれもインターネット上で公開されていますので、詳細は関連のホームページで確認してください。

①CEFR-J（Version 1）

投野ら（2013）によって作成されたCEFR-Jは、CEFR（⇨ Q1-4 ）に準拠しつつ、その理念を日本における小学校から大学までの英語教育の枠組みに導入することを目的として開発されました。その特徴として、CEFRではA（基礎段階の言語使用者）、B（自立した言語使用者）、C（熟達した言語使用者）のレベルを各2段階に設定して計6レベルで示されています。しかし、日本人学習者の多くはCEFRのAレベルに相当するとの判断から、A1の前にPre-A1が設定され、さらにAレベルが5段階、Bレベルが4段階に細分化され、合計12レベルで構成されています。なお、Pre-A1は小学校修了時の学習到達目標ですが、小学校の英語学習時間数は5、6年生で週1時間と想定されているようです。

②岐阜県大垣市立小野小学校

「岐阜県英語教育イノベーション戦略事業『英語拠点校事業』」（2014年度から4か年計画）の指定を受けている小野小学校は、「英語科学習到達目標（4技能）」を1～6年生の学年別に設定しています。さらに、発達段階に応じた「考えながら話す」姿を具現することを目標として、話し手／聞き手の各立場の学年目標を指標形式で記述し、「話すこと」の学習到達目標に補足している点も特徴的です。

③東京都千代田区立九段中等教育学校

　東京都千代田区立九段中等教育学校では，各学年修了時における学習到達目標を設定し，中高6年間を通して段階的に発展する同校独自のCAN-DOリストを作成しています。各段階の目標が達成できる指導を英語科教員全員で考えて共通指導案を作成したり，有効性や実効性を高めるために毎年改訂を重ねたりするなど，組織的な指導体制の構築にCAN-DOリストが活用されています。小学校教員には中学校，高等学校の英語教育の方向性を理解するうえで参考になります。

2．CAN-DOリスト試案

　以下に示すCAN-DOリスト試案（2017a）は，日本児童英語教育学会・英語授業研究学会（関西支部）合同プロジェクト研究の一環として作成した「小中高の学習到達目標（CAN-DOリスト）」（以下，合同プロジェクトCAN-DOリスト）に加筆したもので，ここでは小学校段階の「聞くこと」「話すこと」に該当する部分のみを紹介します。

①合同プロジェクトCAN-DOリスト試案について

　以下の点を踏まえて，CAN-DOリスト試案を参照してください。

(1) 小学校段階はGrade 1～3の3レベルで示してあります。外国語活動の開始学年は3年生ですが，3・4年生が週1単位時間の活動型であることを考慮し，2か年分をGrade 1にまとめて学習到達目標を設定しました。Grade 2は5年生，Grade 3は6年生に当たります。

(2) 合同プロジェクトCAN-DOリストでは「聞くこと」「話すこと（やり取り）」「話すこと（発表）」「読むこと」「書くこと」の4技能5領域について，各レベルにおける学習到達目標を示してありますが，ここでは紙幅の関係上，「読むこと」「書くこと」は省略します。また，各レベルの特徴を大まかに捉えるための全体的尺度も省略し，技能別尺度のみ掲載します。

(3) 次頁以降に示すCAN-DOリスト試案における4技能5領域の構成項目は以下の通りです。細分化しすぎて情報過多になることを避けるために，各技能領域の能力の育成をめざすうえで主要と考えられる項目に絞り込んで設定してあります。

- 「聞くこと」：①教室英語（Classroom English），定型的な会話，②話題・場面，基本的な語句と表現，③内容的にまとまりのある話
- 「話すこと（やり取り）」：①教室英語，②コミュニケーション方略，③活動・タスク
- 「話すこと（発表）」：①発音，②話題・場面，基本的な語句と表現，③活動・タスク

(4)各学校において当リストを参考にして学習到達目標を検討する際，地域や学校，児童の実態によっては，技能間で異なるレベルを参照してもかまいません。例えば，5年生の到達目標を設定する場合，通常はGrade 2の内容を参考にして検討しますが，英語の発音に対する感性が高い児童が多い場合は，「聞くこと」の「発音」についてはGrade 3の内容を反映させて到達目標を設定することも考えられます。

②CAN-DOリスト試案（技能別尺度）

(1)「聞くこと」

Grade 1	Grade 2	Grade 3
①ていねいかつ明瞭に，くり返しながら話されれば，ご く簡単な指示を聞き取ることができる。	①ていねいかつ明瞭に話されれば，簡単な指示，依頼，提案などをある程度正確に聞き取ることができる。	①ていねいかつ明瞭に話されれば，簡単な指示，依頼，提案などを正確に聞き取ることができる。
②ていねいかつ明瞭に，くり返しながら話されれば，ご く簡単な語句や表現で言い表された話し手の情報や日常生活に関わる身近なことがら＊を理解することができる。	②ていねいかつ明瞭に話されれば，簡単な語句や表現で言い表された話し手の情報や日常生活に関わる身近なことがら＊を理解することができる。	②ていねいかつ明瞭に話されれば，簡単な語句や表現で言い表された日常生活や学校生活に関わる身近なことがら＊を理解することができる。
③ていねいかつ明瞭に，くり返しながら読み聞かせられれば，リソース＊の概要を理解することができる。	③ていねいかつ明瞭に読み聞かせられれば，与えられたヒントを活用しながらリソース＊の概要を理解することができる。	③ていねいかつ明瞭に読み聞かせられれば，与えられたヒントを活用しながらリソース＊の概要や部分的に詳細を理解することができる。

補足事項：
＊②の代表的な話題例：動物・食べ物・色などの好き嫌い，欲しいもの，持っているもの，職業，時間割，日課，できること，将来の夢など
＊②の代表的な場面例：自己紹介，買い物，食事，道案内，家庭生活，学校生活など
＊③のリソース例：絵本，DVDの映像，紙芝居など

(2)「話すこと（やり取り）」

Grade 1	Grade 2	Grade 3
①ていねいかつ明瞭に，くり返しながら話されれば，ごく簡単な指示に対して応答することができる。	①ていねいかつ明瞭に話されれば，簡単な指示，依頼，提案などにある程度適切に応答することができる。	①ていねいかつ明瞭に話されれば，簡単な指示，依頼，提案などに適切に応答することができる。
②相手が協力的であれば，必要に応じて絵や実物などを指し示しながら，尋ねたり答えたりすることができる。	②相手が協力的であれば，必要に応じて身振りを交えたりしながら，尋ねたり答えたりすることができる。	②相手が協力的であれば，必要に応じてくり返しを求めたりしながら，尋ねたり答えたりすることができる。
③使用できる語句や表現は限定されていても，音声に慣れ親しんだ語句や表現を使ったやり取りであれば，簡単な受け答え*を行うことができる。	③音声に慣れ親しんだ語句や表現を使ったやり取りであれば，簡単な情報交換活動*を行うことができる。	③音声に慣れ親しんだ語句や表現を使ったやり取りであれば，簡単な情報交換活動*を相手意識を持って行うことができる。

補足事項：
*③の代表的な活動例：ごっこ遊び，ロールプレイ，スキット，クイズ，インタビューなど，1～5往復程度のやり取り。

(3)「話すこと（発表）」

Grade 1	Grade 2	Grade 3
①ていねいかつ明瞭な発音をくり返し聞けば，指導者やCDの音声などの英語を模倣することができる。	①ていねいかつ明瞭な発音をくり返し聞けば，音声的特徴*にある程度注意しながら指導者の英語を反復・模倣することができる。	①ていねいかつ明瞭な発音をくり返し聞けば，音声的特徴*にある程度注意しながら話すことができる。
②音声に慣れ親しんでいれば，ごく簡単な語句や表現*を用いて，自分の情報や日常生活に関わる身近なことがらについてごく限られた範囲で説明することができる。	②音声に慣れ親しんでいれば，簡単な語句や表現*を用いて，自分の情報や日常生活に関わる身近なことがらについて限られた範囲で説明することができる。	②音声に慣れ親しんでいれば，簡単な語句や表現*を用いて，日常生活や学校生活に関わる身近なことがらについて相手意識を持って説明することができる。
③音声に慣れ親しんだ語句や表現を用いれば，ごく限定的な発表*を行うことができる。	③音声に慣れ親しんだ語句や表現を用いれば，限定的な発表*を行うことができる。	③音声に慣れ親しんだ語句や表現を用いれば，簡単な発表*を行うことができる。

補足事項：
*①の音声的特徴：音，イントネーション，リズムなど
*②の代表的な話題と場面例は「聞くこと」②に同じ
*③の代表的な活動例：スピーチ，show and tell など，1～5文程度の発表

第 4 章

4技能5領域の
指導方法と留意点

> この章では,「聞くこと」「話すこと（やり取り）」「話すこと（発表）」「読むこと」「書くこと」の4技能5領域の指導方法と留意点を実践事例も交えて紹介します。また，うまく伝達できないときの対処法である「コミュニケーション・ストラテジー」の指導やローマ字とアルファベット指導の留意点，英語のつづりと発音の関係を指導する「フォニックス」についても説明します。

Q 4-1	4技能の指導順序は？	58
Q 4-2	「聞くこと」の指導方法と指導上の留意点は？	59
Q 4-3	「話すこと」の指導方法と指導上の留意点は？	62
Q 4-4	コミュニケーション・ストラテジー（方略）の指導は？	65
Q 4-5	「読むこと」の指導方法と指導上の留意点は？	67
Q 4-6	「書くこと」の指導方法と指導上の留意点は？	69
Q 4-7	ローマ字指導とアルファベット指導の関係は？	71
Q 4-8	フォニックスの利用方法は？	73

4技能の指導順序は？

読み・書き・聞き・話す4技能の指導に望ましい順序はあるのでしょうか。

1．音声から文字へ

The Oral Methodの提唱者のPalmerは,「聞くこと」「話すこと」(音声言語) を第一次言語運用,「読むこと」「書くこと」(文字言語) を第二次言語運用と呼び,言語の指導にあたっては第一次言語運用に十分習熟した後に第二次言語運用へと進むべきだと述べています (1921) (⇨ Q8-1)。

母語の習得過程を考えてみてもわかるように,乳幼児は,最初は話すことはできませんが,母親や父親などが話しかけることばを聞き続けます。この時期の親の語りかけや絵本の読み聞かせなどが言語習得にはとても重要です。このような時期を経て,幼児は「マーマー」といった喃語からやがて一語文などの発話を始めます。そして成長するにつれて絵本を声に出して読むことを始め,文字を書くことは幼稚園や小学校から始まります。

このような母語習得過程も踏まえ,外国語の指導でも,「聞くこと」→「話すこと」→「読むこと」→「書くこと」という4技能の指導順序を取るのが多くの教授法で鉄則になっています (⇨ Q4-5-8)。

2．子どもの言語習得の特性

低学年や中学年児童には,文法規則をことばで理解することは困難です。しかし,聞こえてきた音声を模倣して何度もくり返し練習することには抵抗感が少なく,喜んで練習に取り組みます (⇨ Q9-4)。日本語とは異なる音であっても,聞いた音を模倣する能力は大人以上に優れています。高学年以上に見られる異質なものに対する抵抗感や拒絶感もあまり見られません。自然な言語習得能力をまだ保持しているのです。低学年や中学年児童の指導では,子どもの持つこの「柔軟性」や「適応性」を生かして,しっかりと聞かせ,聞いて理解できるようになったことを口に出して練習させ,自己表現へとつなげてあげましょう。そして,高学年の外国語科では,児童の「読みたい」「書きたい」といった自然な願望にも応えられるように,無理のない範囲で文字言語にも慣れ親しむ機会を与えていきましょう (⇨ Q4-5,6)。

「聞くこと」の指導方法と指導上の留意点は？

言語学習では聞くことが大切といわれるのはなぜですか。リスニング能力を育成する指導方法と指導上の留意点を紹介してください。

1．望ましい「聞くこと」の指導とは

英語を学習する子どもたちはみな，「英語を話せるようになりたい」と願っています。書店に行けば「英会話2週間マスター」といった本が目を引きますが，いくら場面別の会話表現を覚えても，相手の応答を聞いて理解するリスニング能力がなければ，コミュニケーションは成立しません。例えば，How can I get to the station?といった道の尋ね方を覚え

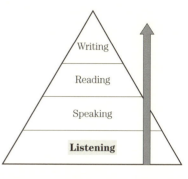

て使ってみても，道順を教えてくれる相手の英語が聞き取れなければ役には立ちません。聞いて，その要点を理解する力は，「読むこと」の力の基礎にもなります。ことばを指導するときは，言語習得の順序に沿って「音声→文字」の順で，「聞くこと→話すこと→読むこと→書くこと」の順に進めます（⇨ Q4-1）。上の図が示すように，「聞くこと」の能力は，コミュニケーション能力の土台となる大切な能力なのです。

このようにコミュニケーション能力の土台となるリスニングですが，これは日本人学習者にとって身に付けるのがやっかいな「難敵」です。「集中して，何回もわかるまで聞きなさい！」と励ますだけでは，聞き取る力は育ちません。原因と対策を考えた理にかなった指導が必要なのです。

2．「聞くこと」の指導内容と進め方

小学生は全体から部分を推測して理解する柔軟な対応力を持っています。リスニング指導でまず大切なことは，「すべてを聞き取らなくては！」と構えず，はっきりと明瞭に発音される大切な内容語を中心に聞き取り，「だれが，いつ，どこで，何をしたのか」など，概要・要点を捉えられればよいのだということを教えてあげることです。「○○について聞いてみよう」とあらか

じめ聞き取りのポイントを与えて取り組ませれば，児童の不安感を取り除き，うまく聞き取れたという成功体験を味わわせ，達成感を与えることができます。低・中学年からこういう体験を継続して与えていくことが大切です。

3．「聞くこと」の指導にあたっての留意点

学習者の困難点を明らかにし，それへの対応策を考えて実行する。これはすべての教科指導に共通する授業改善の方法です。では，聞き取りは日本人学習者にとって，なぜ難しいのでしょうか。主として次の3つの原因が考えられます。

①発音が日本語とは異なるうえに，話される速度が速くてついていけない

英語を聞く機会をできるだけたくさん児童に与える，その継続的な体験の積み重ねが不可欠です。導入（⇨ Q9-3 ）の際には，目標となる語句や文にスポットを当てて児童の気付きを促すため，あえてスピードを落としてゆっくりと明瞭に発音して聞かせることはありますが，理解しやすいようにという親心から，不自然なほどゆっくりと話すのではなく，ある程度の自然なスピードの英語に慣れさせてあげることが大切です。この点はALTにも留意してもらう必要があります。児童の理解を助けるのは，スピードを落とすことによってではなく，実物や映像，絵や写真などの視覚補助具（visual aids）の活用（⇨ Q7-5 ）や，語りかける教員の豊かな表情やジェスチャーなどで支援するよう心がけましょう。言語的手がかり以外の視覚的な手がかりが，児童の推測能力を活性化させます。

②単語力が不足していると推測能力が働かず，文法能力が弱いと聞き取れなかった箇所を補って理解することは難しい

文法知識の乏しい小学生に，文法能力を活用して聞き取れなかった箇所を補って理解することはまだ難しいでしょう。しかし，単語力はリスニングのカギとなることは事実です。ある程度のまとまりある内容を理解する際には，先に述べたように「少しぐらいわからないところがあっても，全体から類推して理解すればよい」とはいいますが，知らない単語がいくつもあると，いかに耳がよくても推測能力が働かず意味理解は難しくなります。テキストに出てくる単語だけでなく，職業，学用品，学校内や身のまわりの事物などの名詞，さまざまな形容詞や動作を表す動詞や動詞句などを，ビンゴやカルタなどの楽しいゲームも活用し，つづりを読んだり書いたりすることができな

くても,「聞いて意味がわかり，通じる発音で口に出して言える語彙」を日頃から増やしてあげるように努めましょう。

③話される音声はすぐに消えてゆくため，一部でも聞き取れない箇所があると心理的なパニックに陥り，すべてわからなくなる

　聞き取りでは，概要・要点を理解することができればよいのですが，一部分でもわからないところがあると,「あれっ，わからない！」と心理的にパニック状態になり，その後を聞く余裕がなくなり，すべてがわからなくなってしまうことは，みなさんも何度も体験したことでしょう。これを克服させるには，概要・要点を聞き取る指導を中心に行いながら,「聞き取りにくい箇所を聞く耳を育てる指導」を補足的に行うことです。

　理屈は単純明快で，一般に「自分で発音できないものは聞き取れない」「自分で言えることは聞き取ることができる」ということです。例えば，I like him. という短い文でも，1つ1つの単語を「アイ／ライク／ヒム」のように日本語式にすべてに母音を入れてブツ切りにしか言えない人に,「アイ ライキィム」のような自然な発音を聞いて理解することは難しくなります。個々の単語の発音と，自然な速度で話される文の中での単語の発音は同じではないのです。大切な内容語はゆっくりと明瞭に発音されますが，そうでない単語は弱く早く発音されますし，2つの単語の発音がつながって1つのように発音されたり（連音），音がつながるだけではなくWould you〜が「ウッヂュー」と発音が変わったり（同化），単語1語では発音されるのに文の中では発音されない（脱落）などといった音の変化があちこちで起こるのです。上のI like him. の場合，himの [h] の音が脱落し，その結果，動詞likeの語末の子音 [k] と, [h] が脱落したhimの語頭の母音 [i] が連音して「アイ ライキィム」のように発音されることがあるのです（⇨ Q3-3, Q7-3 ）。

　日本人が話す場合には，必ずしもネイティブ・スピーカーのような発音ができなくても意味は通じます。しかし，リスニングは相手ペースですので，このような発音にも慣れさせてあげるとリスニングの際に底力を発揮します。「自分で言えることは聞き取れる。」 子どもたちに自然な発音を意識させ，まねをして練習させてあげましょう。このような指導では，理屈ではなく，歌やチャンツ（⇨ Q7-2,3 ）を活用して楽しみながら体得させるようにすると効果的です。

「話すこと」の指導方法と指導上の留意点は？

スピーキング能力（[やり取り]と[発表]）を育成する指導方法と留意点を紹介してください。

1．望ましい「話すこと」の指導とは

　スピーキング能力の育成に際しては，すぐに話させようと急がず，十分に「聞かせる」ことが前提です。使わせたい表現や自己表現に必要な語句を十分に聞かせ，練習の機会をたくさん与え，児童の話したいという気持ちや意欲を高めてあげましょう。このような準備（レディネス）ができていない状態でアウトプットを強いるのは避けることです（⇨ Q3-6 ）。

　「話すこと」には，対人的会話の[やり取り]と，スピーチやshow&tellなど一人または二人以上の相手に話す[発表]があります（⇨ Q3-9 ）。

2．「話すこと」の指導内容と進め方

　「話すこと」の指導方法と進め方の例を次に示します。先を見通した単元指導計画を作り，スモール・ステップで目標に近づいていきましょう。

① [やり取り]（spoken interaction）の指導
- 単元名：誕生日プレゼントに何が欲しい？
- 学習到達目標：何が欲しいかを尋ねたり，答えたりできる。
- 表現：What do you want for ＿＿＿？ I want 〜．
- モデル会話：A：What do you want for your birthday?
　　　　　　　　B：I want (a cellphone). How about you?
　　　　　　　　A：I want (a skateboard).

以下の活動に歌や他の活動も組み合わせ，3〜4時間かけて行います。

第1時：表現や新出単語を聞くことに慣れさせます。
- 担任とALTとのやり取りの中でWhat do you want for ＿＿＿？ を使い，その意味と使う場面に気付かせます。（黒板に英文を示してもよい。）
- 活動で使えそうな単語（cellphone, watch, bike, etc.）を提示します。

第2時・第3時：表現や新出単語を聞くことや口にすることに慣れさせ，自信と意欲を持たせます。
- ビンゴゲームやキーワードゲームなど，聞くことに集中させるゲームで，

What do you want for (your birthday / Christmas, Children's Day, etc.)? を何度も聞かせ，その音声に慣れさせます。
- ALTや担任が質問をし，児童に答えさせて，やり取りに慣れさせます。

チャンツ（⇨ Q7-3 ）を使って表現に慣れさせるのも有効です。
- 上記の内容をいくつかのパターンでくり返し行います。

第4時：友達が誕生日プレゼントに欲しいものに興味を持たせ，インタビュー活動を行わせます。
- ペアやグループ，または全体で，目標表現を使ったインタビュー活動を行わせた後，各自にクラスの "the 3 most popular birthday presents" を予測させ，誕生日に欲しいものを一人ずつ発表させます。

② ［発表］（spoken production）の指導
- 単元名：私の好きなもの
- 学習到達目標：好きなものについて3文で発表することができる。
- 表現：What ＿＿＿ do you like? I like ＿＿＿.
- 発表モデル：Hi! My name is (Ken). I like (bananas). I like (soccer). I like (English), too. Thank you.

基本的な単元計画は［やり取り］の場合と同じです。活動に必要な単語として「果物や料理，動物，スポーツ，教科」などを扱い，発表したいものを3つ選ばせて絵を描かせます。最後にグループやクラス全体の前でshow & tell形式で発表させます。

《発展的な活動（ショートスピーチ）》
- 単元名：夢宣言（6年生のまとめとしての「卒業スピーチ」）
- 学習到達目標：学習してきた言語材料をもとにして，7～8文以上の内容的にまとまりのあるスピーチができる。
- 表現：これまで学習してきた①〜⑤の表現を毎時間5～10分程度の「帯活動」として継続的に授業に取り入れ，ペアや全体で練習を重ねます。

①	A: May I have your name? B: My name is Taro. I'm 12 years old. Nice to meet you.
②	A: Where do you live? B: I live in Nara. It's a beautiful city. It has a lot of temples.
③	A: Do you have any hobbies?

　　　　B: Yes, I do. I like reading. I read books every day.

④　　A: What's your favorite subject?
　　　　B: My favorite subject is math. It is very interesting.

⑤　　A: Do you have a dream?
　　　　B: Yes. I do. I want to be a cook. I like cooking very much.

・発表モデル：

> 　Hi. My name is Aya. I'm 12 years old. I live in Minamiashigara. I like music. I listen to Arashi. My favorite subject is social studies. History is very interesting. So I study it hard. I have a dream. I want to be a singer. I like singing very much. Thank you.

「帯活動の表現」から抜粋した発表モデルを提示し，十分に練習させた後，教員の支援のもとで児童自身が伝えたい内容にオリジナル化させます。自信がつくまで何度も練習させたうえで，発表会を開きます。

3．「話すこと」の指導にあたっての留意点

①インタビュー活動などでは，児童が「やってみたい」「友達に聞いてみたい」と思える課題を与えます。意欲が持てると活動の質が向上します。
②児童が上手に言うことができたら，Good job! / Great! / Excellent! などと心からほめましょう。英語を話せた喜びと自信がつきます。
③大急ぎで多くの人にインタビューをすることが目的ではなく，楽しくコミュニケーションすることが目的であることを意識させましょう。また，使う英語がいい加減になるようなきざしが見えたら，活動を止めて，もう一度表現を確認したり，練習したりすることも大切です。
④学習した表現もしばらくふれずにいると忘れてしまうものです。英語表現を教室に掲示したり，教員が授業の中で意識的に使ったりして，くり返しふれさせることで，表現が児童の記憶に刻み込まれます。
⑤発表の場合は，過去に録画した先輩の映像を見せてモデルを示すと，イメージが湧くとともに目標ができます。映像がない場合には，教員が率先してモデルを見せましょう。
⑥絵や物を見せたり，動作を入れたりすると楽しい発表会になります。

コミュニケーション・ストラテジー(方略)の指導は？

[やり取り]を継続するには，コミュニケーション・ストラテジーの指導が大切とのことですが，どのようなことを指導すればよいのでしょうか。

1．コミュニケーション・ストラテジー(communication strategy)とは？

英語でやり取りをしている最中に，英語の単語や表現が思い浮かばず，ことばに詰まることがあります。そのようなときは，言い換えの表現を用いたり，具体的に説明したり，ジェスチャーを用いたりしながら，何とか自分の意図を伝えようとします。また，相手の言っていることがわからずPardon?やSorry?と聞き返したり，確認したりすることもあります。沈黙を避けるためにWell…などの表現を用いて，「今考えているので少し待って…」とシグナルを送ったりもします。このように，コミュニケーションが挫折したり，中断したりすることを避けるために用いるのが「コミュニケーション・ストラテジー」です。小学生段階で使える単語や表現が限られているような場合は，とても有効な手段となります。

2．指導内容

小学校英語では，ストラテジーとして次のような表現を指導してはどうでしょうか。大きく分けて3つのストラテジーがあります。

①英語の単語や表現がわからないときに用いるストラテジー

単語を知らない，単語が出てこないときなどに用いるストラテジーとしては，「回避」(例. I'm sorry. I don't know.)，言い換え表現の中でも近い表現を用いる「近似」(a puppy→a young dog / a baby dog)，新たにことばをつくる「造語」(trunk→long nose) などがあります。その他，日本語を借りてそのまま使ったり，つなぎ語(Well…, Let's see…) を用いて，沈黙を避け，時間を稼ぎその間に考えることもできます。また，相手に助けを求めたり(What's "semi" in English? How do you say "hashi" in English?)，ジェスチャー(planeがわからず飛行機の動作をする) なども有効なコミュニケーション・ストラテジーとなります。

②理解を確認したいときに用いるストラテジー

相手の言っていることがわからなくて，もう一度言ってもらいたいときや，

自分の理解が正しいかを確認するために用いる表現としては,「くり返しの要求」(Pardon? / Once more, please. / Please speak slowly. / Please speak louder.),「理解の確認」(OK? / Do you understand?) などがあります。英語をくり返したり,相手にわかってもらえるようにことばを言い換えたり,ゆっくり話してもらいながら,子どもはことばを理解し習得していきます。

③会話を円滑に進めるストラテジー

　会話の最中に,相手の発言に反応を返したり(A:I like steak. B:<u>Me, too.</u> / A:I don't like cheese. B:<u>Me, neither.</u> / A:I can play soccer well. B:<u>Really? That's great!</u>),自分の気持ちや考えを述べた後,相手に意見を求める(I want to be a teacher. <u>How about you?</u>)など,会話を円滑に進めるために用いるストラテジーです。相手の発言に即興で応じることができれば,やり取りが拡がったり発展したりします。

3．コミュニケーション・ストラテジーの指導方法

　授業中にこれらのストラテジーを明示的に指導します。その際,先生がよいモデルと悪いモデルを示し,児童に活動の中で指導した表現を実際に使わせます。また,振り返りの際にうまく使えたかどうか,ストラテジーを用いることでコミュニケーションがどうなったかを思い出させ,その有効性を理解させることで児童が自ら進んで使うようになれば成功です。自律した学習者に近づくことにもなります。指導手順は以下のようになります。

①提示：HRTとALTが,コミュニケーションがうまくいかない場面を示し,児童にどうすればよいかを考えさせます。次にストラテジーを用いたよいモデルを提示し,気付いたことを発表させます。

②表現の練習：ストラテジーとして用いる表現を練習します。

③タスクの実施：例えば,間違い探しのタスクの最中に,聞き返しや確認を表す表現を用いて,実際にペアでやり取りを行わせます。

④評価：活動を振り返らせ,うまく使えたかどうかを尋ねます。また,上手な児童の例を示し,ストラテジーが役立つことを確認し,次からも自発的に用いるように励まします。

　児童が楽しくコミュニケーションを行い,成功体験を積み重ねるために,ストラテジー指導は大切です。ぜひ授業で取り入れてみてください。

「読むこと」の指導方法と指導上の留意点は？

リーディング能力を育成する指導方法と留意点を教えてください。文字や単語，文を読む指導はどの程度まで行えばよいのでしょうか。

望ましい「読むこと」の指導を進めるには，英語の音声に十分慣れ親しませながら，以下のような段階的な指導が必要です。

1．「読むこと」の指導内容と進め方

①アルファベットの文字の形に興味を持ち，文字に慣れ親しむ

　アルファベット・ソングを歌いながら文字の形を体で表現したり，文字当てクイズ，文字探しやカード並べなど，音声をともなう楽しい活動を通して文字の形を認識したり，絵本の読み聞かせで文字にふれたりしておくことは，「読むこと」への大切な準備段階となります。

②大文字・小文字を認識する

　ビンゴゲーム，カルタ，大文字・小文字のカード合わせなど，大文字・小文字の個々の名前を言うことができ，大文字と小文字のマッチングができるような活動を通して，音声と文字を結びつけます。

③音声で慣れ親しんだ単語を，指導者について読む

　単語を文字の塊として認識し，語頭の文字から判断して単語を読もうとする段階です。まずは，音声で慣れ親しんだ単語のつづり入り絵カードを指導者について「読むこと」から始め，指導者の英語を聞いてその単語のつづりを指さしたり，絵カードとそのつづりカードを一致させたり，指導者に続いて単語のつづりを「なぞり読み」するなどの活動の中で，「アルファベットには名前と音がある」ことに気付かせます。同じ音で始まる単語の仲間探しや，次ページの２の③で紹介するアルファベット・ジングルなどもこの段階です。また，メニューや買い物リストを読むといった実生活で体験しそうな活動を取り入れ，児童の「読みたい」という意欲を育てる工夫も大切です。

④音声で慣れ親しんだ基本的な文を，指導者について読む

　学習目標となる文やＱ＆Ａのやり取りなどは，意味を理解し，口頭練習を十分行った後，指導者が数回程度文を見せながら読み，児童に指導者の後について声に出して読ませます。歌い慣れた歌詞や読み聞かせをした絵本にく

り返し出てきた文も，指導者やCDの音声について指で追って文をなぞり読みをさせ，次に指導者の後について声に出して読ませます。初めて出会う文を読ませるのではなく，このように音声で十分に慣れ親しんだ教材から始めることで，児童に「読めた」という達成感を感じさせます。

2．「読むこと」の指導にあたっての留意点

①文字指導に入る前に自然に文字にふれる環境を作る

低・中学年の音声中心の指導の段階においても，つづり入り絵カードを見せたり，英語のポスターを掲示したり，英語の絵本を教室に置いたりするなど，知らず知らずのうちに児童が文字にふれ，文字に親しみ，「読むこと」に自然に興味を持てるような環境を整えておきましょう。

②十分な音声インプットを確保し，音声を通して慣れ親しんだ教材を使う

音と文字の関係に気付かせ「読むこと」につなげるには，音声で蓄積された単語や文がその土台となるので，読ませることを急がず，十分に音声インプットの時間を取った後，「聞くこと」「話すこと」と関連させて，意味と音がわかっているものを読ませましょう。音と文字との関係を児童が直観的に気付くことができるような教材を読ませることが大切です。

③アルファベット・ジングルの活用を工夫する

アルファベットの1文字1音を"A, [æ], [æ], apple." "B, [b], [b], bear." のようにリズミカルに唱えるアルファベット・ジングルは，アルファ

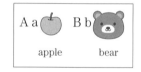

ベットの名前（エィやビー）とその文字の持つ音（[æ]や[b]），そして，その音で始まる単語（appleやbear）を結びつけるうえで有効です。ただし，単調な練習にならないように，クラスで協力して既習語から単語を自分たちで探し出して「今週のジングル」を作るなど，児童の主体的な活動になるよう工夫しましょう。

④児童が「読みたい」と思う教材で「読む必然性」を設定する

帰国中のALTの先生からのメールや手紙，同年代の外国の小学生の自己紹介や学校紹介の文など，児童が興味を持ち読みたいと思う内容で，かつALTに返事を書いたり，自分たちの学校紹介の文を作るなど，読んだ後に続く活動のゴールが明確であれば，児童は「読む必然性」を感じ，「読もう」とする意欲をより一層高めます。

「書くこと」の指導方法と指導上の留意点は？

アルファベットがなかなか書けるようにならない児童がいますが、ライティング能力を育成する指導方法と留意点を教えてください。

　望ましい「書くこと」の指導を進めるには、十分な音声指導の後に文字指導に入り、「読むこと」から「書くこと」につなげますが、以下のように段階的に指導することが大切です。

1．「書くこと」の指導内容と進め方

①アルファベットの文字の形に慣れ親しむ

　「読むこと」の指導方法（⇒ Q4-5 ）でもふれたように、文字指導の準備段階として、「文字に慣れ親しむ」時間を「書くこと」の指導の前に十分とることが大切です。アルファベットの「背中文字書きリレー」、手や指で空中に書いた"空書き"文字当てクイズ」など、文字を鉛筆で書き写す前に指で文字の形を示す活動などで慣れ親しませるとよいでしょう。

②大文字・小文字を識別してアルファベットを書き写す

　大文字・小文字の「なぞり書き」から始めて、文字を「書き写す（copying）」段階です。文字は４線を意識して書かせます。特に小文字を書く場合には、文字の高さに着目させ、以下の３種類の４線での位置に注意して書く指導を行いましょう。

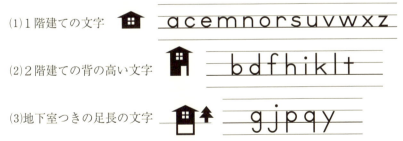

(1) １階建ての文字 — acemnorsuvwxz
(2) ２階建ての背の高い文字 — bdfhiklt
(3) 地下室つきの足長の文字 — gjpqy

③自分の名前をヘボン式ローマ字で書く

　ヘボン式ローマ字（⇒ Q4-7 ）で書かれた自分の名前を、お手本を見て書き写すことから始め、振り返りシートなどに毎回名前を英語で記入することをくり返すことで、しだいに手本なしで書けるようにしたいものです。

④音声で慣れ親しんだ単語や文をなぞり書きする
　児童が単語や文をなぞり書きをする中で，文字と文字の間隔，単語と単語の間隔，大文字・小文字の使い方や文の終わり方など，文の書き方の決まりにも気付かせます。単語や文の意味を表す絵などを添え，意味を理解したうえで書き写しを行わせるなど，機械的な書き写しにならない工夫や配慮が必要です。

⑤音声で慣れ親しんだ単語や文を書き写す
　モデル文の意味を理解して書き写し，次にその文中の空所に与えられた単語や語句の中から適当なものを選んで書き写して自分の言いたいことを表現したり，自分が伝えたい文を作ったりするなど，最終的には自己表現活動やコミュニケーション活動につなげていくことが大切です。

2．「書くこと」の指導にあたっての留意点

①十分な音声指導を行い，文字にふれる環境を作る
　「読むこと」と同様，英語の音に十分慣れ親しんでから指導すること，音声指導の際にも，児童が自然に文字にふれる環境を作っておくことが「書くこと」に無理なく移行する準備となります。高学年には，ロシア文字，アラビア文字，ハングル文字など，世界のさまざまな文字を示すのも児童の文字への興味を高めます。初期段階では「読むこと」と関連させ，意味と読み方がわかっている単語や文を書かせましょう。

②気長にていねいに指導する
　高学年では文字に対する興味・関心が強くなり，「書きたい」という願望が高まってくるものの，「書くこと」の活動に要する時間にはかなりの個人差が出てきます。「帯活動」として毎回5分〜10分程度継続して扱ったり，「短時間授業」の中でその単元で扱われる単語や文を書き写す活動を取り入れるなど，児童が苦手意識を持たないように気長にていねいに指導しましょう。

③「書くこと」を自己表現やコミュニケーション活動と関連づける
　短い対話文やスピーチでの自己紹介文，ポスターやカードなど相手に発信するためのモデル文を示し，その一部を自分が伝えたい内容に書き換えて発表するなど，「書くこと」と「聞くこと」「話すこと」とを統合した自己表現活動やコミュニケーション活動を行わせましょう（⇨ Q3-8 ）。

ローマ字指導とアルファベット指導の関係は？

国語で行ったローマ字指導と英語のアルファベット指導をどう結びつければよいのでしょうか。

1．小学校でのローマ字学習

小学校国語科では，文字に関する事項として，「日常使われている簡単な単語について，ローマ字で表記されたものを読み，また，ローマ字で書くこと」は第4学年で学習されていましたが，2011年度から施行された学習指導要領では，ローマ字の指導は第3学年に引き下げられました。これは，第3学年から始まる「総合的な学習の時間」の中で，児童がコンピュータを用いて調べ学習を行うなど，キーボードを用いる機会が増えることに加えて，この教育課程から第5・第6学年での「外国語活動」が「総合的な学習の時間」から独立した1つの領域として必修化されたこととも関係していると考えられます。

2．「訓令式」ローマ字と「ヘボン式」ローマ字

小学校で学習されるローマ字は，例えば，土屋（つちや）という姓をTutiyaと書く，いわゆる「訓令式」ローマ字が基本となっています。訓令式ローマ字は，日本語の発音をアルファベットに置き換えたもので，1937年（昭和12年）に政府が内閣訓令により定めた表記法です。日本人にはわかりやすいですが，例に示したTutiyaという文字を，英語を話す外国人は通常［トゥティヤ］と読みます。［ツチヤ］と正しく読んでもらうためにはTsuchiyaと表記する必要があります。後者のようなつづり方を「ヘボン式」ローマ字と呼びます。これは幕末に宣教師として来日したJames Hepburn（彼の姓は「ヘプバーン」ですが，当時の日本人は「ヘボン」と聞き取った）が，英語の読み方に対応すべく考案した表記法です。

外務省はヘボン式ローマ字を採用していますので，パスポートにはTsuchiyaと表記することになっています。しかし，小学校で児童に指導するのは，訓令式ローマ字が基本となっています。その根拠は，次頁に示す1954年（昭和29年）に当時の吉田茂首相名で出された「内閣告示第一号」，及びそれに基づいた文部省「教科用図書検定基準」によっています。

> 国語を表す場合に用いるローマ字のつづり方を次のように定める。
> 1　一般に国語を書き表す場合は，第1表（＝*訓令式）に掲げたつづり方によるものとする。
> 2　国際的関係その他従来の慣例をにわかに改めがたい事情のある場合にかぎり，第2表（＝*ヘボン式）に掲げたつづり方によってもさしつかえない。
> 　　　　　　　　　　　　　　　　　　　　　　　　　*（　）内は筆者が補足

第1表〔（　）は重出を示す。〕

a	i	u	e	o			
ka	ki	ku	ke	ko	kya	kyu	kyo
sa	si	su	se	so	sya	syu	syo
ta	ti	tu	te	to	tya	tyu	tyo
na	ni	nu	ne	no	nya	nyu	nyo
ha	hi	hu	he	ho	hya	hyu	hyo
ma	mi	mu	me	mo	mya	myu	myo
ya	(i)	yu	(e)	yo			
ra	ri	ru	re	ro	rya	ryu	ryo
wa	(i)	(u)	(e)	(o)			
ga	gi	gu	ge	go	gya	gyu	gyo
za	zi	zu	ze	zo	zya	zyu	zyo
da	(zi)	(zu)	de	do	(zya)	(zyu)	(zyo)
ba	bi	bu	be	bo	bya	byu	byo
pa	pi	pu	pe	po	pya	pyu	pyo

第2表

sha	shi	shu	sho
		tsu	
cha	chi	chu	cho
		fu	
ja	ji	ju	jo
	di	du	
dya		dyu	dyo
kwa			
gwa			wo

※筆者注
第2表の1～5行目は「ヘボン式」，6～10行目は「日本式」の表記法。

　子どもたちが目にする駅名表示でも，「新橋」はShimbashiと表記されるなど，英語発音に則したつづりが使われています。小学校でのローマ字指導でも，高学年での教科としての英語学習との円滑な接続を考えるならば，別表2に示されたヘボン式を中心に指導しておくことをおすすめします。

3．ローマ字学習の英語学習への功罪

　小学校でのローマ字学習を通じて，児童はアルファベットに慣れ親しむ機会を持つことができます。一方，アルファベットを使って日本語を表記するローマ字と，同じ文字を使う英語という異言語を同じものだと勘違いする児童もいます。指導者やCDの後についてなら正しく発音できるのに，文字を見るとローマ字読みや日本語発音になってしまう，英単語のつづりを正しく読めないのでつづり字を覚えられない，という中学入門期の最初のつまずきの原因となることもありますので，指導上注意が必要です。

フォニックスの利用方法は？

文字指導で「フォニックス」ということばをよく耳にしますが，小学校でどのように活用して指導すればよいのでしょうか。

1．フォニックス（Phonics）とは？

アメリカやイギリスあるいはオーストラリアなどで，英語を母語とする児童や英語を話せても読めない移民の人々を対象に，「読みへと導くために」用いられてきた指導法です。最初にフォニックスが考案されたのは19世紀半ばといわれ，その後さまざまなフォニックス指導プログラムが開発されるとともに，Whole Language Teachingと呼ばれるフォニックスとは対峙する文字指導のアプローチも広まりました。フォニックスが音声やスキルを強調するのに対して，後者はより学習者中心で，体験的に意味を学びながら文字を認知させようとするものです。今では双方のよいところを取り入れた指導法が一般的になっています。

フォニックスのルールは大別すると以下の4つに分けることができます。

第1グループ：【1文字1音】短母音5，子音19（c, k, qは同音として指導）を結びつける。
A for **a**nt, **a**pple / B for **b**ear, **b**ed / C for **c**an, **c**ut / D for **d**esk, **d**og など。アルファベットの文字と基本の音は，それぞれの文字で始まる単語の語頭音を結びつけ指導を行うことが多い。

第2グループ：【2文字母音】2つの母音がある場合，最初の母音を名前読みし，2つ目は発音しない。a—e, e—e, i—e, o—e, u—eなどのe（いわゆる「サイレントe」）で終わる単語（例. c**a**ke, P**e**te, n**i**ce, r**o**pe, c**u**te）や，ai, ay, ea, ee, ey, ie, oa, ow, ue, ui（r**ai**n, h**ay**, t**ea**, m**ee**t, k**ey**, t**ie**, b**oa**t, r**ai**nbow, T**ue**sday, fr**ui**t）などのように母音が並ぶもの。

第3グループ：2つの子音あるいは文字が重なることで新しい音を作る。【2文字子音】sh(**sh**ip), ch(**ch**urch), ph(**ph**oto), wh(**wh**ale), th, ck, ng 【2文字母音】oo(m**oo**n), ou, (m**ou**se), ow(c**ow**), oi(**oi**l), oy, au, aw

第4グループ：2つ以上の文字が各々の音を残しながら混ぜ合わせた音になる。〔連続子音〕sm(例. **sm**art), sn(**sn**ake), sk(**sk**irt), sp, st, sw, bl, br, spr(**spr**ing)や，【rのついた母音】ar(c**ar**), er(h**er**), ir, or, ur

ただし，フォニックスのルールには例外も多く，対象となる児童の年齢や目的によって指導法も異なってきます。日本においては公立小学校現場におけるフォニックス指導はまだ実践例も少なく，海外の指導法や民間の児童英語教室で用いられる手法をそのまま安易に持ち込むのではなく，フォニックスについてよく理解したうえで「何を，どんな方法で，どこまで指導するか」，慎重に目的を見極めて進める必要があります。

2．フォニックス指導の開始時期とその年齢に合った指導法

英語圏，例えば英国では「フォニックス学習をスタートするのに適した時期は5歳前後で，7歳までにスラスラと自力で読めることをめざす」とされています（DfES 2007）。しかし，すでに英語が話せ，たくさんのことばを知っている英語圏の子どもたちと違って，日本の小学生は既知の単語も限られていますので，いきなりルールとしてフォニックスの指導を行うことは避けたいものです。また，文字を音に結びつけて読み始められる時期は個人差も大きく，「たくさんのルールを覚えなければいけない」と児童に感じさせ，余分な負担感を与えることは小学校英語ではふさわしいとはいえません。だからといって教員が文字指導に消極的になるのではなく，これからの小中高を通しての学びの「幹」の1つとして前向きに捉え，日本の子どもたちに適した「音声と文字の関係」をバランスよく教えるフォニックス指導をスタートしましょう。

①ボトムアップ指導

現在，アルファベット・ジングルやチャンツが音声教材としてたくさん紹介されています（文部科学省編 *Hi, friends! Plus* や髙橋，2005など）。これらを使って，低・中学年からたくさんの単語にカテゴリー別（身のまわりのもの，動物，食べ物，国の名前など）に出会わせ，単語を増やすとともに，単語の語頭音から1文字1音への気付きを促します。

②トップダウン指導

(1)**低学年の指導**：歌，チャンツ，絵本の読み聞かせ（⇨ **Q7-2~4**）などで音声をたっぷり聞かせるとともに，アルファベット・ソングを動作つきで歌うことなどで，大文字の形を徐々に意識させます。アルファベットの名前と大文字の形を結びつけることや，身のまわりに数多くある英語文字（TV, USAなど）への関心を高め，文字指導への十分な助走期間とします。

(2) **中学年の指導**：低学年と同じように，音声でたくさんの単語や短い文を意味と結びつけながら与える指導を行います。小文字の形を4線の上に書き写す場合には，それぞれのアルファベットで始まる単語は何かと語頭音と文字を意識的に考えさせてもよいでしょう。絵本の読み聞かせ（⇨ Q7-4 ）を行う際には，児童に文字が見えるように大判の絵本やデジタル絵本を使い，教員が指で文字を指しながら読み聞かせ，文字と音を結びつけて，児童が読める文字は一緒に読むように促します。

(3) **高学年の指導**：文字に自然なかたちで出会う機会を与えます。コミュニケーション活動で使うワークシート，歌やチャンツの歌詞カードなどを配布し，音声に十分に慣れ親しんだものを，文字を見て音声化させることで「意味と音声と文字」が一致する体験を重ねます（⇨ Q4-5 ）。また，既習の簡単な3文字単語（big, dog, fox, hat など）を音読する，語頭音が異なる単語を集めたライム（a fat cat on a bat / ten pens on a hen）を読むといった活動を通して，簡単な絵本なら自ら読もうとする態度を育成します。

3．授業への取り入れ方と指導上の留意点

① 毎時間10分程度の「帯活動」に取り入れる

45分授業のすべて，あるいはその半分近くをフォニックス指導にあてるのではなく，「帯活動」として継続的に短時間で回数を重ねるのが効果的です。それだけを取り出して短時間学習として週に1回程度指導するのもよいでしょう（⇨ Q8-13 ）。一度に教え込もうとするのではなく，くり返しふれることで生まれる児童の気付きを大切にしましょう。

② 指導の目的を明らかにする

今まであやふやに日本語式の発音をしていた単語や文が，フォニックスを学ぶことで正しい音を知るといったケースがよくあります。しかし，本来フォニックス指導の目的は「発音指導」ではなく「読みの指導」です。特に子どもたちに指導をする場合は，発音やルールばかりに焦点を当てるのではなく，同時にたくさんの読み聞かせや読みの体験を取り入れ「英語が読めた！」という成功体験から，英語の文字を見れば「何が書いてあるのか読んでみたい」といった意欲や，中高につながる「リテラシーの力」をつけることが小学校でのフォニックス指導のゴールなのです。

第 5 章

外国語教育における国際理解教育の進め方

> この章では，まず，外国語教育における国際理解教育の目的，意義，及び目標と育成すべき態度や能力について考えます。次に，国際理解を深めるにふさわしい題材や指導の進め方について述べ，これらを踏まえた中学年，高学年の題材や活動例を紹介します。最後に，韓国，台湾の小学校の英語授業で国際理解がどのように扱われているか紹介します。

- Q 5-1　国際理解教育とは？ ……………………………………………… 78
- Q 5-2　外国語教育における国際理解教育の目標と育成すべき態度や能力は？ ……………………………………………… 80
- Q 5-3　国際理解を深める題材と指導のポイントは？ ……………………… 82
- Q 5-4　国際理解を深める中学年の題材と活動は？ ………………………… 85
- Q 5-5　国際理解を深める高学年の題材と活動は？ ………………………… 87
- Q 5-6　アジア諸国の外国語教育でみられる国際理解教育は？ …………… 89

国際理解教育とは？

小学校教育における国際理解教育の目的，意義は何でしょうか。また，外国語教育における国際理解教育の役割について説明してください。

1．国際理解とは

　昨今，世界においては，エネルギー，資源，食糧などについて諸国間の相互依存関係の進展，多国籍企業の増加にともなう経済活動のグローバル化などによる，国家間の行き来が飛躍的に拡がっています。同様に，日本国内においても多国籍化，多文化化，多言語化が加速しており，その結果，「内なる国際化」は1990年代と比較すると，これまで以上に進展しています。この現象を示す2つの統計を挙げてみましょう。

　表1は，日本への外国からの入国者数，及び日本人の外国への出国者数を示しています。特に，外国からの日本への入国者数は近年著しく増加の傾向にあることがわかります。

表1　外国人入国者数・日本人出国者数の推移(法務省)

	1989	1998	2008	2016
外国人入国者数	2,985,764	4,556,845	9,146,108	23,218,912

　表2は，日本国内に在留する外国人数の推移を表しています。近年はそれほど著しい増減は見られませんが，25年前と比べると2倍以上に増えています。今後，日本の少子化による国内市場の労働力不足を補うために海外からの労働者を積極的に受け入れることが期待されおり，在留外国人数は徐々に増加することが予想されます。

表2　在留外国人数の推移(法務省)

1989	1998	2008	2016
984,455	1,512,116	2,217,426	2,382,822

　このような現状を考えると，今後，日本における「内なるグローバル化」はより一層進展するといえるでしょう。そこで，日本国内においても，異なる文化や言語を持つ人々と「共生・共存」を図りながら，多言語・多文化共生社会をいかに創り上げていくか，つまり，今後，異なる言語や価値観を持

つ人々と共生・共存可能な地域社会や学校文化をいかに築き上げていくかがきわめて重要な課題になります。別の見方をすると，共生概念を抜きに将来の日本の教育について語ることは難しいといえます。すなわち，外国籍を有する児童・生徒と共生可能な教育をいかに推進していくかが今後の課題であり，日本の真の国際化はこの「内なる国際化」の追究に依拠するといってもよいでしょう。

2．国際理解教育の目的，意義

　国際理解教育の目的，意義は，「個人間あるいは文化間の違いを超え，相互に理解，尊重し合い，健全な関係性を築き上げること」であると考えます。つまり，自己や自文化と他者や他文化を比較しながら，共通点や相違点を見つけ，両者間のさらなる「つながり（関係性）」を強化していく態度を育成することが大切です。相違点については，否定的に捉えるのではなく，違いをありのままに理解，尊重し，異なる文化的背景を持つ人々と協調して生きていく態度を身に付けながら，多言語・多文化共生社会を構築することにあります。

3．外国語教育における国際理解教育の役割

　国際理解教育は，教科及び学校教育のすべての教育活動を通じて行われなければなりませんが，その中でも外国語教育が果たす役割は大きいといえます。国際理解教育の役割は，単なる知識の伝достиに終始することなく，題材を通じて，多様な文化への理解を促したり，グローバルな課題とともに，子どもたちが日々抱えているローカルな課題も認識し，その課題解決に向けて自ら考えた方法で行動に移すことを支援したりすることにあります。英語教育では，課題解決のための直接的な行動に結びつくことが多くないかも知れませんが，少なくとも我々が抱えている国内外の課題に対し関心を持ち，能動的に関わろうとする態度を育成したいものです。このような指導が，将来的には子どもたちの自己変革，社会変革に向けた行動化への第一歩となるのではないでしょうか。こういった意味で，国際理解教育は生涯学習の一環として，計画的かつ継続的に取り組む必要があるといえます。

外国語教育における国際理解教育の目標と育成すべき態度や能力は？

外国語教育における国際理解教育の目標について教えてください。また授業では児童のどのような態度や能力を育成すればよいのでしょうか。

1．国際理解教育の目標

Q5-1 では，外国語教育における国際理解教育の目的，意義，役割について示しましたが，ここでは国際理解教育の目標について考えていきます。次期学習指導要領・外国語科では，目標の1つの柱として，小中学校ともに「外国語の背景にある文化に対する理解を深める」とあります。小学校外国語科・英語では，国際理解教育に関連する内容として，以下のことが示されており，中学校でもほぼ同一の内容となっています。

〈小学校：外国語科・英語〉
　英語を使用している人々を中心とする世界の人々や日本人の日常生活，風俗習慣，物語，地理，歴史，伝統文化，自然などに関するものの中から，児童の発達の段階や興味・関心に即して適切な題材を変化を持たせて取り上げるものとし，次の観点に配慮すること。
　(ア) 多様な考え方に対する理解を深めさせ，公正な判断力を養い豊かな心情を育てることに役立つこと。
　(イ) わが国の文化や，英語の背景にある文化に対する関心を高め，理解を深めようとする態度を養うことに役立つこと。
　(ウ) 広い視野から国際理解を深め，国際社会と向き合うことが求められているわが国の一員としての自覚を高めるとともに，国際協調の精神を養うことに役立つこと。

上記の内容を実現するためには，題材に英語圏の文化をはじめ，諸外国の幅広い文化を取り上げ，文化の多様性に気付かせながら，公正な判断力や豊かな心情といった，いわゆる「人権感覚」を育んでいくことが何よりも大切です。また，外国文化と日本文化を比較しながら，両者の共通点や相違点に気付かせながら，外国や日本文化への関心や理解をさらに高め，自他の文化を大切にしようとする態度の育成を図ることも求められます。そのためには，教室ではALTとの活動に加え，留学生，地域在住の外国の人々から異文化に関する話を聞いたり，実際に外国語を使って交流する場を設定したりしな

がら，異文化を楽しませ，子どもたちに「みんな違っているけど，理解し合えた！」という感覚を味わわせながら，異言語間コミュニケーションへの興味・関心，スキルの向上に努めていきます。

また，上記(ア)や(イ)で述べられていることは，自ずと(ウ)につながっていきます（太郎良，2008）。ここで大切なことは，教科書の題材や活動を通して，食料，スポーツ，教育などの視点から，日本は世界とつながっていること（相互依存関係）を正しく認識させ，世界の中の日本人としての自覚や，平和で民主的な世界を構築するには，諸外国との国際協調の精神を養うことが必要であることを認識させます。

2．小学校外国語教育で育成すべき態度や能力
①異文化を持つ人々に対する受容的，寛容的な態度

「内なる国際化」が進展している昨今，多様な文化的背景を持つ人々が増えています。また，同じ日本人でも多様な文化的背景を持っています。さまざまな活動を通して，多様なものの見方，考え方，感じ方にふれさせ，自分と異なる人々の存在を認め，理解し受け入れようとする受容的，寛容的な態度を育むことが大切です。

②異言語や異文化を持つ人々と積極的に関わろうとする態度やコミュニケーション能力の育成

ALTとの授業や地域在住の外国の人々などとの直接的な交流を通して，異言語や異文化に対する興味・関心を高め，これらの人々と憶することなく積極的に関わろうとする態度を育成するとともに，言語（外国語）や非言語的手段を使って，自分の考えや思いをしっかりと伝え，相互理解を深めるために必要なコミュニケーション能力を育成することが大切です。

③課題解決のための複眼的な思考力

例えば，「インドでは手を使って食事をする」「日本人は『ごめんなさい』を多用する」など，授業では諸外国と日本文化の行動形式や価値観の違いを取り上げ，その違いに対してさまざまな視点から思考し，対応したり，時には課題解決方法を考えていくことが大切です。そのためには，日頃から，葛藤や対立が生じたときに，多様な意見やアイディアを出し合い，多様なものの見方や考え方に慣れさせておくことが大切です。

国際理解を深める題材と指導のポイントは？

外国語教育において国際理解を深めるのにふさわしい題材や指導の視点について紹介してください。

1．国際理解のための題材

Q5-2 で示した学習指導要領における国際理解に関連する内容を踏まえると，外国語教育において国際理解を深める題材は以下のようにまとめられます。
  ①言語や非言語などコミュニケーションに関わること
  ②日本や外国の日常生活（衣食住など），学校生活，家族関係，行事や習慣，地域社会などに関わること
  ③日本や外国の多様な価値観，思考様式，行動パタンなどに関わること
  ④人権，平和，環境などの世界の現状や課題に関わること
  ⑤高等文化（文学，美術，音楽などの偉業）に関わること

ただし，小学校では，上記①と②を中心に，適宜，③〜⑤を扱い，中学校以降は①〜⑤を総合的に扱うとよいでしょう。

2．国際理解の指導の視点

上記1．で示した題材を指導するにあたり，留意すべき5つの視点を提案します。

[視点①] 文化の紹介

世界の国々の地理的情報，衣食住などを含む生活・習慣の紹介に見られるような，いわゆる知識理解レベルの活動です。ここでは，文化的様相について正しい認識を持たせることをねらいとします。例えば，世界の挨拶，食事，行事，観光名所などの紹介が挙げられます。

[視点②] 文化比較と気付き

日本文化と外国文化との比較を通じて共通点や相違点に気付かせます。また，相違点については，その背景にある理由や必然性について考えさせ，「異なるもの」に対する理解，尊重をさらに促します。例えば，子どもたちが将来就きたい職業を扱う場合，日本と諸外国を比較し，共通点や相違点に気付かせ，相違点については，子どもたちが就きたい職業には，その国の地理的，歴史的，社会的，文化的な条件が影響していることに気付かせます。

[視点③] 言語や文化の等価値への気付き

　文化相対主義的な考えに基づき，自文化中心主義から脱却し，多様なものの見方や考え方への気付きを促します。そして，それぞれの言語や文化はすべて等価値であり，優劣はつけられないことに気付かせます。例えば，世界の挨拶や言語を紹介する場合，英語は世界で最も広範囲にわたって使用されている言語ですが，英語や英米圏の文化が他の言語や文化より優れているといった間違った意識づけをしないように導くことが大切です。

[視点④] 相互依存やグローバルな課題とその解決策への気付き

　日常生活に関する身近で現実的な題材を通して，日本と諸外国，あるいは諸国間の相互依存関係や地球規模の課題を認識させたり，課題解決にあたっては自分が何ができるか考え，可能な範囲で行動に移すよう促します。題材としては，輸出入の均衡問題，食糧や環境問題などが挙げられます。

[視点⑤] 異言語・異文化を持つ人々との人的交流

　ALTや地域在住の外国人との直接交流を通して，出身国の文化を学ぶことで相互の多様な価値を認め合うことを促します。ALTや地域在住の人々と一緒に体を動かして遊んだり，料理を作ったり，日本や外国の行事を楽しんだりすることができます。また，ビデオレターやSkypeによるTV会議など外国の小学校との交流も有効な手段です。

　ここで，*Hi, friends! 1*（平成24年版）の「Lesson 9：ランチ・メニューを作ろう」を取り上げ，上述の5つの視点から指導の在り方について考えてみます。本レッスンでは，世界の料理に興味を持ち，日本と外国の食べ物の違いを知ることがねらいとされています。Activity 2では，諸外国の給食が紹介されています。例えば，アメリカでは「バターコーン，ピザ，フルーツゼリーなど」，フィンランドでは「ポテト，魚料理，サラダ，パンなど」，韓国では「ごはん，キムチ，ナムル，スープなど」，インドでは「カレー，ライス，バナナなど」が挙げられています。そして，まとめの活動として，自分たちの理想の給食メニューを考え，英語で発表します。

[視点①]

　上述のActivity 2に取り組ませながら，4か国の給食時の典型的な食べ物について紹介します（テキストのスクリプト例："Hello. I'm from America. This is my lunch. Buttered corn, pizza, fruit jelly, bread and chocolate milk. I like pizza very much."）。スクリプトの内容以外の典型的な食べ物，

調理方法，給食を食べる場所，使用食器，食事時のマナー等にふれることもできます。

［視点②］
　これら4か国の給食時の食べ物について，共通点や相違点について気付かせます。そして違いについては，その理由や必然性に気付かせます。例えば，欧米諸国と比べ，韓国，インドのようなアジア圏では主としてお米を食するという点では共通しているが，韓国やインドでは日本と比べ香辛料を多く使う食べ物が多いことから，その理由について考えさせるとよいでしょう。

［視点③］
　世界の国々の給食にはその国特有の食べ物や食材が使用され，給食時に出される食べ物はその国の人々にとって価値があるという認識を促します。例えば，韓国では厳寒期に備え保存食であるキムチは欠かせない，フィンランドでは魚料理は動物性タンパク源として貴重な料理であるという認識を促します。

［視点④］
　日本と世界のつながりを学習します。例えば，日本とフィンランドの関係について，"Wood products such as desks and chairs come from Finland. Cars go to Finland from Japan." などと表現しながら，両国が相互依存関係にあることを認識させます。

［視点⑤］
　ALTや地域在住の方々を招き，出身国の食文化について学んだり，実際に調理実習へとつなげたりすることもできます。ここでは，アメリカ出身のALTであれば，一緒にバターコーンやピザを作るのも楽しい体験となるでしょう。

3．国際理解教育の指導のポイント

　国際理解教育の指導では，写真，ポスター，ビデオ，DVD，マルチメディアなどを有効活用しながら，可能なかぎり英語を使って体験的に進めていきましょう。また，扱う題材は英語や英米圏の文化に過度に偏らないよう配慮します。さらに，国際理解教育は，目的に応じて，単元中の1時間を使って実施したり，単元中のある時間の活動の1つとして実施したりとさまざまです（⇨ Q5-4 ）。

Q 5-4 国際理解を深める中学年の題材と活動は？

国際理解を深める中学年向きの題材と活動例を紹介してください。

1．授業での取り扱い方

挨拶，数，スポーツ，動物などは，中学年の児童がより身近に感じることができる国際理解を深める題材ですが，これらの題材の取り扱い方として，以下の4つがあります。

　(1)単元全体で　　　(2)単元の中のある1時間（多くは最後の時間）で
　(3)単元の各時間に5〜10分の帯活動で
　(4)単元のある1時間の中の10分〜15分間で

2．中学年にふさわしい題材と活動例

①挨拶，ジェスチャー（1.(2)：単元の中のある1時間で）
　「挨拶」を扱う単元で，さまざまな言語の挨拶を取り上げる。"Hello Song"の"Hello"の部分を英語以外の言語に替えて歌うのもよい。また，挨拶にともなう仕草（お辞儀，合掌，握手，抱擁など）や，日本とは異なるジェスチャーをクイズ形式で紹介することができる。

②数，数え方（1.(4)：単元のある1時間の中の10分〜15分間で）
　「数」を扱う単元で，英語の数に加え，いくつかの言語（中国語，韓国語，フランス語など）の数を取り上げる。また，数を数えるときの指の使い方（日本では指を折りながら数えるが，欧米では指を立てながら数えるなど）の違いを紹介したい。

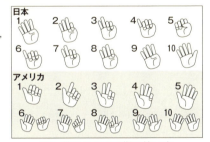
図　数えるときの指の使い方

③外来語（1.(1)：単元全体2〜4時間で）
　カタカナで表すことばを児童が集め，日本語には英語由来の外来語が数多くあることに気付かせる。そして，音の違いに気をつけて発音させる。

④スポーツ，遊び（1.(2)：単元の中のある1時間で）
　友達と好きなスポーツを尋ね合う単元のまとめの活動として，「外国の人

気スポーツランキング」を資料として提示し，どこの国のランキングかを考えさせる。外国には"cricket"や"kabaddi"など，日本ではあまり馴染みのないスポーツがあることや，人気のスポーツは国によって異なることなどに気付かせる。ALTの来校日であればALTの出身国で人気のあるスポーツについて話してもらう。

3．活動の進め方の実際

「動物の鳴き声」を扱う単元を紹介します。同じ鳴き声であっても，異なる言語では違う表し方をするおもしろさに気付くことができます。単元全体（2時間）で取り扱います。

①単元名「日本語と英語の動物の鳴き声を比べよう」
②単元の指導目標
- 日本語と英語の動物の鳴き声の違いや共通点に気付き，動物やその鳴き声を表す英語に慣れ親しむ。
- 日本語の鳴き声をALTに伝えたり，英語の鳴き声を尋ねたりする。
- 相手に伝わるように工夫しながら動物の鳴き声を伝える。

③主な言語材料
　動物：pig, cat, horse, sheep, dog, duck, cow, rooster
　鳴き声：oink, oink, neigh, neigh, baa, baa, cock-a-doodle-doo．など
　表現：What does a cow say? It says, "Moo, moo."

④単元の指導計画（2時間）
（第1時）ALTの先生と動物の鳴き声を伝え合う。
- シルエットの画像を見て動物名を当てるクイズに答える。
- 児童はALTに日本語の鳴き声を，ALTは児童に英語の鳴き声を伝える。
- "Old MacDonald Had a Farm"を歌う。

（第2時）外国語の鳴き声を使ってゲームや絵本を楽しむ。
- 動物ラップをする。
　　手拍子2回（パンパン）T：Horse.
　　手拍子2回（パンパン）Ss：Neigh, neigh．動物を替えて続ける。
- 絵本"The Very Busy Spider"（by Eric Carle, Philomel Books）の読み聞かせを聞く。

国際理解を深める高学年の題材と活動は？

国際理解を深める高学年向きの題材と活動例を紹介してください。

　高学年では，世界の国々や環境問題，人権や平和について，社会科や理科，国語や道徳で教科横断的に学び，国際理解を深めます。ここでは，外国語教育とその学びをつなげる高学年ならではの題材と活動を紹介します。

1．高学年向きの題材と活動例（教室での学びによる活動）

①**相互文化理解**：世界の国々について，社会科の学びとつなげ，グループごとに世界の１つの国を選び，以下について調べ，その国の人となって英語で発表する。(1) 世界の国の言語 "We speak English and French in Canada." など多言語の国も多くあることを知り，さらに，(2) その国の気候 "In Australia, it is hot in January." や，(3) 食べ物や特産物，世界遺産について "We have（食べ物や特産物，世界遺産）." と，写真や絵を使いながら英語で発表し，クラスで学びをシェアする。最後に同様の英語表現を使って日本について英語で表現し，世界の国々との違いの比較や分析を促す。

②**環境問題**：We can recycle/reuse/reduce/refuse 〜 . を目標表現として，４Ｒの学び（社会科・家庭科）と世界のゴミ問題（社会科）等を統合し，世界の人と協働して地球を守るために，自分たちができることを考える。

③**人権問題**：I study（科目）on（曜日）. を目標表現として，世界の子どもたちの学びについて，学校の時間割（国によっては土，日が休日ではない）や児童労働のため学べない子どもたちがいる現状を知る。最後に，世界の子どもたちとともに学ぶ「クラスの理想の時間割」を作成する。

2．高学年向きの題材と活動例（教室の学びを生かした発展的活動）

　１．の活動で学んだ語彙や表現を生かし，以下のような交流を通して，英語を使い世界の人々とつながり，国際理解を深める機会を持つことが可能です。

①ALTの先生や姉妹都市の小学校などとの交流。

②教育交流を目的とするウェブサイトの活用。

③JICAやユニセフの方を招いて話を聞き，世界的課題についての理解を深め，お礼もかねて，自分たちの考えについて英語でメッセージを送信。

3．活動の進め方の実際

単元の中の1時間で行うオリンピックをテーマにした活動例を紹介します。
①レッスン名：「オリンピックについて考えよう（国際平和）」
②活動の目的：数字，序数，国の名前，haveを使った表現に慣れ親しみながら，世界の平和の祭典であるオリンピックの意義について学ぶ。
③活動の時期：平和教育や社会科の「世界の国々と日本」の学びと，*Hi, friends! 2*（平成24年版）のLesson 5 "I want to go to Italy" などの世界の国旗や地名の英語の学びをつなげて行う。
④活動の進め方

指導者の活動	児童の活動	留意点
①国旗カードをオリンピック開催国順にカードを並べるゲームをすることを告げる。 Let's play a game! I'll give you a card. Let's ask your friend, "What number do you have?" and put these cards in order from the first to the 31st.	先生から国旗カード（裏に開催国順の番号と開催年が記してある）をもらい，番号を尋ね合い，番号順に並ぶ。 「やった〜！」 Thank you! 「僕のカード，アメリカだ！」 What number do you have? I have number 1. I have number 25. 「先生，みんな並んだよ！」	国旗カードは全31枚になるが，クラスの人数によって児童に配布するカードの枚数を調整する。
②オリンピック開催国を，順番に序数を使って確認しながら，児童の答えを促す。 Let's check together! Please look at the first card. What country is this? Yes, it's Greece. How about the second one?	先生の質問に，オリンピック開催順に英語で国名を答える。 「わあ〜，オリンピックを開催した国はたくさんあるね。」 「最初はギリシャだ！」 Greece! It's Greece. France! It's France.	オリンピックが開催されなかった年のカードは国旗と年号を入れ，下のようなカードを用意する。 ×1916 ×1940 ×1944
③オリンピックが開催されなかった年に何があったか，2つの大戦の写真を提示して，児童の考えを促す。 Why do these three cards have a cross? What happened? Can you guess? Yes, we had two big wars.	オリンピックが開催されなかったことが3回あったことを知り，その理由について考える 「オリンピックを開催しなかった年が3回ある。」 「なんでだろう？」 「戦争？」「第一次世界大戦と第二次世界大戦だ！」 War….	
④平和の祭典であるオリンピックを開催するために，何が必要か問いかける。 What do we need to have the Olympic games? Yes, we need peace.	オリンピックの意義と国際平和の大切さについて考える。 「平和が必要！」 We need peace!	

この活動の中で，児童は世界の平和の祭典としてのオリンピックの意義を知り，開催のために必要な国際平和について考えることができます。

アジア諸国の外国語教育でみられる国際理解教育は？

アジア諸国の小学校の外国語授業では，国際理解教育はどのように扱われているのでしょうか。

ここでは，日本と同様，外国語として英語を学習している韓国と台湾のテキストに見られる国際理解教育の題材について紹介します。

1．韓国

韓国の"English"（DAEKYO出版，2014年）では，国際理解教育は"World Tour"のコーナーで扱われています。学年ごとに例を挙げてみましょう。

3年生：動物の鳴き声，数の数え方，食べ物，時差，など
4年生：偉人，スポーツ，禁止標識，紙幣，など
5年生：伝統的な楽器，遊び，英米圏の住所の表記法，など
6年生：世界の挨拶，伝統行事，世界自然遺産，家屋，など

例えば，4年生の「スポーツ」では，野球，テニス，サッカー，テコンドーのイラストがあり，それぞれのスポーツの名前，発祥地，特定の国で人気のあるスポーツなどについてやり取りをします。また，6年生の「伝統行事」では，タイの「ソンクラーン祭り（水かけ祭り）」，スペインの「トマト祭り」，モンゴルの「ナーダム祭り（競馬，弓射，相撲）」のイラストがあり，祭りの時期や祭りですることなどについてやり取りをします。

2．台湾

台湾の"Hello, Darbie!"（康軒文教事業出版，2009年）では，国際理解は巻末の"Culture & Festival"で扱われています。題材は"Halloween"，"Mother's Day"，"Christmas"，"Moon Festival(中秋節)"，"Easter(復活祭)"，"Thanksgiving Day(感謝祭)"など英米圏や自国の行事，祝日に関するものが多いことが特徴的です。複数のイラストつきのまとまった英文を聞き，読んでいきます。例えば，"Thanksgiving Day"では，"Some Pilgrims came to America in November, 1620."，"They gave the Pilgrims some food and helped them grow corn."，"The Pilgrims thanked them with a big turkey the next year."など，115単語で書かれた，かなり難しい語彙や表現を含む文章が扱われています。

第 6 章

児童が主体的に取り組み，学ぶ活動

　この章では，児童が主体的に取り組み，児童の学びを促す活動について考えます。まず，児童が新出の語彙や表現に慣れ親しむ活動，学んだ語彙や表現を使ってコミュニケーションや自己表現を楽しむ活動，次に児童が夢中になるクイズ・ゲームの作り方と活用法を紹介します。その後，他教科の内容を利用した活動の具体例と進め方，及びプロジェクト学習の具体例と進め方を紹介します。

- Q 6-1　語彙や表現に慣れ親しむ活動とは？ …………………… 92
- Q 6-2　コミュニケーション・自己表現を楽しむ活動とは？ …… 95
- Q 6-3　クイズの作り方，具体例と活用法は？ ………………… 99
- Q 6-4　ゲームの作り方，具体例と活用法は？ ………………… 101
- Q 6-5　他教科の内容を使った活動の具体例は？ ……………… 104
- Q 6-6　プロジェクト学習の進め方は？ ………………………… 108

語彙や表現に慣れ親しむ活動とは？

新しく学習した語彙や表現に慣れ親しむ活動の具体例と活動の進め方を紹介してください。

　新しく学習した語彙や表現をコミュニケーション活動や自己表現活動で使えるようにするには，それらに<u>しっかり慣れ親しませる</u>ことが必要です。以下，リスニングとスピーキング活動に分け，活動の具体例と進め方を紹介します。

１．リスニング

　新出の語彙や表現に慣れ親しませるリスニング活動には，次のようなものがあります。
　キーワード・ゲーム，ビンゴ・ゲーム，線つなぎ，コマ絵やパノラマ絵，表の空所に○×や番号等の記入，T or F クイズ，など。
　以下，これらのうち３つの活動について具体例と進め方を紹介します。なお，紙幅の関係で小問は２題ずつしか示しておりませんが，新出の語彙や表現に慣れ親しませるためにはある程度の量をこなさせることが大切です。

例１　英語で足し算，引き算
- 語彙：１〜20
- 表現：１＋２＝３，６－４＝２
- T or F クイズ：英語を聞いて合っていればTrue，合っていなければFalseと言いましょう。
  Q1. Two plus eight is ten.（True）
  Q2. Eleven minus four is six.（False）

例２　ケンの夕食後の日課は？
- 語句：（日常生活に関する動詞），study math, read books, watch TV, play the recorder, take a bath, go to bed, など
- （時刻）7:00, 9:30, 10:00, など
- 表現：I take a bath at 9:00.
- 表に答えを記入：ケンの夕食後の日課を聞いて，（　）に時刻を書き入れましょう。

Q1. I study math at 8:00.

Q2. I play the recorder at 9:30.

　なお，活動に慣れれば，時刻の下を空所にしておき，日課としてすることがらを日本語で記入させてもよいでしょう。

例3　動物たちはどこにいるかな？
- 語彙：in, on, under, by
- 表現：The cat is on the table.
- 英語に合った絵を探す：動物たちがどこにいるかを説明する英語を聞いて，英語に合っている絵を探し，☐に番号を書きましょう。

Q1. The rabbit is in the box.

Q2. The cat is on the table.

2．スピーキング

リスニング活動によって新出の語彙や表現の理解がある程度深まれば，何度か反復模倣をさせた後，新出の語彙や表現に慣れ親しませるためにスピーキング活動に進みます。以下，1．で紹介した3つのリスニング活動に続けるスピーキング活動を紹介します。

例1　暗算ゲーム

　Q1. 5＋3＝?　　　　Q2. 9－5＝?

英語の足し算，引き算です。じゃんけんで勝った人が問題を出し，負けた人が答えます。

S_1：What is five plus three?
S_2：It's eight.
S_1：That's right.

例2－①　日課表の日課を伝える

1．の例2のケンの夕食後の日課を，交互にケンになったつもりで友達に伝えよう。

S_1：I watch TV at 7:00.　　S_2：I study math at 8:00.

例2－②　日課表の日課についてQ&A

ケンの夕食後の日課について尋ねたり答えたりしよう。答える人はケンになったつもりで答えよう。

S_1：What time do you take a bath?　　S_2：I take a bath at 8:30.

例3－①　絵の表す内容を伝える（Picture Description）

1．例3の絵の木の枝にとまっている小鳥は黒，椅子の下の小鳥は白，箱の中のうさぎは白，椅子の上のうさぎは茶色，ネコは灰色にぬらせる。

色をぬった1．の例3の絵を見て，交互に何がどこにいるか友達に伝えよう。

S_1：The gray cat is on the table.
S_2：The white bird is under the chair.

例3－②　絵の表す内容についてQ&A

色をぬった1．の例3の絵を見て，先生の「何がどこにいるの？」と尋ねる質問に答えよう。

T：Where is the black bird?
S_1：It's in the tree.

活動に慣れれば児童同士でQ&Aを行ってもよいでしょう。

コミュニケーション・自己表現を楽しむ活動とは？

尋ねたいことを尋ね，伝えたいことを伝えるコミュニケーション・自己表現活動の具体例と活動の進め方を紹介してください。

　新出の語彙や表現にある程度慣れ親しめば，それらを使って伝達目的を達成するコミュニケーション・自己表現活動に取り組ませます。子どもたちは使うことによって使い方を学び，ことばの学習の楽しさを味わいます。

1．コミュニケーション・自己表現活動とは？
　コミュニケーション・自己表現活動とはどのような活動でしょうか。
①自分が必要とする情報を尋ねたり，相手にとって必要な情報を伝えたり，お互いに情報を交換し合って課題を解決したりする活動。
②挨拶や買い物などの日常の生活場面について，話題や場面（あらたまった場面，くだけた場面），対人関係（年上の人，友達など）に応じて，ことば遣いに配慮してやり取りを行うロールプレイ。
③自分にとって興味・関心のある話題について，自分自身や身のまわりのこと，自分の考えや気持ちを伝える自己表現活動。

2．コミュニケーション・自己表現活動作成上の留意事項
　これらの活動を作成する際，どのような点に留意して作成すればよいのでしょうか。
①情報を求めたり，伝えたり，交換したりするのは，相手が自分にとって未知の情報を持っていたり，自分が相手にとって未知の情報を持っていたりというように，話し手と聞き手の間にインフォメーション・ギャップが存在するからです。したがって，活動には適切なインフォメーション・ギャップが必要です。
②ある質問に対する答えは，答える人によって異なったり，同じ答えであっても答える人によって使用する表現が異なったりすることが多々あります。学習目標とする語彙や表現を主として使用する活動であっても発話内容や表現形式に選択の余地があることも大切です。
③実際の会話で，一方が質問して他方が答えて終了といった単発的なやり取

りの会話はまずありません。聞き手はあいづちを打ったり，確認したり，さらに情報を求めたり，提案したりというように会話は継続されます。学習段階に応じて，無理のない範囲で，1往復半，2往復，……と継続する会話に取り組ませましょう。

3．コミュニケーション・自己表現活動の具体例の活動の進め方

「やり取り」と「発表」に分け，活動の具体例と進め方を紹介します。

①やり取り中心の活動

やり取り中心の活動には，推理ゲーム，ジェスチャー・ゲーム，インタビュー活動などの情報交換活動や，レストランでの注文や友達を誕生会に招待するなどのロールプレイなどがあります。

例1　インタビュー活動—日曜日にすること

＊学習目標とする語彙，表現や活動形態については，指導者による活動の進め方のデモンストレーションやワークシートで明白なので省略してあります。

○ワークシート

あなたと同じことをしているかな？					
	①	②	③	④	⑤
あなた				○	
ともだち（　　）					

○活動の進め方

(1) イラストで示されていること以外で日曜日によくすることを，余白に日本語または英語で記入する。次に，あなたの欄に，日曜日によくすることに○，しないことには×を記入する。

(2) 単独授業の場合は一人二役で，TTの場合は二人で黒板にはったワークシートの拡大版を利用して活動の進め方を示す。（T₁はあなた，T₂は友達役）

T₁：Do you listen to CDs on Sundays, T₂?

T₂：Yes, I do.（T₁は①の絵の友達欄に○を記入。）Do you play video games on Sundays, T₁?

T₁：No, I don't.（T₂は②の絵の友達欄に×を記入。）Do you read books on Sundays, T₂?（以下，略）

(3)指導者と児童全体でインタビューの進め方を練習後，クラスをあなた役と友達役の２グループに分け，さらに練習する。

(4)ペアで交互にインタビューし合い，得た情報を表に記入する。

(5)活動終了後，ペアの二人がどちらもすることを，数名の児童を指名して発表させる。

S₁：S₂ and I play soccer on Sundays.
　　We wash the dishes, too.

例2　ロールプレイ―ご注文は？

○ワークシート（下図参照）

○活動の進め方

(1)メニューの空欄に，自分が好きな主菜を一品，副菜またはデザートを一品，英語で書き入れる。（英語は教科書などを見て書き写す。）

(2)単独授業の場合は一人二役で，TTの場合は二人で活動の進め方を示す。

T₁（店員）：Hello. What would you like?

T₂（客）：Hello. I'd like <u>hamburger</u> and <u>rice</u>.

T₁：Anything else?

T₂：<u>Soup</u>, please.

T₁：OK. <u>Hamburger</u>, <u>rice</u> and <u>salad</u>.

T₂：Yes, please.

(3)指導者についてロールプレイをくり返し練習する。その後，指導者は店員役，児童全員が客役で，続いて指導者と児童の役割を交代し役割練習

ワークシート

を行う。
(4)メニューを見て自分の食べたいもの、飲みたいものを決める。その後、ペアで役割を決めて練習する。慣れれば役割を交代し、さらに練習する。
(5)3～4組のペアで1つのグループを作り、自分たちのロールプレイを順次、発表する。各ペアの発表後、お互いに感想を述べ合い、グループで最も優れたペアを選ぶ。
(6)全体の前で各グループの代表ペアが発表する。
(7)指導者は、まとめとして、よかった点をほめ、よりよい発表にするための改善策を話す。

②発表中心の活動

　発表中心の活動には、自分が大切にしているものなどを実物や絵、写真などを見せながら紹介したり、国際交流会などで外国人のゲストにけん玉や書道など日本の伝統的な遊びや文化を実物を使って実演しながら紹介したりする show & tell、自己紹介、友達紹介や自分の夢などについて語るスピーチ、さまざまなスポーツの発祥国や外国の小学生の余暇の過ごし方を調べて、整理し、発表するプレゼンテーションなどがあります。スピーチについては Q4-3 を参照していただき、ここでは show & tell の例を紹介します。

例3　Show & Tell―ぼくの、私の飼いたい家畜

○活動の進め方：
(1)この活動を実施する前に、帯活動などで色を表す単語を復習するとともに、動物の鳴き声を指導しておく。
(2)家庭でA4用紙に飼ってみたい家畜の絵を描き、好きな色を塗って持参するように指示しておく。
(3)指導者は準備しておいた動物の絵を見せながら、"This is my pig. It's white. It says, "Oink, oink." I like my pig very much." と紹介文をくり返し聞かせる。その後、指導者について全員に数回くり返し言わせる。
(4)指導者があらかじめ準備しておいた(3)で使用した動物以外の絵を見て、全員で下線部を置き換えて言う。
(5)指導者について練習した紹介文の下線部を自分の描いてきた絵に合うように置き換え、言う練習をする。
(6)次にペアで交互に相手に絵を見せながら発表練習をする。その後、数人一組のグループで show & tell を行う。

クイズの作り方，具体例と活用法は？

授業でクイズを利用することのメリット，作り方，具体例とクイズを使った活動の上手な進め方を紹介してください。

1．クイズを利用することのメリット

クイズは，児童にとって大好きな楽しい活動です。新出の語彙や表現の導入からそれらを使ったクイズ作りや発表など，幅広く活用できます。クイズには次のようなメリットがあります。

①集中して英語を聞く力や類推する力が育つ

児童は，指導者が話す英語から答えを導き出そうと，一生懸命英語を聞き，自分が理解できる英語から内容を類推して答えを探し出しますが，これは正しい聞き取り方を身に付ける第一歩です。

②児童が自主的に英語を発話する

クイズは，答えがわかると思わず言いたくなるので，児童は知らず知らずのうちに，どんどん英語を使い，発話します。

③児童の知的な活動となる

クイズを解くために考えるという知的な楽しさに加え，正解を得ることによって達成感も味わえます。

④方略的表現に慣れ親しむことができる

答えを導き出すために，"Another hint, please.", "One more time, please.", "What's "shimauma" in English?" などの表現を，児童が自然に使い身に付けるよい機会になります。

2．クイズの作り方

授業で効果的にクイズを活用するには，次の点に留意して作ります。

①児童の発達段階，興味・関心に合った題材や他教科で学習した内容と関連のある題材を選ぶ。

②既習の語彙や表現をできるだけ使う。

③英単語によるヒント，英文によるヒント，動作と英語，絵カードと英語を組み合わせるなど，児童の発達段階や学習段階に応じてヒントの与え方を調整し，児童に適した形式を選ぶ。

3．クイズの具体例と進め方

次に，既習の語彙や表現の総合的な復習を目標にしたクイズの具体例と進め方を示します。

①What am I? クイズ
- 語彙：動物，色，大きさを表す形容詞（big, small, longなど），国名，運動を表す基本的な動詞（run, swim, kick, jumpなど）
- 表現：I am ~. I like/ have ~. I can ~. What am I?
- 進め方

    T：Let's enjoy "What am I? Quiz." I'm an animal. I'm black and white. I can run fast. What am I?

    Ss：(Are you a) Panda?

    T：No, I'm not a panda.（児童は"Penguin?", "Cow?"などと答えるが，正答が出てこないので）Do you want more hints?

    Ss：Yes, one more hint, please.

    T：OK. I'm from Kenya.

    Ss：Are you a zebra?

    T：That's right. I'm a zebra.（この後，クイズのヒントをくり返し，シマウマの絵カードを見せて"I'm a zebra."と確認する。）

②応用

語彙や表現を少し変化させると果物や野菜などさまざまなジャンルのクイズを作ることができます。
- 例：果物クイズ（I'm a fruit. I'm red and small. You see me on the cake. What am I? ―I'm a strawberry.）

③発展

クイズの形式に十分慣れたら，次は児童が自分で考えたクイズを出題する「クイズ大会」へと発展させて，主体的なコミュニケーション活動につなげるとよいでしょう。児童同士でのクイズのやり取りは，相手の話す英語が理解でき，自分の英語が相手に通じたという自信や学習意欲向上にもつながります。その際，クイズ作りのモデル文が書かれたワークシートを用意し，児童がヒントの文の一部を語群から選んで書き写して自分なりのクイズを作り出題するようにすれば，「クイズショー」を「読むこと」「書くこと」「話すこと」へとつなげた活動とすることができます（⇨ Q4-5, Q4-6）。

 **ゲームの作り方，具体例と活用法は？**

授業でゲームを利用することのメリット，作り方，具体例とゲームを使った活動の上手な進め方を紹介してください。

　ゲーム形式で指導できる内容は，文字，単語，文，会話のやり取りと広範囲にわたります。また，くり返し練習から初歩的な情報交換などのコミュニケーション活動まで，授業で活用できる場面は多岐にわたります。

1．ゲームを利用することのメリット

　授業におけるゲームの利用には，以下に挙げるメリットがあります。

①「遊び感覚」の効用

　「楽習（がくしゅう）」という造語からもわかるように，楽しみながら学ぶ姿勢に学習の理想があります。児童にとって，楽しいゲームは英語を使用する体験の入り口となり，初歩的かつ大きな動機づけとなります。また，ゲームの楽しさによって，言語習得の妨げとなる緊張や不安が軽減されることも期待できます。

②豊富な練習やコミュニケーションの機会の提供

　ややもすると無機質になりがちな反復練習を楽しさの中で行える点も大きなメリットです。適切に設計されたゲームであれば，児童がゲームにのめり込むほど多量の練習をこなすことになり，結果としてその中で使われている語彙や表現に，無意識のうちに慣れ親しませることができます。

③学び合いの創造

　協働学習の観点においてもゲームのメリットがみられます。例えばジェスチャーゲームやインタビューゲームなど，ゲームの内容によって，時には競い合い，時には協力して活動するため，必然的に他者と関わる学習環境が整います。教員にとっても，学習内容やクラスの人間関係に応じて，ペアやグループなど適切な活動形態を考えるよい機会となるでしょう。

2．ゲームの作り方

　上記のメリットを生かすためには，以下の視点を念頭に置いてゲームを作ります。

①ゲームの選択と学習させたい語彙，表現との相性を考える

　語彙や表現などの学習内容を使用する必然性が生じるゲームに仕上げるためには，活動と言語材料との相性を検討しなければなりません。例えば，"What sports do you like?—I like tennis and soccer." が目標表現の場合，インタビュー活動の形式で行うビンゴ・ゲームなどが適切と考えられます。またその際には，児童の発達段階や学習段階も考慮して，既製のゲームにアレンジを加えたりして，ゲームの内容を児童の実態に合わせることも心がけましょう。

②全員が楽しめるゲームを考える

　どの児童も楽しんで参加できるゲームを作るためには，視覚的記憶力やくじ引きなど，英語力以外の要因が勝敗を左右する遊びの要素を取り入れるとよいでしょう。英語力のみによって勝敗が決まってしまうようなゲームは避けるべきです。

③単元／本時の指導目標達成に必要なゲームを考える

　ゲームにかぎらず，すべての学習活動は単元や本時の指導計画に沿った活動，言い換えるなら，指導目標を達成するうえで必要な活動でなければなりません。楽しい活動を無計画に寄せ集めるだけでは，外国語活動や外国語科の時間が単なる遊びの時間に終始してしまうことにもなりかねません。単元の目標を吟味し，そこに向かう道筋を踏まえてゲームを考えましょう。

3．ゲームの具体例と進め方

　ゲームの具体例として，マッチング・ゲーム (Matching Game) を紹介します。単語の意味や表現する英文の内容など，2つの情報に関連がある場合や，つながりが正しい場合に正解となるゲームです。ルールもわかりやすく，意味や内容を考えながら発話する機会になります。ここに挙げる具体例では，トランプの神経衰弱の要領を活用しています。なお，ルールを説明する際には，実際に活動する様子を見せて理解させましょう。

①具体的活動例：時間割マッチング・カードゲーム

②ゲームの内容
- 活動形態と所要時間：ペア，約10分
- 準備物：曜日名カード，教科名カードのセットを児童数分，クラスの時間割表（黒板など教室前方に掲示する。）

- 語彙：Monday, Tuesday などの曜日名，math, English などの教科名
- 表現：On Mondays, I study Japanese, social studies and music.

③ゲームの進め方
(1) ゲームを開始する前に，曜日名と教科名，表現の口慣らし練習をします。
(2) ペアで並んで，あるいは向かい合って活動することを伝えます。曜日名カードと教科名カードを全児童に配付し，机の上に裏返した状態で，左側に曜日名，右側に教科名と分けて，カードを広げるよう指示します。
(3) 神経衰弱の要領で曜日名カードと教科名カードの表面を開き，目標文を言い，その目標文がクラスの時間割に合っていれば，カードを取ることができます。教科名カードは一発高得点あるいは大逆転をねらって一度に何枚開いてもよいことにしますが，開いたカードすべてがクラスの時間割に合っていなければ，もとの状態に戻さなければなりません。
(4) 児童は，カードを引く役と時間割と照合する役を1回ずつ交代します。照合役は内容が合っていれば"Matched!"，合っていなければ"Not matched."と言います。
(5) 時間内に多くのカードを取った児童が勝ちです。

④指導上の留意事項
　勝敗や順位づけなどの結果ばかりに意識が向けられると，児童は熱中するあまりに発話がおろそかになりがちです。ゲームを開始する前にていねいな発話を促したり，机間巡視中に発音を修正したりする指導も必要です。

⑤応用・発展
(1) ゲームにおいても児童間で自然なやり取りができるよう，少しずつ機能的な表現を導入するとよいでしょう。上記の例では，"Yes!" や "I did it!" といったカードがそろったときに使える喜びの表現や，"Pardon?" や "Once more." などくり返しを求める表現，さらに "(It's) Your turn." や "Go on." など進行に関わる定型表現にふれさせることも，場面に応じた言語使用の体験になります。
(2) 学習段階によっては，上記の例をQ&Aで展開することも可能です。
　　S1：(S2がMondayの曜日カードを開いたのを見て) What (subjects) do you study on Mondays?
　　S2：(教科名カードを開いて) On Mondays, I study English and science.
　　S1：Not matched.

他教科の内容を使った活動の具体例は？

英語の授業で他教科の内容を利用するメリット，他教科の内容を使った活動の作り方，具体例と活動の進め方を紹介してください。

1 他教科の内容を利用するメリットは？

他教科で学習したことは，発達段階に合っていますし，児童にとって馴染みのある内容です。そのうえ，それらを英語の授業で扱うと，児童にとって新鮮な体験にもなります。習ったことがあることには興味が持てますし，「あっ，知ってる！」とうれしくなり，目の輝きも増してきます。また，みなが体験していることなので知識の個人差が少なく，未習語でも意味が推測しやすいなど，共通の土台のうえで授業ができる強みもあります。

2 活動の作り方と具体例

実際に活動を作るときには，日本語で行っても楽しくなるような知的好奇心をくすぐる内容を選びましょう。思わず聞きたくなるような内容を，児童が意味を類推できる英語を使って授業を進めることがポイントです。

以下，教科ごとに工夫のしかたや活動の具体例を紹介します。

国語：どこの国から来たことば？(外来語)

その外来語がどこの国から来たのかを予想し，知ることは児童にとって興味が持てる内容であり，日本とその国の交流の歴史にふれることにもつながります。児童に親しみのある外来語を取り上げましょう。例えばカステラの写真を見せ，「カステラ」は外来語であることを伝えた後，どこの国から来たことばなのかを尋ねます。

- 主な語彙：カステラ—sponge cake—Portugal, シュークリーム—cream puff—France, セーター—sweater—the UK, ワンタン—wonton—China
- 主な表現：Where does "カステラ" come from? It comes from Portugal. "カステラ" is sponge cake in English.

社会：今日の給食の食材はどこから来たの？（食料の自給率）

5年生で学習した食料の輸入について英語で復習する活動です。既習の内容なので語彙や表現の意味が予想しやすく興味が持てます。ある日の給食のメニューの絵を提示し，その料理に使用されている食材のどのくらいの割合

が，主にどの国から輸入されているかを尋ねます。

食材	輸入率	輸入率1位の国	輸入率2位の国
バナナ	100%	フィリピン	エクアドル
牛乳	0%		
牛肉	59%	オーストラリア	アメリカ
小麦	86%	アメリカ	カナダ

- 主な語彙：食品，食材—banana, milk, hamburg steak, bread
  国名—the Philippines, Ecuador, Australia, the USA, Canada
- 主な表現：Where do bananas come from?—They come from the Philippines and Ecuador. Where does beef come from?—It comes from Australia and the USA.

算数：どちらが広い？（図形の面積）

4年生で学習した長方形と正方形の面積の求め方を英語で復習する活動です。共通して学習した内容なのでみなが興味を持って臨めます。長方形や正方形をL字型につなぎ合わせた形で，どちらが広いのかわかりにくい図形を2つ用意して比べ，英語で計算して答えを求めます。

- 主な語彙：square, rectangle, cm(centimeter), cm^2(square centimeter)
- 主な表現：Which is bigger, A or B? − A is.
  What's 4 times 3? − It's 12. It's 12 cm^2.

理科：何の花？　いつ咲くの？（季節と花の名前）

よく知っている花でもその花の英語名やどの季節に咲くかを問うことで知的な活動になります。季節の絵カードを使って季節の言い方を復習しながら，絵カードを黒板に横1列にはります。次にさまざまな花の写真を見せ，何の花なのかを尋ねた後，どの季節に咲くのかを答えさせる活動です。果物や野菜を扱ってもおもしろい活動になります。

- 主な語彙：seasons—spring, summer, fall, winter
  flowers—violet, sunflower, cosmos, pansyなど
- 主な表現：What flower is this?—It's pansy.
  When do you see?—We can see in winter and spring.

3 活動の進め方

①**単元名**：海の生物クイズ

②**指導目標**
- 漢字に対する関心を高め，海の生物名にみられる先人の知恵に対する気付きを促す。ひいては日本語への興味・関心を高める。
- コミュニケーションを円滑に進めるために必要な方略的表現を実際に使用し，身に付ける。

③**指導計画**（全2時間＋帯活動）
- 第1時：漢字の読み方，その漢字の英語表現の尋ね方と答え方を知り，慣れ親しませる活動を行う。
- 第2時（本時）：海の生物を表す漢字の読み方と英語表現を知るとともに，それらの尋ね方と答え方を復習し，実際に伝え合う活動を行う。
- 帯活動（第2時終了後）：10分間程度の帯活動を数回行い，野菜や果物などを題材にして漢字の読み方やそれらの英語表現の尋ね方と答え方の定着を図る。

④**主な語彙**：自然・動物など—star, moon, pig, horse, elephant, old
海の生物— starfish, jellyfish, dolphin, seahorse, walrus, shrimp

⑤**主な表現**：How do you read this Kanji? —It's "hoshi."
How do you say "hoshi" in English? —It's "star."

⑥**準備物**：漢字カード(1)：星，月，豚，馬，象，老—各1枚　　漢字カード(2)：海—6枚　　海の生物絵カード：ヒトデ，クラゲ，イルカ，タツノオトシゴ，セイウチ，エビ—各1枚　　海の生物単語カード：starfish, jellyfish, dolphin, seahorse, walrus, shrimp など—各1枚

⑦**評価規準**
- 漢字の読み方やその英語表現の尋ね方や答え方を理解している。
- 漢字の読み方やその英語表現を尋ねたり答えたりしている。
- 海の生物名を表す漢字や英単語を推測して読もうとしている。

⑧**本時の展開**

(1)**復習**

漢字カード(1)を黒板にはって読み方を尋ね，日本語と英語で答えさせた後，教員と児童全体，右半分と左半分の児童などでやり取りを練習する。

　T：How do you read this Kanji?　　Ss：It's "hoshi."

T：How do you say "hoshi" in English?　　Ss：It's "star."

(2) 導入

STEP 1：漢字カード(2)海を星の前にはり，熟語にすると海の生物になることを告げ，読み方を考えさせる。タイミングをはかって"ヒトデ？　クラゲ？　エビ？"などとヒントを与え，"ヒトデ"と答えが返ってきた段階で，海の生物絵カードをはって確認する。月，豚，馬，象，老も同様に行う。

T：How do you read this Kanji?……ヒトデ？　クラゲ？　エビ？
Ss：ヒトデ．
T：That's right.（絵カードをはる）It's "hitode."

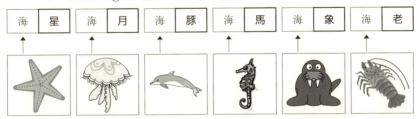

STEP 2：それぞれの海の生物の英語表現を尋ね，"Starfish? Seahorse? Jellyfish?"などとヒントを与えて推測させ，正答が出た段階で海の生物単語カードをはる。

T：How do you say "hitode" in English? Starfish? Seahorse? Jellyfish?
S_1：Starfish.
T：That's right.（海の生物単語カードをはる）

(3) 展開

①表現に慣れ親しませるために，クラスを3つのグループ(A,B,C)に分け，黒板にはられたカードを見て，各グループでQ＆Aリレーを行う。

S_1：（海星を指し）How do you read this Kanji, S_2?
S_2：It's "hitode." How do you say "hitode" in English, S_3?
S_3：It's "starfish."（海月を指し）How do you read this Kanji, S_4?
S_4：It's "kurage."　How do you say "kurage" in English?
　　……

②各列が1つのチームとなり，①の要領でリレーを行い，どの列が速いかを競う。

プロジェクト学習の進め方は？

課題の解決のために互いに協働して取り組むプロジェクト学習の進め方を，具体的な活動に基づいて紹介してください。

1．プロジェクト学習とは

　小学校英語では，他教科や他領域と関連させた教科横断型学習や，異文化交流活動，学校行事などと関連させて，普段の授業より多くの時間を配当して，プロジェクト学習に取り組ませることがあります。プロジェクト学習では，課題を設定し，課題解決に向けて，個人，ペア，グループなどさまざまな学習形態で協働して取り組みます。他者との協働的学びや関わりの中で個人の理解や学習が進むと考えられており，協働学習やアクティブ・ラーニングの手法を取り入れることもできます。また，内容言語統合型学習（CLIL）という教授法では，プロジェクト型学習などを通して内容中心の活動を行い，言語や認知，コミュニケーション力の育成をめざしています（⇨ **Q8-9** ）。

2．プロジェクト学習と課題

　では，どのような課題設定が可能か考えてみましょう。例えば，国語との関連でスイミーや日本昔話などを用いた英語劇や英語紙芝居，家庭科との関連で栄養バランスのよいランチメニューや給食を考え提案する，などが考えられます。また，日本の文化や遊びをALTや留学生に紹介する異文化交流学習，修学旅行先での英語インタビューに向けての準備と実施，行きたい国と関連させて世界の国々の衣食住や国旗・文化などの調査と発表，世界の子どもたちの学校生活を調査し日本の学校生活との違いの発表，上級生が下級生のために絵本の読み聞かせやクイズ大会の開催など，さまざまな課題が考えられます。

3．プロジェクト学習の計画

　次に，具体的な課題を設定して考えてみましょう。単元の指導目標，指導計画は次のようになります。

①**プロジェクト課題**：6年生，2学期「日本の各地の特産物を調べ，ALTに紹介しよう」（社会科との関連）

②学習形態：ペアまたは4人グループ
③単元の指導目標：
- 日本の都道府県の特産物や有名な観光地などに興味を持ち，自分たちで調べたことをまとめて英語で発表する。
- 有名な場所を紹介する語彙や表現に慣れ親しませ，積極的に英語を用いてコミュニケーションを図ろうとしたり，発表しようとする態度を養う。
- グループのメンバーと協力し合い，課題を解決しようとする。

④単元の指導計画（全7時間）
第1時：活動で必要と予想される語彙・表現（⑤参照）の導入，それらを埋め込んだチャンツ，歌
第2時：都道府県紹介のモデル提示，主な語彙，表現の練習
第3時：歌やチャンツで語彙や表現の復習，各グループが担当する都道府県を決定
第4時：図書室やインターネットを用いて調べ学習
第5時：調べたことをまとめ，各グループで絵や地図などを用いて，発表の際に使う絵カードなどの準備と，発表のための紹介文の作成
第6時：発表準備と練習
第7時：ALTに紹介（発表）と振り返り，評価

⑤主な語彙：都道府県などの地名，観光地や特産物などの英語，形容詞
⑥主な表現：This is ….　It's famous for….　You can eat / buy / go to….　You can enjoy….　Please come and visit….
⑦評価規準：
- 日本の都道府県の特産物や有名な観光地などに興味を持ち，自分たちで調べたことをまとめて英語で発表を行っているか。
- 有名な場所を紹介する語彙や表現に慣れ親しみ，積極的に英語を用いてコミュニケーションを図ろうとしたり，発表しようとしているか。
- グループのメンバーと協力し合い，課題を解決しようとしているか。

4．プロジェクト学習の進め方

では，毎時，どのように授業を組み立て展開すればよいのでしょうか。

①第1時：課題を導入し，児童の動機づけを図ります。
(1)日本の白地図を用いて都道府県の形に切っておく。

(2) Where is this? Is it Hokkaido? Okinawa? などと尋ねる。児童は社会科で日本の都道府県の名前や位置などを学習しているので, It's Hyogo. などと答えることができる。

(3) 県庁所在地を尋ねる。What's the capital of Hyogo prefecture? It's Kobe. と答えさせる。

(4) Where do you live? と尋ね, 自分たちが住んでいるところを答えさせ, 地図上で確認する。

(5) Where do you want to go? と尋ね, 日本でどこに興味があるかを児童に尋ねる。それぞれ表現に慣れ親しませるためにチャンツで, Where do you live? I live in Kanagawa. What's the capital of Kanagawa prefecture? It's Yokohama. とリズムよく発話させる。

(6) 順番に日本の47都道府県について発音させ, 日本の地図を完成させる。

(7) 次の時間から各グループで日本の都道府県を1つ選び, その特徴を調べALTに英語で話すための活動を行うことを伝える。

②**第2時**：前時の復習をした後, 先生が発表のモデルを示します。

> モデル例：This is Kyoto. It's famous for Fushimi Inari Shrine and Kinkaku-ji Temple. You can go to many temples and shrines. You can eat *yudofu*. It's delicious and healthy. You can enjoy watching animals at Kyoto Zoo. Please come and visit Kyoto.

モデルは, パワーポイントか画用紙に写真をはったり, 絵を描いたりして, それらを見せながら発表します。その後, チャンツを用いて表現の練習をします。特にThis is…. It's famous for … and …. You can eat / buy / go to / enjoy …. Please come and visit …. といった表現にペア活動などで慣れ親しませます。

③**第3時**：チャンツで前時の復習をした後, 4人1組にグループ分けをします。次に各グループで調べたい都道府県を決めさせます。その際, 旅行などで行ったことがある場所, 親戚などが住んでいる場所, 歴史や有名人などで興味を持っている場所などについて意見を交換し, できるだけ各グループで異なる都道府県を選ぶように促します。

④**第4時**：各グループで, 図書館やインターネットを用いて調べ学習を行います。地図帳なども活用し, 特産品, 観光地, 食べ物, 祭りや行事, ゆる

キャラや有名人などを調べさせます。そして，調べたものを英語で何と言うか考えさせます。
⑤第5時：表現の復習と，発表の準備をします。
　(1)表現の復習をします。それと同時にfamous以外の形容詞を導入します。（例：It's popular / delicious / healthy / beautiful / old / new / big / high / interesting / exciting.）
　(2)各グループで画用紙に地図と調べた内容の絵を描かせてまとめさせます。時間が少なければあらかじめ準備した観光パンフレットの写真やイラストなどを活用してもよいでしょう。その際，伝えたい内容で英語がわからなければ辞書で調べたり，先生に尋ねるように伝えます。
　(3)先生は各グループの様子を観察し，必要な支援を与えます。グループ内で役割を分担し，互いに協力させます。
⑥第6時：各グループで一人一文は言えるように分担して発表準備と練習をします。発音がわからなければ，先生に尋ねさせます。
⑦第7時：いよいよ発表です。各グループごとに発表させ，その後，ALTから質問やコメントをしてもらいます（例：Thank you, group 1. I like your presentation. I knew a lot about Hiroshima. I want to visit Hiroshima Peace Park next summer.）。また，発表態度や内容について，先生がルーブリックを用いて評価し，結果をすぐにフィードバックします。ルーブリックの観点は，発表内容，発表態度，英語，グループの協力などを3段階くらいで評価すればよいでしょう（⇨ Q12-7）。
　すべてのグループの発表が終われば，各グループで児童同士でプロジェクト全体を振り返らせ，よかった点や改善点などを話し合わせます。数グループに口頭で発表させ，個人で振り返りシートに記入し，提出させます。

　本プロジェクトは，外国人に日本の良さを英語で伝えたいという気持ちを抱かせ，児童にとっても日本の良さについて新たな発見や学びがあると考えられます。児童が取り組んでみたいと思えるようなもので，少し難しくてグループで取り組むことで助け合えるような内容を通して，達成感や自己有能感が高められるテーマを選ぶことが大切です。

第 7 章

教材・教具の活用法

> この章では，まず，児童が生き生き学ぶことができる教科書の使い方の工夫について考えます。次に，授業で歌，チャンツ，絵本を使う意義，指導方法や活用法，実物，絵，チラシなどの視覚教材，絵カード，文字カード，パペットの上手な使い方や，CD，DVDなどの視聴覚教材，さらに，電子黒板，パソコン，タブレット端末機の効果的な使用場面や使用法についても紹介します。

- **Q 7-1** 児童が生き生き学ぶ教科書の使い方は？ ……………… 114
- **Q 7-2** うたの効果的な活用法は？ ……………… 115
- **Q 7-3** チャンツの効果的な活用法は？ ……………… 117
- **Q 7-4** 絵本を使ってみたいが……？ ……………… 119
- **Q 7-5** 絵，写真，カレンダーなどの視覚教材の活用法は？ ……………… 122
- **Q 7-6** 絵カード，文字カードの上手な使い方は？ ……………… 124
- **Q 7-7** パペット（人形）の効果的な使い方は？ ……………… 126
- **Q 7-8** CD，DVDの効果的な使い方は？ ……………… 127
- **Q 7-9** デジタル教材の活用法は？ ……………… 128
- **Q 7-10** パソコン，タブレット端末機の活用法は？ ……………… 131

児童が生き生き学ぶ教科書の使い方は？

児童が英語学習に生き生き取り組むように教科書の使い方を工夫したいのですが，どうすればよいでしょうか。

1．教科書使用についての考え方

　現在，多くの公立小学校は文部科学省の共通教材 *Hi, friends!* を使用していますが，2020年度の次期学習指導要領完全実施後は，民間の出版社の検定済教科書を使用することになります。教員は，児童の発達段階や興味・関心を捉え，教科書にあるすべての内容を一律に扱うのではなく，重みづけをして使用することが大切です。また，自作教材などを加えて，内容をふくらませることも効果的です。したがって，「教科書を教える」のではなく，「教科書で教える」という姿勢が不可欠です。

2．「教科書で教える」ために

①単元の目標と指導計画

　単元のゴールは何かを把握し，それを達成するための各時間のねらいと指導内容を明確にして，教科書にある活動や指導者が考えた独自の活動を，どの時間に行うかを決めましょう。単元の目標や見通しへの意識がないまま，指導書通りに機械的に教科書を進めることは避けましょう。

②教具の準備

　教科書を効果的に使用するには，導入や活動に使う絵カードやポスター，地図，実物，歌のCDなどの視聴覚教材やワークシートなどを準備する必要があります。教科書やデジタル教材のみで授業が進められるわけではありません。

③内容を肉づけするための工夫

　教科書には架空の人物や場面などが登場しますので，児童にとって現実感が薄くなります。そこで，身近な人物や地域のことなどを話題として取り上げたり，単元に関連のある歌や絵本を加えたり，自作のクイズやゲーム，自己表現活動やコミュニケーション活動を行ったりして内容をふくらませることが大切です。また，題材などについて児童と英語でできるだけやり取りをしながら進めることも大切です。

うたの効果的な活用法は？

授業でうたを利用することの意義はどんな点ですか。また授業で使えるうたや，うたの指導方法，利用法についても紹介してください。

うたは授業の中でさまざまな目的で活用できます。うたを利用する意義，選択，指導のポイント，活用法とおすすめのうたを紹介します。

1．うたを利用する意義

①「楽しい活動」につながりやすい

　外国語学習の大前提は「楽しい」ことです。発達段階に合ううたを歌うことは，児童が楽しいと感じる活動につながりやすいといえます。

②言語習得に役立つ

　英語のうたは，英語の音声的特徴や言語構造を土台としているので，英語のうたを歌うことで，英語特有の音・抑揚・リズムなどに慣れ親しむことができ，また英語の語彙や文法構造に無意識のレベルでふれることができます。また何度も歌っているうちに，自然な定着を促します。

③ことばの音と意味の結びつきを体得できる（遊びをともなううた）

　手遊びや全身遊びのようにしぐさや動作をしながら歌ううたは，しぐさや動作が歌詞の意味を表現しているものが多いため，歌い遊ぶことを通してことばの音と意味の結びつきを体得できます。

④外国語体験，異文化体験になる

　英語圏のうたの歌詞や，遊びをともなううたのしぐさや動作には，英語文化圏ならではの事物，ものの捉え方，表現が溢れているので，歌い遊ぶことが児童にとって身近なレベルで外国語や異文化を感じる体験になります。外国語への興味・関心を高め，異文化を尊重するこころの芽を育みます。

2．選択，指導のポイント

①児童の発達段階や興味・関心に合ううたを選択することが大切です。低学年ではしぐさや動作をともなうものが向いています。中・高学年では音楽の時間に日本語で歌ったうたやテレビや映画などで馴染みのあるうたなどから，英語の歌詞が易しいものを選びます。

第7章　教材・教具の活用法

②最初から歌わせようとせず,「何のうたかな?」「聞き取れたことばはある?」などと問いかけ,歌う前に何度も聞く機会を与えましょう。十分に聞いた後で歌えるところから歌い,歌える部分を少しずつ増やしていきましょう。
③絵カードやジェスチャーなどを使って歌詞の意味理解を助けましょう。

3．うたの活用法とおすすめのうた
①授業の始まりや終わり,活動の切れ目,体勢作りの合図のうた
　(1)始まりのうた,挨拶のうた,終わりのうた
　　　・Hello　・Good Morning, Good Afternoon　・Good-bye
　(2)活動の切れ目,体勢作りに向くうた
　　　・Hicory, Dickory, Dock　・Circle Left (Make a Circle)
②基本的な単語・表現の定着を促すうた
　曜日,月,天気,よく使う英語表現などに慣れ親しむうた
　　・The Alphabet Song　・Color Song　・Days of the Week
　　・Twelve Months　　・Do You Like Hamburgers?
　　・How's the Weather?　・What Do You Want to Be?
③異文化のうた遊びを体験するうた〈( )の低・中・高は向く学年〉
　(1)手遊び：・Pat a Cake（低）　・Open Shut Them（低）
　(2)手合わせ遊び：・A Sailor Went to Sea（低・中・高）
　　・Have You Ever Ever Ever?（中・高）・Say, Say, My Playmate（高）
　(3)全身遊び：・Seven Steps（低）　・Head and Shoulders（低・中）
　　・This Is the Way（低・中）　・The Hokey-Pokey（低，中，高）
　　・Sally Go Round the Sun（中・高）・The Big Ship Sails（高）
④異文化理解に向くうた
　動物の鳴き声,世界の挨拶のことばなど異文化理解に向くうた
　　・Animal Song　・Hello to the World　・Do-Re-Mi
⑤国際交流会（歓迎のうた），行事に向くうた
　　・How Do You Do?　・Happy Halloween　・O Christmas Tree
⑥その他－テレビ・映画・音楽の授業などで馴染みのあるうた
　　・Sing a Rainbow　・Take Me Out to the Ball Game　・Edelweiss
　　・Aura Lee　・The Lion Sleeps Tonight　・It's a Small World
　　　　　　　　　＊うたの主たる出典：樋口・衣笠（2003及び2010a）

チャンツの効果的な活用法は？

授業でチャンツを利用することの意義はどんな点ですか？ またチャンツの指導方法や利用法についても紹介してください。

1．チャンツを利用することの意義

　チャンツは，英語の単語や基本的な表現を一定のリズムに乗せて発音し，体得するのに有益です。反復・模倣練習は単調になりがちですが，リズムに乗せて発音することで，知らず知らずのうちに回数を重ねることができ，その結果，語彙や表現，文章の構成が記憶に残りやすくなります。また何度もくり返して発音する中で，日本語と英語の音声や語順等の違いや，ことばのおもしろさ，豊かさに気付くことができます。例えば，「ハンプティ・ダンプティ」はなぞなぞ歌の1つで，AABBの脚韻詩です。音読することで，英語のリズムを体得することができます。

| Humpty Dumpty sat on a <u>wall</u>. | All the king's horses and all the king's <u>men</u> |
| Humpty Dumpty had a great <u>fall</u>. | Couldn't put Humpty together <u>again</u>. |

　また，伝統的なチャンツは，英語圏の文化を知るための宝庫です。チャンツを通して，英語圏の生活，習慣，行事などについて体験的に理解を深めることができます。

2．日本語と英語のリズムの違い

　英語を英語らしく発音するためには，日本語と英語のリズムの違いに着目することが大切です。日本語は，モーラという単位を基本とする「モーラ拍リズム」の言語です。モーラとは，例えば「蛙（カ・エ・ル）」は3モーラです。どのモーラも基本的には同じ強さ，長さで発音されます。その結果，文章が長くなればなるほど，発音時間も長くなる特徴があります。一方，英語は「強勢拍リズム」の言語で，"frog"は1拍で発音され，文では強く発音する単語と弱く発音する単語に分かれます。原則として，名詞，動詞，形容詞など，意味内容がはっきりしている内容語には文強勢（sentence stress）が置かれ，強く長く発音されます。be動詞，冠詞，助動詞，前置詞など，文法的な機能を示す機能語には文強勢が置かれず，弱く短く発音されます。

次の2文を見てみましょう。

Elephants eat apples.
The elephants are eating some apples.

　上の2文は，音節数にかかわらず，発話にかかる時間はほぼ同じで，強勢のある音節から次の強勢のある音節までの間隔がほぼ一定です。
　また，英語の自然な話しことばでは単語は1つ1つ発音されず，同化（例："this year"を「ディシャー」のように発音）や連結（例："Take it easy."を「テイキッティーズィー」のように発音）といった音声変化が生じることがあります（⇨ **Q3-3**）。
　これら英語独特のリズム，イントネーションや音声現象をことばで説明するのではなく，チャンツを利用することで自然に慣れ親しませましょう。

3．指導の進め方と指導上の留意点

　指導にあたっては，すぐに発音させようとせず，チャンツを聞く時間を十分に取ってください。チャンツ導入の際，内容理解の手助けとなるような絵やイラストを活用したり，ジェスチャーを利用しましょう。そして，発話させる際には，最初からすべてを言わせるのではなく，馴染みのある表現やくり返しの部分だけでも言えるように練習させてください。子どもたちは，ついつい大きな声を出してしまうことがありますが，内容に適した音量で言ったり，ひと言ひと言に心を込めて発音させましょう。また，チャンツは速度を変えることができますので，テンポを少しずつ速くしていくことで，児童にとってよりチャレンジングな活動になります。
　チャンツを自作したり，改作したりする際にはいくつかの留意点があります。最も大切なことは，英語のリズムやイントネーションが崩れないようにすることです。そのためにも，指導者が単語の音節数や文強勢の位置をしっかりと理解することが大切です。また最初からチャンツを自作するのではなく，まずは児童が慣れ親しんだチャンツの単語やフレーズを置き換えることから始めてみてください。その際には，音節数が同じ単語を使用することが必要です。通常，英語の単語は1～3音節ですので，あらかじめ単語を音節数ごとに分類した単語リストを作成しておくことをおすすめします。

絵本を使ってみたいが……？

授業で絵本を使うことの意義や学年に合ったおすすめの絵本，使い方についてアドバイスをお願いします。

　授業では単元で学習する単語や表現を使った短い会話のやり取りが中心になりがちです。絵本は，まとまりのある英語を聞く機会として，授業にぜひ取り入れたい教材です。絵本には読み聞かせや多読などの用途がありますが，ここでは絵本の読み聞かせについて，その意義と絵本の選択や指導のポイントを示し，おすすめの絵本を紹介します。

1．絵本を使う意義
①ある程度まとまりのある英語を聞く機会となる
　「聞くこと」は言語学習の基礎・基本です（⇨ Q3-5 ， Q4-2 ）。絵本の読み聞かせに耳を傾けることを通して，ある程度まとまりのある英語にふれ，英語特有の音・抑揚・リズムなどに慣れ親しむことができます。また文法を学習する以前に，英語の文法に無意識のレベルでふれることができます。
②意味を類推・推測する力や，大意をつかむ力を育む
　絵本のイラストをヒントに英語のストーリーを聞き，既習の単語や表現など，理解できることばをたよりに，前後関係などから未知の単語や表現の意味を類推・推測する力や，大意をつかむ力を育みます。
③異文化にふれ，異文化への興味・関心を高める
　王様やカエルなど日本の絵本ではあまり扱われない事物や，イラストに描かれている自然，建物，衣服，生活習慣などから異文化にふれることができ，異文化への興味・関心が高まります。また外国の民話など，その国独特の物語の展開を通して異なる世界観や価値観にふれることができます。
④音と文字のつながりへの興味・関心を高める
　低学年では一連の音としてストーリーを聞き，音とイラストを結びつけて意味を推測している児童も，中・高学年になると文字にも興味が向くようになり，音と文字とのつながりに興味・関心が高まります。また，文字を意識しながら，指導者の後について何度もくり返しているうちに，次第に文字を読む力が育っていきます。

第7章　教材・教具の活用法　119

⑤こころを育む…絵本が伝えるメッセージを味わう

　絵本には，著者から子どもへのメッセージが込められたものも多く，児童のこころの成長を助けます。

2．選択のポイント
①児童の発達段階，学習段階，興味・関心に合うもの
②イラストがわかりやすく，意味理解のヒントになるもの
③1ページあたりの語数・文数が多すぎないもの
　1ページにつき，1～3文程度の絵本から始めましょう。また同じ表現がくり返し使われる「パターン・ブック」が望ましいでしょう。

3．指導のポイント
①絵本の読み聞かせの方法は，絵本の内容によって一様ではありませんが，指導者による読み聞かせ，児童に一部をくり返させる，一文ずつ指導者の後についてくり返させるというように，段階を追って進めます。
②ページをめくる前に次に起こることを予測させたり，読み終わった後で内容について尋ねたりと，児童とやり取りをしながら進めます。
③児童がストーリーのパターン部分をそらんじるぐらいまで，同じ絵本を何度もくり返し用いることをおすすめします。児童がストーリーをそらんじたら，英語劇，ペープサート劇，オペレッタへと無理なく発展できます。
④発展活動として，オリジナル絵本創りや，オリジナル・ストーリー創りなどへ展開することもできます。
⑤指導者が読み聞かせに不安がある場合は，英語母語話者による音読CDが販売されている絵本を選び，CDを活用しましょう。その際，児童と一緒に指導者もCDの音読を模倣し，英語の音に慣れるとよいでしょう。

4．おすすめの絵本
①低学年～
(1) *Brown Bear, Brown Bear, What Do You See?* (by Bill Martin Jr., MacMillanほか)
　動物と色を扱ったパターン・ブックです。同じ表現がリズミカルにくり返され，くり返し聞くうちに児童はフレーズを一連の音として覚えます。
(2) *Strawberries Are Red* (by Petr Horacek, Candlewick Press)

果物と色が題材のパターン・ブックです。6種類の果物と色が紹介されるだけの簡単な内容の絵本ですが，最後のページの仕掛けに驚きます。

(3) *From Head to Toe* (by Eric Carle, Harper Collins)
動物，動詞，体の部位が出てくるパターン・ブックです。I am a (penguin) and I (turn) my (head). Can you do it? I can do it! という文がくり返されます。絵本に合わせて体の部位を動かしながら，意味を体得します。

②中学年〜

(1) *Skeleton Hiccups* (by Margery Cuyler, Aladdin Paperbacks)
ガイコツがしゃっくりを止めるためにいろいろと試すおもしろい話です。起きる，シャワーを浴びる，歯を磨く，といった日常的な表現が出てきます。しゃっくりの止め方について日本の習慣との違いを知ることができます。

(2) *White Rabbit's Color Book* (by Alan Baker, Kingfisher)
三原色と混色が扱われています。黄色は太陽，暖かいなど異文化の色彩感にもふれられます。指導者はページをめくる前に児童に"What color will it be?"（何色になるかな）と問いかけ，児童に混色を答えさせましょう。

(3) *Three Billy-Goats* (Classic Tales, Oxford University Press)
ノルウェーの民話で，「三匹のヤギのガラガラどん」で内容を知っている児童も多く，英語で聞くことに興味が湧くでしょう。日本には馴染みのないトロール（鬼）が登場し，痛快な結末は元気溢れる中学年向きです。

③高学年

(1) *It Looked Like Spilt Milk* (by Charles G. Shaw, Harper Collins)
いろいろな形の雲が描かれ，Sometimes it looked like a (Bird). But it wasn't a (Bird).（原文のまま）という文がくり返されるパターン・ブックです。単語を置き換えるだけでほとんどのページを読むことができます。

(2) *Froggy Gets Dressed* (by Jonathan London, Puffin)
雪の日に遊びに飛び出したカエルのフロギー君が，あわてて身支度をしたためにズボンをはき忘れていたり，コートを着忘れていたり，何度も家に着替えに戻るという愉快な話です。衣服を着る際の擬音が楽しめます。

(3) *A Color of His Own* (by Leo Lionni, Dragonfly Books)
居場所によって色が変わるため，自分独自の色を持たないことに悩むカメレオンが，仲間との出合いで，大切なのは外面の色ではないと気付く話です。内容の深さが高学年向きです。

絵, 写真, カレンダーなどの視覚教材の活用法は?

授業ではさまざまな視覚教材が使われます。それぞれの特徴を生かした上手な使い方についてアドバイスをお願いします。

視覚教材を活用することの効用と効果的な活用法を紹介します。

1. 視覚教材活用の効用

①教員が話す英語の理解を助ける

教員は授業中,児童の既習の英語のみを使って話すわけではありません。特に文字情報に頼ることができない小学生のような初歩の英語学習者には,視覚教材が教員の話す英語を理解する大きな助けになります。

②やり取りの話題や場面となる

視覚教材によっては,その教材が備える話題や場面を利用して,教員と児童,また児童同士で活発なやり取りを行うことができます。

③外国の文化を感じ取ることができる

外国の写真やチラシなどを見せることで,児童は一目で外国の文化を感じ取ることができます。ことばで説明するよりはるかに効果的です。

これら以外に,英語教室がある場合,英語教材用ポスターや絵カード,外国の地図や写真などを掲示することにより,英語学習にふさわしい環境を作ることができます。

2. 視覚教材の効果的な活用法

①カレンダー

毎回の授業の始めに,曜日や日付を確認する際に利用します。季節の写真があるものを使うと,服装やスポーツ,果物,野菜など,季節のことがらについて会話を広げることができます。

②写真

ALTの自己紹介や自国紹介の際には,家族や有名な場所の写真を準備してもらいましょう。写真を見れば,ALTの話が理解しやすくなるとともに,外国の文化を感じ取ることができます。教員が行ったことのある国や地域について話すときも,写真があるとよいでしょう。

③絵カード（A4以上のサイズ）

shirt

T-shirt

blouse

sweater

jacket

　絵カードは，主に新しい学習事項の導入や活動で使用します。例えば，衣類の単語を導入する際，児童に絵カードを見せながら，T：What can you see? Ss：Skirt. といったやり取りを行いながら，絵カードを黒板にはっていきます。そしてこれらの単語に慣れ親しませるために，十分に発音練習をさせた後，次のようにMissing Gameなどの活動で使用します。

T：（児童が顔を伏せている間に絵カードを1枚取り除き）What's missing?
Ss：Blouse.
T：Yes. Blouse is missing.（以下，同様に続ける。）

④表，グラフ

　好きな食べ物や好きな教科など，インタビュー活動によって得た情報をクラス全体で共有し，表やグラフにまとめます。そしてこの表やグラフについて次のようなやり取りを行ったり，気付いたことを発表し合ったりする活動を行うと，児童は興味を持って取り組みます。

クラスのやさいのすき・きらい

やさい	すき	きらい
1．トマト	26人	6人
2．きゅうり	29人	3人
3．なす	18人	14人
4．ピーマン	25人	7人
5．キャベツ	30人	2人

T：Look at this table. What is the most popular vegetable in our class?
Ss：Cabbage.
T：Yes. Cabbage is the most popular vegetable in this class. Many students like cabbage. How about you, S₁?（以下，省略）

　その他，外国のスーパーなどのチラシで，日本では珍しい食べ物や日用品，貨幣の種類や価格等を紹介すると，児童は外国の生活に興味を持つことができます。また，低学年の授業で買い物ごっこなどを行うとき，野菜や果物などの模型を活用すると，児童は意欲的に活動します。

絵カード，文字カードの上手な使い方は？

さまざまな活動の目的にかなった絵カード，文字カードの上手な使い方についてアドバイスをお願いします。

1．活動に使用するカードの種類

活動の目的によって以下のカードを使い分けます。
①音声を重視した活動：絵カードまたはつづり入り絵カード
②文字（アルファベット）認識を目的とした活動：文字カード（アルファベット大文字及び小文字カード）

ペアやグループで行う活動では，名刺サイズまたは葉書サイズのカードを使用しましょう。

つづり入り絵カード　　　　　文字カード（大文字及び小文字）

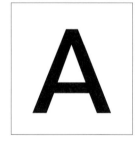

2．活動例

カードを使った活動を行う場合，競争ではなく，できるだけペアやグループで協力できる活動を考えましょう。以下，活動例を紹介します。

①音声を重視した活動

(1)絵カード交換

黒板に絵カードを5枚（例：apple, banana, peach, orange, grapes）はり，児童にも5枚ずつカードを配ります。この段階では，児童はこれらのカードをすべて持っているわけではありません。児童は相手と"Rock, Scissors, Paper."と言いながらじゃんけんをします。勝った児童は"Do you have a 'peach'?"と，黒板の5種類の果物をそろえるために必要なカードを持っているか尋ね，相手が持っていればそのカードをもらうことが

できます。相手を換えながら一定時間続けます。果物にかぎらず，色，スポーツ，教科など，どんなテーマでも行うことができます。

(2) カード並べ（絵カード／文字カード）

　ペアやグループで行います。教員が発音する英語を聞き取り，聞き取った順番にカードを並べます。慣れてきたら，教員は徐々に発音する間隔を短くしたり，聞き取る数を増やしたりします。

(3) ビンゴ

　一人9枚，または25枚のカードを配ります。児童は，3×3，もしくは5×5列になるようにカードを並べます。教員が発音するカードがあればそのカードを裏にします。縦，横，または斜めのカードがすべて裏向きになれば"BINGO!"と言ってあがりです。

② 文字（アルファベット）認識を目的とした活動

(1) アルファベットカード並べ

　ペアまたはグループで行います。大文字，小文字カード（色が異なっているとわかりやすい）を1セットずつ与えます。まず大文字カードをAからZまで協力し合いながら並べます。次に小文字カードを同じ文字の大文字カードの上に並べていきます。

(2) 大文字・小文字ペア探し

　クラスの人数の半分にあたる大文字，小文字カードを用意して，各自に大文字または小文字カードを1枚ずつ与えます。児童は，"What letter do you have?"と尋ね合いながら，自分の文字の大文字または小文字を持っている相手を探し，大文字と小文字のペアができたらその場に座ります。全員がペアになったら，教員が各ペアに"What letter do you have?"と尋ね，合っているかを確認します。

(3) 大文字・小文字マッチングゲーム（神経衰弱）

　ペアまたはグループで行います。文字を裏にして大文字，小文字カードを机の上などに広げ，神経衰弱の要領で大文字1枚，小文字1枚を裏返し文字名を読み上げます。大文字，小文字が同じ文字であればその2枚のカードはもらえますが，異なる場合は裏返してもとに戻します。

パペット（人形）の効果的な使い方は？

パペットを上手に使って子どもたちの理解を助け，活動を生き生きとしたものにしたいのですが，パペットを上手に使うコツは？

パペット（puppet）には，本格的な操り人形から小さな指人形までさまざまな種類がありますが，ここでは，手にはめて使うタイプのハンド・パペットの授業での効果的な使い方を紹介します。

1．担任単独の授業での対話相手として活用する

新しく学習する英語表現を導入する際や活動方法の説明の際など，2者間の会話のやり取りのデモンストレーションを行ったりモデルを示したりする際，ALTやJTEなどの対話相手がいない場合，担任がパペットを使うことで一人二役で会話のやり取りを児童に見せることができます。またパペットを登場させることでクラスの雰囲気が和やかになります。パペットには，人間型，動物型，キャラクター型など，いくつかの種類がありますが，対話相手としてパペットを使用する場合は，口がパクパクと開閉するタイプが会話をしている様子が表現できてよいでしょう。どのようなパペットを使うにしても，名前，年令，出身地，英語しか話せないなどの設定をあらかじめ決めておき，英語を話す必然性が感じられるようにすることが大切です。パペットが，英語の授業にしばしば登場して，クラスのマスコットのような存在になるとよいですね。

2．うたやライムの導入，ライム・絵本の発展活動で活用する

うたやナーサリー・ライム（韻を踏んだ子どもの詩）を児童に紹介する際，歌詞の意味に合うパペットを使うことで意味理解を助けることができます。例えば，英語圏でよく知られているEency Weency Spider（蜘蛛のインスィ・ウィンスィが雨どいを登っていくライム）では，カラー軍手を両手にはめて両親指を重ね，重ねた親指の上に綿をつめた丸い布をつけると蜘蛛のパペットが簡単に作れます。指を蜘蛛の足のように動かして，雨どいを登ったり下りたり，歌詞の意味を表現しながら使います。

ライムや絵本の発展活動として，ストーリーを「パペット・ショー（人形劇）」にして下級生に演じて見せると喜ばれるでしょう。

CD，DVDの効果的な使い方は？

CDやDVDといった視聴覚教材を上手に使いこなしたいと思います。これらの使用場面と上手に使うコツを紹介してください。

　発音や文法に自信がなくても，学級担任が英語を話そうとする姿を子どもたちに見せることは重要です。しかし，子どもたちにモデルとなる英語を聞かせる場合は，CDやDVDを活用することが有効です。DVDの場合は，映像も見ることができるので，具体的な場面や状況をリアルにイメージできたり，教員が話す英語の理解を助けたりもしてくれます。また，内容によっては，外国の文化を感じ取れるものもあるので，国際理解にも大いに役立ちます。

効果的に使うための4つのコツ

①CD等の音声に合わせて，子どもたちが一斉に英語を言ったり，歌ったりする姿を見ますが，それでは子どもたちの声でCD等の音声はかき消されてしまいます。CD等の音声は，英語の音声モデルとして聞くことに意味があるので，全員で言わせる前に，聞く時間を確保しましょう。

②単に「聞きましょう」だけの指示では，「なぜ聞くのか」があいまいで，子どもたちは集中して聞こうとしません。くり返し聞いていても，飽きてしまって音声に注意を払わなくなってしまいます。まず，聞くことの目的を伝えることが大切です。この後，どんな活動があり，どこに注意を払って聞けばよいかを事前に伝えるとよいでしょう。

③「話している人は，どこに気持ちを込めて話していますか」「英語の発音の中で，日本語と違って，難しそうな部分はどこですか」などのタスクを与えて聞かせることも効果的です。

④CDやDVDは，単元や授業の導入の際に使うことで，会話やストーリーを通して新出表現の持つイメージや形や意味を大まかに捉えさせることができます。また単元や授業の最後に使うことで，学習した内容の確認をしたり，イメージを強化させたりすることができます。いずれにしてもCDやDVDの内容の中の「どの部分を」「どこで」使うかを周到に計画して使うことが大切です。

デジタル教材の活用法は？

電子黒板を使用することのメリットとデメリット，及び効果的な使用場面や使用法について紹介してください。

1．電子黒板のタイプ

電子黒板とはどのようなものでしょうか。文部科学省では，そのタイプを一体型，ボード型，ユニット型，その他に分けています。一体型は，デジタルテレビやモニターに電子黒板機能がついているもので，比較的小型のものが中心です。ボード型は，タッチ機能がついたボードにプロジェクターから投影する方式，ユニット型は，通常の黒板やホワイトボードに専用のユニットをつけ，プロジェクターから投影する方式で，大画面の投影も可能です。その他のタイプとしては，プロジェクターと連動するユニットで電子黒板機能を実現しているものや，プロジェクター自体に電子黒板機能が組み込まれたプロジェクター一体型などがあります。一体型やボード型は重量が大きく，固定した場所で使用されることが多いのですが，ユニット型やプロジェクター一体型は，教室を移動しても手軽に利用できます。用途に応じて，導入するタイプを選択するのがよいでしょう。

2．電子黒板の導入状況

2016年3月時点での電子黒板の導入状況は，全学校種の平均で78.8％で，前年度よりも約11,600台の増加となっています（文部科学省，2016a）。小学校の導入率は84.5％となっており，ここ数年で導入が急速に進んでいます。ただ世界の教育現場での導入状況・利用状況からすると，日本は出遅れており，韓国や台湾など，周辺のアジア諸国・地域では，小学校では，電子黒板はほぼ必須の教具として利用されています。そのような中，文部科学省は「教育

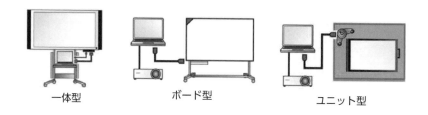

のICT化に向けた環境整備4か年計画」を発表し，2017年までに公立学校全教室に電子黒板とPCを1台ずつ設置する計画を発表しました。いよいよ，日本でも電子黒板が当たり前に使われる時代が間近なようです。

3．電子黒板のメリット

　さて，それでは電子黒板とはどのような機能を持っているのでしょうか。これまでのプロジェクターとスクリーンを使って投影するのと，どこが異なるのでしょうか。第一に，その特徴として挙げられるのが，双方向性です。英語では電子黒板は，"Interactive whiteboard" とも呼ばれるように，接続し表示されているPCを，タッチスクリーン機能を使って，電子黒板上で自在に操作することができます。それは，iPadなどのタブレット画面を操作するのと同様です。第二の特徴は，手書き機能です。従来型の黒板と同じように，スクリーン上に専用電子ペンを使って手書きすることができます。PCから送出されているパワーポイントやワード，画像やお絵かきソフトなどの画面に重ね書きできるため，デジタル教材のメリットを生かしながら，従来のように黒板としても使うことができます。第三の特徴は，再利用可能性です。従来の黒板では，チョークで書いた板書内容は授業の終了とともに黒板消しで消され，次の授業で復習を行うときは，あらためて板書する必要がありました。電子黒板で扱われるデータは，デジタルデータとしてすべて保存することが可能なため，後で再利用することが可能です。次の時間の最初に，復習として前回の授業で保存した画面を見せたり，前のクラスで使った教材を次のクラスで，あるいは，場合によっては翌年のクラスでもくり返し使えるため，板書する時間を節約し，教材を絶えず改善していくことができます。このように，電子黒板をPCと連携して使用することは，多くのメリットがあります。

4．電子黒板の実際の利用例

　それでは，このような機能を実際にどのように使うのか，実践例を紹介します。ネットアプリのQuizletを利用した電子フラッシュカードです。Quizletはウエッブ上で単語フラッシュカードを作成し，文字を人工音声で読み上げさせたり，単語の意味に関連した画像をネットから検索しはりつけたりすることが自在にできる機能を持っています。例えば，児童に単語やフ

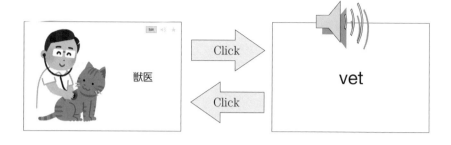

　レーズの練習をさせたいときに，表に絵や写真，裏に音声（文字）をはりつけておいて，カードをクリックするごとに音声（文字）が再生される単語絵カードなどは，正に，電子黒板ならではメリットを生かした教材といえます。また，少し技術が必要ですが，パワーポイントのアニメーション機能を使うことでも，同じような仕組みのフラッシュカードを作成することができます。

5．電子黒板の利用効果と課題
　電子黒板を利用するうえでの課題としては，「授業準備に時間がかかる」「操作性に改善が必要である」「移動・設置が面倒である」「既存の教材の種類が少ない」などが指摘されています。確かに，電子黒板を利用するには事前の準備を入念にし，その操作に慣れておく必要があります。しかし，このような課題を克服し，電子黒板を使うことでさまざまな学習効果が期待できます。
　小学校でのさまざまな教科における一体型電子黒板の利用に関して，同じ内容の授業を，電子黒板を使う場合と使わない場合の2グループに分けて行った研究があります。その結果，電子黒板を使った場合，社会と算数と理科において，思考・判断に関する観点で有意に高い結果が出ているとされています（文部科学省，2011b）。また，電子黒板を活用した授業を行った後の児童の感想として，「電子黒板は字が大きくノートを取りやすい」「教科書が前で大きく見えているので，前を向くことができた」とか，「前回の復習などをしながら，スムーズに授業を進めていた」「これからの見通しを持てた」（電子黒板活用効果研究協議会，2009）などと高く評価されています。このように，学習や動機づけの面で，電子黒板を利用することの効果は大きいといえます。

パソコン，タブレット端末機の活用法は？

パソコン，タブレット端末機の使用場面や使用法，及び使用上の留意点を紹介してください。

1．パソコンとタブレットの普及

　アメリカのMITS社が，1975年に世界初のパーソナルコンピュータ"ALTAIR"を発表して以来，パソコンはこの40年間で飛躍的な進歩を遂げました。今や，パソコンは日常生活と仕事では欠かせない身近な存在となっています。一方，タブレットは1990年代から開発が始まり，最初はペンタッチ方式でしたが，2007年にiPhoneが登場，そして2010年にiPadが登場すると，一気に普及が加速しました。タブレットは，パソコンに比べて軽量で小型のため，持ち運びやすく便利な面が支持され，日本での出荷台数は，いずれパソコンを上回ると予想されています。パソコン用のソフトウエアはそのまま使えないため，必要に応じてアプリをインストールして使います。タブレットの特徴としては，「軽量で携帯に便利である」「タッチ機能で直感的な操作ができる」「起動が早い」「アプリで機能を拡張できる」といったことが挙げられます。その点で，児童や教員が学校の授業中に利用するには，パソコンよりも多くのメリットがあります。

　文部科学省が2011年に発表した「教育の情報化ビジョン」では，2020年までにすべての学校で一人1台のタブレット端末を導入したICT授業を実現するとしました。実際に，図1に示されているように，2013年からの学校へのタブレットの導入台数は年々倍増ペースで増加しています。

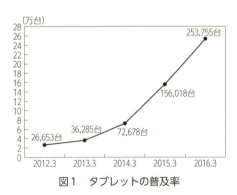

図1　タブレットの普及率

2．パソコンの利用場面

　パソコンは，教員が教室に持ち込み，プロジェクターや電子黒板とつないで使います。教員用デジタル教科書などは一般にファイルサイズが大きく，

メモリも多く使うため，パソコンにインストールしておき，教室で大画面で提示して映しながら使うのがよいでしょう。**Q7-9**で解説しましたが，デジタル教科書の持つ機能をフルに発揮するためには，ぜひ，電子黒板とつないで使いたいものです。また，パワーポイントやワード，画像・映像処理ソフトなどで教材を作成するには，キーボードとマウスが使えるパソコンの方が効率がよく，教材を作成したパソコンをそのまま教室に持ち込んで提示することで，時間のロスも少なくなります。

3．タブレットの利用場面
①個別学習

　タブレットは，個別学習に有効です。*Hi, friends! 1*（平成24年版）に「数」を扱う"How many?"というレッスンがあります。児童は，テキストの絵を見て，鉛筆，車，犬，猫，りんごなどの数を数える活動を行いますが，例えば，この活動の後，タブレットを使えば，教員が準備したフラッシュカードで，自分の不得意な「数」や「物の名前」の練習を好きなだけ何度でもすることができます。このように，タブレットを使うことで，授業中に個に応じた個別学習の時間を設定することが可能になります。

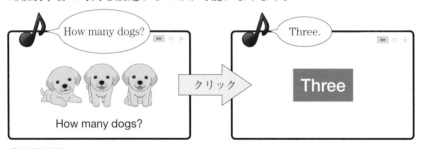

②協働学習

　また，*Hi, friends! 1*の上記と同じレッスンで，グループで「数」に関するクイズを作るという活動があります。もちろん，紙と鉛筆を使ってもできますが，ネットにつながったタブレットで，写真や画像をダウンロードし，Quizletのようなフラッシュカード作成アプリで，上の例のようなクイズを作成し，そのクイズをグループ同士で見せ，質問し合ったり，Apple TVなどで電子黒板と連携させ，クラスで共有する活動にすると，個々の児童の活動を素早く共有したり，紹介したりすることができます。写真なども利用で

きるため，臨場感も増し，児童の意欲も高まります。また，授業の振り返りを児童がタブレットに入力することができれば，これまで発言が苦手であまり目立たなかったけれど優れた視点を持つ児童の意見を容易に取り上げることができるようになり，協働意識の高揚にもつながるでしょう。

4．タブレット利用の効果と課題

　タブレットが使われ始めてからまだ数年のため，これまで，タブレットを使用したこと自体で教育効果が高まることを検証する段階には至っていないようです。しかし，上述のように，電子黒板と連携して協働学習をうまく進めていくことで，効果が出ているという報告はあります。3年間のICT利用の実証実験に携わった，電子黒板と連携してタブレットを利用している教員18名へのアンケートによると，児童のタブレットの活用度が高いほど，思考力・表現力の高まりを実感する教員が増える傾向があったと報告されています（NTTグループ，2014）。また，タブレットを家庭に持ち帰ることで，家庭学習時間が増えたと報告されています。宿題としてタブレット学習を積極的に活用した教員のクラスの児童は，家庭での学習時間が1.4倍（約20分）増加する結果が得られたといいます（同上）。

　一方で課題があるという報告もあります。韓国は日本よりも一足早くICTによる教育を進め，すでに2015年までに一人1台のタブレット端末の導入をめざしてきており，全学年のほぼすべての教科でタブレット端末を使った授業を行っている学校もあります。しかし，生徒の学力に目立った成果は現れていないとも報告されており（日本放送協会，2014），使えば使うほど効果が出るということでもなさそうです。ICTは万能ではなく，あくまでも授業を支援したり補助するものであることを念頭に置いて，バランスよく活用することが大切であるとの示唆と受け留めるべきです。

　小学校の英語指導でのタブレット利用はまだ始まったばかりです。今後さまざまな活用方法を研究し，その効果について検証していかなくてはならないでしょう。

第 8 章

学習指導案作りの基礎知識
―― よりよい授業設計のために

> この章では，まず，外国語授業に役立つ教授法や児童の外国語学習上の特徴について考えます。次に，学習指導案作成の基礎となる教材研究や指導過程について考え，これらを踏まえた中学年と高学年の学習指導案の具体例，及び教科の内容とことばの統合的学習（CLIL）の展開例を紹介します。最後に，短時間授業の長所と短所について検討し，その長所を生かす短時間授業の展開例を紹介します。

- Q 8-1 小学校の英語授業に役立つ指導法は？ ……… 136
- Q 8-2 現場から見た小学生の英語の学び方の特徴は？ ……… 140
- Q 8-3 教材研究のポイントは？ ……… 142
- Q 8-4 基本的な授業過程と各過程の役割と活動内容 ……… 143
- Q 8-5 学習指導案の作成方法は？ ……… 145
- Q 8-6 英語に楽しくふれる学習指導案とは？（中学年） ……… 147
- Q 8-7 積極的にコミュニケーションを図りたくなる学習指導案とは？（5年生） ……… 153
- Q 8-8 自己表現力の育成をめざした学習指導案とは？（6年生） ……… 158
- Q 8-9 CLILの理念に基づく学習指導案は？（5年／6年） ……… 163
- Q 8-10 短時間授業のメリットを生かす方法は？ ……… 167
- Q 8-11 くり返し学習中心の短時間授業の展開例は？ ……… 168
- Q 8-12 発展的な学習を中心にした短時間授業の展開例は？ ……… 170
- Q 8-13 45分授業から独立した学習内容中心の短時間授業の実践例は？ ……… 172

小学校の英語授業に役立つ指導法は？

小学校の英語授業を充実したものにするのに役立つ指導法の理念や特徴を紹介してください。

現在の日本の英語教育に影響を与えている指導法で，小学校の英語授業を考えるうえで参考になると思われるいくつかの指導法を紹介します。

1．オーラル・メソッド (The Oral Method，以下，OM)

OMは，文法訳読式の授業が主流であった1920年代に，Palmerによって提唱された耳と口による口頭練習を重視する指導法です (1921)。彼は，言語を構造言語（code）と言語運用（speech）に分け，後者を言語学習の対象としています。また，言語運用を聞くこと・話すことを主要技能（primary skill），読むこと・書くことを副次的技能（secondary skill）に分け，それぞれの技能を発達させるために，幼児の言語習得過程を参考にして，前者については7段階，後者については9段階からなる具体的な練習方法を示しています。これらを踏まえ，OMでは，英語学習の入門期である最初の6週間は文字を導入せず，絵や実物などの教材を使って，もっぱら聞いたり，話したりする活動を行います。その後は，「聞く→話す→読む→書く」の順で授業過程を展開します。授業は，文法説明などは必要に応じて日本語で説明を加えますが，原則的に英語で授業を進めます。

OMは，現在も中・高等学校の英語授業で，新教材を平易な英語で導入するオーラル・イントロダクションにインタラクションを加えたり，コミュニケーション活動として教科書本文の内容を自分のことばで伝えるストーリー・リテリングを取り入れたりするなど，さまざまな改良が加えられ，基本的な授業パターンの1つとして広く実践されています。

2．全身反応指導法 (Total Physical Response，以下，TPR)

幼児は話し始める前に多量のことばを耳にし，それらを理解し，規則を発見し，話し始めるまでに多量の規則を蓄積しています。この幼児の母語習得過程にヒントを得て，外国語学習の入門期は聞くことを中心にし，口頭練習を後回しにする指導法を「聴解中心の指導法 (The Comprehension Approach，

以下CA)」と呼びます。CAはことばと絵を結びつけて指導しますが，J.Asher（1977）によって提唱されたTPRは，以下に示すように，ことばと全身による動作を結びつけ，目標言語を理解，習得させます。

①目標言語による命令を聞いて，その命令に対して指導者が動作をするのを見て，学習者も同じ動作をする。この過程で学習者は意味に気付き，理解する。

②指導者の発する命令文を聞いて，全身で反応することによって，学習者は規則を次第に内在化していく。

③このような全身反応活動をくり返すことによって規則が内在化されると，学習者は自発的に話し始める。

　教材が動作を促す命令文が中心なので限界がありますが，指導者は強制的に発話を要求しないので，学習者はリラックスして学習に取り組める入門期に適した指導法です。しかし，"英語を聞いて，身体で反応する"ビンゴやカルタ取りといったTPR的な活動を利用すれば命令文にかぎらず，肯定文や否定文，疑問文とその答え方を学習目標の言語材料に含めることができ，TPR（的手法）をより広く活用することができます。

3．ナチュラル・アプローチ (The Natural Approach，以下，NA)

　NAは，幼児の母語獲得のような自然な外国語習得による伝達能力の育成を目標とする指導法です。Terrellの実践に基づき，KrashenとTerrellでインプット仮説（⇨ Q2-3 ）や情意フィルター仮説などで理論的裏づけを行った指導法です（Krashen & Terrell, 1983）。NAでは，学習者が興味・関心を持つ話題について，目標言語で内容理解を促す理解可能なインプットを学習者に与え続けることによって言語習得が起こり，次第に発話能力が高くなる，としています。それゆえ，理解可能なインプットを与えるために，絵や実物などを使い，易しい英語でゆっくり，はっきり話すといったティーチャー・トーク（teacher talk）（⇨ Q9-1 ）の工夫が必要です。

　NAのコース・シラバスはトピック中心で，授業では文法的な正確さより伝達内容に焦点を当て，インプットを受け入れられやすくするために，不安や恥ずかしさ，自信のなさから生じる情意フィルター（心理的障壁）を低くする学習環境づくりも大切です。

4．伝達中心の指導法 (Communicative Language Teaching, 以下, CLT)

　CLTは，言語構造よりも，言語構造を使って何ができるかという言語運用を重視し，文法能力，談話能力，社会言語学的能力，方略的能力といったコミュニケーション能力（⇨ Q2-7 ）を構成する能力の指導にも配慮し，コミュニケーション能力の育成を目標とする指導法の総称です。したがって，3. で紹介したナチュラル・アプローチや，5．6．等で紹介するタスク中心の指導法や内容中心の指導法もCLTです。

　CLTのシラバスは，頻度，期間，位置，数量などの言語によって伝えられる概念と，挨拶，情報を求める，依頼する，招待するなどの言語が果たす機能からなるシラバスによって編成されています。授業は，伝達目標を達成させる相互交流活動を重視し，ペアやグループによる情報交換活動，ロールプレイや問題解決活動などが多く行われ，これらの活動では，正確さより流暢さが重視されます。

　なお，CLTのシラバスでは文法などの言語構造への配慮が十分ではないとか正確さが軽視されすぎている，といった懸念があるので，これらの懸念を克服する指導が求められます。

5．タスク中心の指導法 (Task-based Instruction, 以下, TBI)

　TBIは，相互のやり取りによって言語習得が促進されるとするインタラクション仮説（⇨ Q2-3 ）に基づく指導法です。TBIは学習者のニーズに基づいて選定したタスクを中心にシラバスを編成し，タスクを遂行するために，ペアやグループで積極的な言語交渉を行わせます。またTBIでは，実社会と関連したタスクを設定する場合が多いこともあり，実際のコミュニケーションと同様な体験ができるのも特徴です。評価はタスクの達成度によって判定され，英語の正確さより意味伝達が重視されます。

　なお，TBIは文法能力の向上につながらないという問題点を改善するために，タスクに取り組む前あるいは後に，文法事項の指導を行うなどの工夫が行われています。

6．内容中心の指導法 (Content-based Instruction, 以下, CBI)

　CBIは，英語を母語とする子どもたちに，すべての教科あるいはいくつかの教科をフランス語で指導するカナダのイマージョン・プログラム教育にヒ

ントを得て，アメリカで英語以外の言語を母語とする移住者の子どもたちを対象に実践され，成果を上げた目標言語を自然な方法で習得させようとする伝達内容重視の指導法です。

日本でCBIを実施する場合は，教科の学習内容から，学習目標とする言語材料の難易度などに配慮しながら，学習者が興味・関心の高い題材を選んで学習者の動機づけを図り，積極的な学習参加を促すことによってコミュニケーション能力を高めることが目標になります。

現在，日本の中・高等学校では教科の内容や環境，平和，食糧問題などのテーマについて，目標言語によるリスニング，リーディング，質疑応答，プレゼンテーション，ディスカッションなどが行われています。また小学校では，学習指導要領で言語活動で扱う題材として他教科の学習内容の活用を挙げられていることもあり，他教科の内容を活用する試みが積極的に行われています（⇨ Q6-5 ， Q6-6 ）。

なお，英語の授業に教科の内容を取り入れるという点でCBIと共通するヨーロッパで盛んな「教科などの内容とことばの統合的な学習（Content and Language Integrated Learning, CLIL）」の理念及び授業の展開例については， Q8-9 を参照してください。

また紙幅の関係で項目を設定しませんでしたが，コミュニケーション能力の育成を重視する授業で，必要に応じて学習者の注意を文法などの言語形式（form）に向けさせ，文法指導も効果的に行うことをめざす「フォーカス・オン・フォーム（Focus on Form）」という指導法も中・高等学校で広く実践されています。

以上，小学校の英語授業に示唆を与えてくれそうな指導法について概観しましたが，絶対的な指導法はありません。しかし，授業に行き詰った際やワンランク上の授業をめざして授業改善を検討する際に，ここで紹介した指導法や Q8-4 で提案した基本的な授業過程などを参考にして，ご自分の授業を内省すると，よりよい授業づくりのヒントを得ていただけるでしょう。

現場から見た小学生の英語の学び方の特徴は？

現場から見た小学生と中学生，小学校中学年と高学年の児童の英語の学び方の違い，特徴を教えてください。

中学生とは異なる小学生の特徴を踏まえて，考えてみましょう。(⇨ Q14-4)

1．小学生と中学生
①コミュニケーションは小学校教育の柱
　小学校では，すべての授業や教育活動において教員と児童，児童同士のコミュニケーションが大切にされています。やり取りに必要な「聞く・話す」などのスキルも，国語科だけでなくすべての授業で使われています。外国語活動や外国語科の時間は，使用言語が日本語から英語に変わるだけです。そういう意味では，小学校の外国語教育において，コミュニケーションへの意欲や態度が重視されるのはきわめて自然なことといえるでしょう。
②「半分しかわからない」ではなく「半分もわかった」
　小学生は，英語だけでなくジェスチャーや絵，場面なども参考にしながら，相手の言うことを自分なりに理解し，自分の言いたいことを何とかして相手に伝えようとします。やり取りに使われる英語が多少わからなくても，中学生ほど気にしません。例えばALTの言うことが半分程度しかわからなくても，「半分しかわからない」ではなく「半分もわかった」と捉えます。それよりも，コミュニケーションできたことを楽しいと感じています。わからないことやできないことがあると不安を感じてしまう傾向がある中学生との違いです。「できないこと」はもちろん個々に指導しますが，それ以上に，「できること」をほめて伸ばすという小学校教育が生み出す積極的な一面だと思います。
③「ヘー，そうなんや?!」という気付き
　小学生は，文字の音や形，語順の違いだけでなく，ジェスチャーをはじめさまざまな文化の違いを素直に受け止めることができます。そして気付いたことをお互いに交流する中で，その理解を深めていきます。「言語・文化への気付き」という視点は，小学校教育において大切にすべきことの1つでしょう。

④他教科等との関連

　一部の教科を除いて学級担任がほぼ全教科を指導する小学校では，各教科等との関連を図ることは，中学校ほど難しくありません。同じ先生が教えますので，児童にとっても教科という垣根は低く，内容の関連づけも中学校に比べるとスムーズです。これは，小学校の大きなメリットです。

2．小学校中学年と高学年

　私事ですが，息子が小学校1年生のとき，夕食時に突然「喜びの歌」をドイツ語で歌い始めて面食らったことがあります。聞いてみると，音楽の好きな教頭（当時）が教えてくれたとのこと。学校は一般の公立学校で，外国語教育はまだ実施されていない時代です。どうやら意味も何もわからないまま，音だけを覚えて歌っていたようです（高学年になる頃にはすっかり忘れ去っていましたが）。低学年では，歌やチャンツ，絵本等の内容はそのリズムや文脈，動作などとともに不思議なほど吸収されます。

　中学年になるとどうでしょう。"Old MacDonald Had a Farm"を聞いて「え？ 何て言ってるの？」と言う子も出てきます。しかし，体を動かしながら英語の歌やチャンツを楽しんだり，ものまねや買い物ごっこなどは大好きです。「正確さ」をあまり気にしませんので，「くり返し」も抵抗なく楽しくできます。しかし，4年生になると，「自分がまわりにどう見えているか」が気になり始め，学級経営がうまくできていないと男女間に溝ができたり，グループ化が始まります。教室内を歩き回りながら自由にやり取りを行うような活動をすると，よくわかります。一般的に9歳前後に発達上の「境目」があるのはご存じの通りです。

　高学年になると，ただ楽しい活動ではなくより知的な活動を求めるようになります。他教科等との関連や論理的な思考をともなう活動が効果的です。例えば，Do you like dodgeball? に全員がYes, I do. / No, I don't. と答えたり，クラスメイト同士で"Nice to meet you." と挨拶をすることに抵抗を感じるようになります。目的，相手，場面等，文脈を踏まえた「本物のコミュニケーション活動」の設定が必要です。また「できないこと」を恥ずかしがるようになりますので，定着のための十分な活動を行うことが大切です。

　いずれにせよ，系統的なカリキュラムと教材が不可欠です。発達段階や中学校との接続を意識した内容や指導法を各学校で整えましょう。

教材研究のポイントは？

学習指導案の作成にあたり，どのようなことをどのような点に留意して教材研究を行えばよいでしょうか。

1．指導する表現の形・意味・使い方の理解

例えば，I like ～. I can ～. I want to ～. など，その単元で児童に指導し使えるようにさせたい表現について，肯定文や否定文，Yes / No疑問文や疑問詞で始まるWH疑問文とその答え方の形（form）や意味（meaning），さらに，その表現の使い方（function：どのような場面でどんな働きをするのか）をまず先生自身が理解しておきましょう（⇨ **Q3-4,9,10**）。

2．活動の考案

1．を確認できれば，テキストに掲載されている活動だけではなく，児童の興味が湧く楽しい場面を設定して，「学習活動」や「言語活動」（⇨ **Q3-2**）を自分で考えることができるはずです。児童に身近な日常生活，学校生活や学校行事，国語や理科など他教科での学習内容など，児童の共有体験や知識と関連づけた話題を選べば，担任ならではの有意義な活動を考案することができます。また，活動ごとに個人で行うのか，ペアやグループ活動がよいのか，より適切な活動形態も考えて授業に変化を持たせましょう（⇨ **Q9-6**）。

3．異文化及び自文化の理解

英語の学習や活動を通して，外国の文化・習慣を受容したり，自国の文化・習慣を発信したりすることで，異文化への理解や共感的態度を育てるとともに，自文化についての理解を深め，その良さを知って誇りを持てるようにすることは，外国語教育の重要な目的です。英語での表現のしかた（how to communicate）を指導するとともに，外国人も含めた他者についてこんなことをもっと知りたい，自分や自分たちについてこんなことを伝えたいという内容（what to communicate）を育ててあげてこその学校教育です。他教科の教材研究と同様に先生自身が興味を持って，自ら調べて授業に取り入れましょう。ALTがいれば，生きた文化の発信者として教材研究に協力してもらい，授業では児童の前面に立って活躍してもらいましょう。

8-4 基本的な授業過程と各過程の役割と活動内容

単元の目標や本時の目標によって授業過程とは異なると思いますが，基本的な授業過程と各授業過程の役割と活動内容を紹介してください。

　子どもは身近な場面で展開される話や会話を聞いたり，やり取りをしたりして，新しい語彙や表現にふれ，それらの音声的特徴や形，意味，使い方に気付き，理解していきます。そしてこれらの語彙や表現に次第に慣れ親しみ，伝達目的を達成するために実際に使用し自分のものにしていきます。

　以下，このようなことばの学習過程を踏まえて，1単位時間（45分授業）の基本的な授業過程と各授業過程の役割と活動内容を示します。

1．基本的な授業過程

①はじめの挨拶 ②ウォーム・アップ ③本時の目標の確認	④復習 ⑤新教材の導入 ⑥展開 ⑦発展	⑧振り返り ⑨次時の予告 ⑩終わりの挨拶

　なお，③と④の間などに，特定の知識や技能の育成や補習を目的とする「帯活動」や，⑧の振り返りに本時の学習の「まとめ」を含めることもあります。また単元によっては，各時間で発展の活動を実施せず，展開の活動に多くの時間を配分し，単元の最後の1，2時間を発展活動中心の授業とする場合もあります。

2．各授業過程の役割

①はじめの挨拶

　英語学習への雰囲気づくりと個々の児童の心身の状態の把握を行います。クラス全体に英語で挨拶し，日付，曜日，天候，季節などについて定型的な会話や，指導者が身近な出来事などについて児童とやり取りをしながら話すスモール・トーク（small talk）などを行います。

②ウォーム・アップ

　児童の緊張をほぐし，リラックスして授業に臨めるようにする準備活動です。全員で大きな声で歌を歌ったり，早口ことばを言ったり，身体を使うゲ

ームなどを行います。
③本時の目標の確認
　本時の目標を児童に提示し，授業で行う活動のねらいや必要性を理解させ，本時の学習に対する動機づけを図ります。
④復習
　本時の学習にスムーズに取り組めるように，前時や前時以前の学習事項で本時の学習内容と関係の深いことがらについて定着度を確認し，不十分な点を補強します。
⑤新教材の導入
　児童の興味・関心に合う題材について，絵や写真などの視覚教材を利用し，内容的にまとまりのある短い話や会話を聞かせたり，児童とやり取りを行ったりして，新しい語彙や表現の音声的特徴や，形，意味，使い方を気付かせ理解させます。またこれらの語彙や表現を何度かくり返させ，口慣らしをさせます。なお，導入が新たに取り組む活動の進め方の場合があります。この場合，指導者は活動の進め方をデモンストレーションによって示します（⇨ Q9-3 ）。
⑥展開
　新しく導入した語彙や表現について理解を深めさせ，慣れ親しませる活動を行います。楽しく多量の練習が可能な，かつ意味や使い方の理解が深まる活動を行うことが大切です（⇨ Q6-1 ）。
⑦発展
　新しく学習し，慣れ親しんだ語彙や表現，また必要に応じて既習事項も使って，自分の伝えたいことを伝えたり，尋ねたいことを尋ねるコミュニケーション・自己表現活動を行います。児童は使うことによって英語を自分のものにしていきますので，欠かせない活動です（⇨ Q6-2 ）。
⑧振り返り
　本時の評価の観点に沿って作成した振り返りシートを児童に記入させ，何人かの児童によい気付きを発表させ，クラス全体で共有します。
⑨次時の予告
　次時の学習内容を告げ，次時への動機づけを図ります。
⑩終わりの挨拶
　大きな声で，明るく終わりの挨拶をします。

学習指導案の作成方法は？

学習指導案の作成の手順，学習指導案の構成，内容，及び作成上の留意点を教えてください。

1．作成の手順

　学習指導案は，学習内容が段階的に発展する数時間からなる単元の1コマの授業計画ですから，学習指導案作成の第一歩は，納得の行く単元の目標や指導計画を作成することです。そして本時の学習指導案の作成にあたり，本時の教材研究と前時までの児童の学習状況を踏まえ，Q8-4 で示した基本的な授業過程に沿って，本時の教材をどのような方法で，どのような活動を通して指導するのがよいか検討します。その際，活動に必要な教材や教具などの準備物についても考えます。また評価を行う活動を決め，評価の観点と方法を考えておきます。

2．学習指導案の構成，内容，作成上の留意点

　以下，校内研究会の研究授業などで参観者に配布する基本的な学習指導案の構成，内容，及び作成上の留意点を示しますが，毎日の授業では，単元の最初の時間以外は，⑫の本時の学習指導案の部分のみ作成します。また⑬のご高評欄は自身が記入する授業の内省欄に変更します。

①授業者の氏名：TTの場合には二人の氏名。
②日時：授業日の年号，月，日，曜日，校時。
③学年，組：対象クラスの学年，組の後に男女別，全体の人数。
④単元名：教科書等の該当ユニット名。
⑤授業場所：授業が実施される場所や教室名。
⑥単元の指導にあたって：本単元の教材に対する考え方（教材観），単元の目標達成のための指導上の工夫，必要に応じて他教科や学校行事，地域などとの関連などについて示します。また対象クラスの児童の興味・関心や外国語学習の取り組み状況等（児童観）にもふれておきます。
⑦単元の目標：単元の題材の学習や活動を通して育成をめざす能力を「知識及び技能」「思考力，判断力，表現力等」「学びに向かう力，人間性等」の3観点から検討し，単元の目標を設定します。

⑧**言語材料**：単元で使用する主な表現，語彙を示します。新出のものにかぎる必要はありません。
⑨**準備物**：単元で使用する主な視聴覚教材，ワークシートなど。
⑩**領域別目標**：学習指導要領において領域別に示された目標を参考に各学校で設定した「領域別目標（学習到達目標）」に基づき，外国語活動では「聞くこと」「話すこと（やり取り）」「話すこと（発表）」，外国語科ではこれらに「読むこと」「書くこと」も加えて，単元の目標や題材，言語材料，活動等にも配慮して指標形式の目標（CAN-DO）を設定し，「～できるようにする」という形式で示します。
⑪**単元の計画**：単元の配当時間数，各時間の目標と主な活動，指導上の留意点，及び主要な活動について評価(規準)と(評価)方法を示しておきます。

時	目標と主な活動	指導上の留意点，評価と方法
第1時		

⑫**本時の学習指導案**
- **ユニット，レッスン名**：教科書等のユニット，レッスン名。
- **本時の目標**：単元の目標と同様に，本時の目標を基本的に3観点について設定します。
- **準備物**：本時に使用する視聴覚教材，ワークシート，振り返りシートなど。
- **本時の展開**：授業過程・時間配分，児童の活動，指導者の活動，主要な活動について評価(規準)と(評価)方法，準備物を示しておきます。

授業過程 （時間配分）	児童の活動	指導者の活動，評価と方法	準備物

⑬**ご高評欄**：参観者が授業の優れていた点や改善すべき点，疑問点などを記入する欄を設定しておきます。

※学習指導案の具体例については，**Q8-6,7,8**を参照してください。なお，**Q8-6,7,8**の学習指導案では，紙幅の関係で上記の①，②，③，⑤，⑨，⑬は示しておりません。

英語に楽しくふれる学習指導案とは？(中学年)

3，4年生が英語に楽しくふれ，うたやクイズ，ゲームを活用した学習指導案の具体例を紹介してください。

　4年生を対象とした活動型の学習指導案の例を紹介します。クラブ活動が始まり，プール開きの頃に向く内容です。活発な中学年に合う，歌ったり，遊んだり，全身で英語を楽しむ授業です。指導形態は，担任単独，または担任とALTのTTです。

1．単元名
好きなスポーツはなに？ "What sport do you like?"

2．単元の指導にあたって
- 児童はスポーツ名の多くを外来語で知っているが，カタカナ音と英語の音の違いに気付き，英語の発音に慣れ親しませたり，karateのように日本語から英語になっているものがあることに気付かせたりしたい。
- 本単元の活動を通して，クラスメイトの好きなスポーツやそのスポーツをどう感じているかを知り，互いの新たな一面を発見したり，同じスポーツであっても感じ方が違うことを知り，共通性や相違性を超えて認め合うこころを育てたい。
- 中学年の活動型学習の特徴を生かして，うた，うた遊び，ゲームを活用し，全身で楽しめるように工夫する。さらに絵本，国際理解活動を取り入れ，まとまりのある英語に十分ふれさせる。

3．単元の目標
- スポーツ名を通して日本語（カタカナ音）と英語の音の違いに気付くとともに，あるスポーツが好きかどうか，また，好きなスポーツは何かを尋ねたり答えたりする表現に慣れ親しむ。（知識及び技能）
- クラスメイトと好きなスポーツやそのスポーツをどう感じているかを伝え合う。（思考力，判断力，表現力等）
- 相手に伝わるように自分の好きなスポーツとそのスポーツについて感じ

ていることを伝え合おうとするとともに，日本ではあまり馴染みのないスポーツで，世界の子どもに親しまれているスポーツを知ることに興味・関心を持つ。（学びに向かう力，人間性等）

4．主な言語材料

- 表現：Do you like soccer? — Yes, I do. / No, I don't.
  What sport do you like? — I like soccer.　It's fun.
- 語彙：スポーツ名　soccer, swimming, karate, baseball, basketball, dodgeball, skiing, table tennis, badminton, marathon, など

  ※導入するスポーツ名については，事前にアンケートを取って，児童の好きなスポーツを調べておくとよい。

  どう感じているかを表す形容詞　fun, cool, tough, exciting, healthy, など

5．領域別目標

- 聞くこと：ゆっくりはっきりと話されれば，クラスメイトが好きなスポーツや，そのスポーツをどう感じているかを聞き取ることができるようにする。
- 話すこと［やり取り］：好きなスポーツを尋ねたり答えたりできるようにする。
- 話すこと［発表］：簡単な語句や基本的な表現を用いて，好きなスポーツと，そのスポーツをどう感じているかを伝えることができるようにする。

6．単元計画（4時間）

時	目標（○）と主な学習活動（・）	指導上の留意点 評価◎と方法〈　〉
第1時	○スポーツ名や，好きかどうかを尋ねたり答えたりする表現に慣れ親しみ，自分の好みを伝え合う。 ・単元のうた "Swimming, Swimming"[*1]をしぐさをつけて歌う。（毎時行う） ・スポーツの名前を知り，日本語と英語の音の違いに気付く。 ・スポーツについて，好きかどうかを尋ねたり答えたりする。 ・好きかどうかを尋ねたり答えたりする手合わ	◎スポーツの名前の，日本語と英語の音の違いに気付いている。 ◎スポーツについて，好きかどうかを尋ねたり答えたりしている。 ◎うたやうた遊びを楽しんでいる。

	せ遊び "Do You Like Soccer?"*2 をする。	〈いずれも行動観察〉
第2時（本時）	○好きなスポーツを尋ねたり答えたりする表現に慣れ親しみ，自分の好きなスポーツを伝え合う。 ・絵カードや手合わせ遊びで，前時の学習内容を復習する。 ・好きなスポーツは何かを尋ねたり答えたりする。 ・クラスメイトに好きなスポーツをインタビューする。	◎好きなスポーツは何かを尋ねたり答えたりしている。 ◎クラスメイトの好きなスポーツを知ることに興味をもって取り組んでいる。 〈いずれも行動観察，インタビュー・シート点検〉
第3時	○好きなスポーツをどう感じているかを表す表現を理解し，自分の考えを表現しようとする。絵本の（読み聞かせを聞いて，）意味の推測を楽しむ。 ・前時の学習内容の復習をする。 ・It's fun / cool. などの表現を理解する。 ・各自，好きなスポーツをどう感じているかを考える。 　例：I like soccer. It's exciting. ・模造紙を，fun, cool, tough, exciting, healthy の5つの枠に区切り，「好きなスポーツの絵ポスター」の台紙を作る。 ・絵本 "Pete the Cat — Play Ball!"*3 の読み聞かせを聞く。意味の推測を楽しみ，どんな内容だったかを話し合う。ストーリーのくり返し部分，"But Pete is not sad. He did his best." や，"Way to go!"（いいぞ！）などを指導者の後について言う。	◎好きなスポーツをどう感じているかを表す表現を理解し，自分の考えを表現しようとしている。 ◎絵本の読み聞かせを聞き，意味の推測を楽しんでいる。 〈いずれも行動観察〉 好きなスポーツを自分がしている絵を描いてくることを宿題にする。
第4時	○好きなスポーツや，そのスポーツをどう感じているかを，相手意識を持って伝え合う。世界の子どもの好きなスポーツを聞いて，意味の推測を楽しむ。 ・単元のうた "Swimming, Swimming"*1 をしぐさをつけて歌う。 ・好きなスポーツと，そのスポーツをどう感じているかを発表する。 　例：I like karate. It's cool. ・クラスの「好きなスポーツの絵ポスター」を完成させる。前時に準備した模造紙の，5つ	◎クラスメイトの好きなスポーツや，そのスポーツをどう感じているかを聞いて，理解している。 〈行動観察〉 ◎自分の好きなスポーツや，そのスポーツをどう感じているかを相手意識を持って伝えようとしている。 〈発表観察，絵ポスター点検，振

	の枠の思い思いの場所に，宿題で描いてきた絵をはってポスターを完成する。 ・指導者による，「世界の子どもの好きなスポーツ」の紹介を聞く。 ・絵本"Pete the Cat — Play Ball!"の読み聞かせと，児童の部分読み（部分的に指導者の後について言う）を行う。 ・クラスの「好きなスポーツの絵ポスター」の感想を振り返りカードに書く（日本語）。	り返りカード点検〉 ◎世界の子どもの好きなスポーツの紹介を聞いて，意味の推測を楽しんでいる。 〈行動観察〉

*1　"Swimming, Swimming" 作詞作曲者不詳。歌詞は p.152 に掲載。しぐさは動画サイトに多数あり。
*2　"Do You Like Soccer?" のうたは，"Skip to My Lou" のメロディを使った替え歌。歌詞は p.152 に掲載。手合わせの遊び方は樋口（監），衣笠（2010a）"Do You Like Hamburgers?" 参照のこと。
*3　James Dean "Pete the Cat — Play Ball!"（2013, Harper Collins）

7．本時の目標と展開（第2時）

①本時の目標

- 好きなスポーツを尋ねたり答えたりする。
- クラスメイトの好きなスポーツを知ることに興味を持ってインタビューに取り組む。
- うた，うた遊びを楽しむことを通して，まとまりのある英語にふれる。

②準備物

　　曜日・月・天気のポスター／絵カード，スポーツの絵カード（復習用，及びタッチ・ゲーム用に各スポーツ2～3枚），インタビュー・シート，など。

③本時の展開

授業過程	児童の活動	指導者の活動 評価☆と方法〈　〉	準備物
挨拶，ウォーム・アップ，目標の確認 （7分）	①日直と Ss で挨拶をする。曜日のうた，月のうたを歌う。曜日，月日，天気など定型表現の会話をする。 ②単元のうた 　"Swimming, Swimming"をしぐさをつけて歌う。 ③めあてを確認する。	・日直と Ss の挨拶を支援する。 ・児童と一緒に，しぐさをしながら楽しく歌う。 ・本時のめあて「好きなスポーツを尋ねたり答えたりして，クラスメイトの好きなスポーツを知る」などを伝える。	・曜日・月・天気のポスターもしくは絵カード ・うたのCD

復習 （6分）	①絵カードに合わせて前時の表現を復習する。 ②うた遊び "Do you like soccer?" で前時の表現を復習する。	・スポーツの絵カードを示しながら，前時の表現を復習させる。 ・児童2名を選びうた遊びをリードさせる。 ☆うた遊びを楽しんでいるか。 〈行動観察〉	・スポーツの絵カード ・うた遊びのCD
新教材の導入 （10分）	・本時の言語材料を理解し，口慣らし，反復・模倣練習をする。 What sport do you like? — I like soccer.	・本時の言語材料を導入し，口慣らし，絵カードを使って反復・模倣練習をさせる。	・スポーツの絵カード
展開 （10分）	①タッチ・ゲームをする Ss : What sport do you like? S₁ : I like soccer. Ss : Me, too. / Not me. （Ssは，"Me, too." "Not me." と言いながら，教室にはってある絵カードからS₁が答えたスポーツのカードを探してタッチする。	・事前に，教室のあちこちにスポーツの絵カードをはっておく。 ・タッチ・ゲームのルールを児童に伝える。児童（S₁）を一人選び，他の児童全員（Ss）対S₁でゲームを進めるようにリードする。 ・児童は絵カードを探して走ることがあるので，安全面に留意する。	・スポーツの絵カード（各2～3枚）
発展 （10分）	①教室を自由に動いて，できるだけ多くのクラスメイトに好きなスポーツをインタビューする。 S₁ : Hi, Imai san. S₂ : Hi, Suzuki kun. S₁ : What sport do you like? S₂ : I like baseball. S₁ : Baseball? Good. S₂ : What sport do you like? S₁ : I like karate. S₂ : Oh, nice. S₁&S₂ : Thank you. See you.	・インタビューの進め方を伝え，インタビュー・シート（回答者の名前と好きなスポーツ名を書き込む。p.152参照）を配付する。 ・インタビュー終了後に，クラスメイトがどんなスポーツを好きと答えたかを児童に尋ねる。 ☆好きなスポーツを尋ねたり答えたりしているか。 ☆クラスメイトの好きなスポーツを知ることに興味をもって取り組んでいるか。 〈いずれも行動観察，インタビュー・シート点検〉	・インタビュー・シート

振り返り, 挨拶 （2分）	①本時の言語材料をもう一度言う。 ②インタビューで気付いたことなどを発表する。 ③終わりの挨拶をする。	・本時の言語材料を確認する。児童に共通する間違いがあれば，全員で正しい表現・語彙をくり返させる。 ・インタビューで気付いたことなどの感想を児童に聞く。 ・終わりの挨拶をする。	・スポーツの絵カード

歌詞

＊1 "Swimming, Swimming"
　Swimming, swimming,
　In the swimming pool.
　When days are hot,
　When days are cold,
　In the swimming pool.
　Breaststroke, sidestroke,
　Fancy diving, too.
　Oh, don't you wish you never had
　Anything else to do.

＊2 "Do you like soccer?"
　※Do you like soccer?
　　Yes, I do.
　　（※2回くり返し）
　※I like soccer, too.
　　Do you like marathon?
　　No, I don't.
　　（※2回くり返し）
　　I don't like marathon, either.

インタビュー・シート例

積極的にコミュニケーションを図りたくなる学習指導案とは？（5年生）

積極的にコミュニケーションを図りたくなる，英語を使う必然性のある活動を重視した学習指導案を紹介してください。

1．単元名
ALTにおすすめのみそ汁を紹介しよう "What would you like?"

2．単元の指導にあたって
　本単元では，5年生の家庭科の「みそ汁」の調理実習と連携させて，グループでALTにおすすめのみそ汁を考え英語で紹介する。この具体的なゴール設定により児童がALTと積極的にコミュニケーションを図る動機づけにするとともに，家庭科での学びを生かし，みそ汁に入れる具材（以降，食材とする）の栄養バランスを考えることで，児童に日本の伝統的な食事の良さに気付かせたい。また，食材や食品群の単語を推測して読んだり書き写したりすることが必要な活動を設定することによって，4技能の統合的な活動を展開する。

3．単元目標
- ほしい料理や食材をていねいに尋ねたり答えたりする表現が分かる。（知識及び技能）
- 健康によいみそ汁を考え伝え合うとともに，食品群の3色（赤・黄・緑）や食材名を表す英語を理解して読んだり，正確に書き写したりしようとする。（思考力，判断力，表現力等）
- 聞き手を意識しながら積極的におすすめのみそ汁を伝え合おうとするとともに，世界のさまざまな食生活に関心を持ったり，日本の伝統的な食事の良さを見直したりしようとする。（学びに向かう力，人間性等）

4．言語材料
- 表現：What would you like? — I'd like sushi and miso soup.
  　　　In which group? — In the red group.
- 語彙：料理名　rice, miso soup, sushi, spaghetti, pizza, curry, など
  　　　食材名　onion, carrot, potato, cabbage, tofu, pork, seaweed, など

色　red, yellow, green, white, など
　形状を表す形容詞　big, small, long, round, soft, hard, など
　みそ汁の良さを表す形容詞　colorful, healthy, delicious, など

5．領域別目標

- 聞くこと：ゆっくりはっきりと話されれば，おすすめのみそ汁を紹介する簡単な語句や文を聞き取ることができるようにする。
- 読むこと：音声で十分に慣れ親しんだみそ汁の具材名を表す単語の意味を理解し，読むことができるようにする。
- 話すこと（やり取り）：おすすめのみそ汁を紹介する簡単な語句や文を用いて伝え合うことができるようにする。
- 話すこと(発表)：おすすめのみそ汁を紹介することができるようにする。
- 書くこと：例を参考にしながら，音声で十分慣れ親しんだみそ汁の具材名を表す単語を書き写すことができるようにする。

6．単元計画(全5時間，45分授業5コマまたは45分授業3コマ＋15分授業6コマ)

時	目標（○）と主な学習活動（・）	指導上の留意点 評価◎と方法〈　〉
第1時	○ほしい物をていねいに尋ねたり答えたりする表現を知り，世界のさまざまな料理の言い方を知る。 ・どこの国でしょうクイズ：すし，みそ汁，カレー，スパゲティー，キムチなどの絵カード（料理）を見せ，その料理の発祥国を当てる。 ・カルタ取り：取った絵カード（料理）の料理名を言う。 ・ほしい物のていねいな尋ね方や答え方を，チャンツで練習する。What would you like? What would you like? ― I'd like sushi and miso soup. ・ラッキーカードゲーム―レストラン版：ペアで注文し合い，食べたい絵カード（料理）をもらう。最後に指導者の食べたい料理の絵カードを持っている児童が勝ち。	・英語にも場面に応じてていねいな言い方があることに気付かせる。 ◎ほしい物をていねいに尋ねたり答えたりしている。〈行動観察〉 ・場面：世界のさまざまな料理を提供するレストラン。
第2時 短①②③	○ほしい物をていねいに尋ねたり答えたりする表現や食材の言い方が分かる。 ・前時で学習したチャンツの料理名を入れ替えて言う。 ・ALTと担任のお気に入りの朝食についての会話を聞く。What's your favorite breakfast? I like ~.　　　　　　（＊短①） ・家庭科の調理実習で作った「みそ汁」を思い出し，みそ汁に入れる食材名を練習した後，ミッシングゲームを絵カード（食材）を使って行う。　　　　　　　　（＊短②）	・既習表現を使って会話を聞かせる。

154

	・ラッキーカードゲーム―みそ汁版：ペアで食べたいみそ汁の食材を注文し合い，互いに相手が食べたい食材の絵カードを渡す。最後に指導者が選んだ食材の絵カードを持っている児童が勝ち。　　　　　　　　　　　　　　　　　　（＊短③）	・場面：みそ汁の食材を選べるホテルの朝食ビュッフェ。
第3時（本時）	○自分のお気に入りのみそ汁をALTに紹介する。食材名を推測して読んだり，選んで書き写す。 ・絵カードを見ながら，みそ汁に入れる食材名をリズムに合わせて言い，次につづりカードを見ながら指導者について音読する。 ・担任がお気に入りのみそ汁をALTに紹介し，その栄養面について家庭科で学習した食品群について導入する。 ・児童がお気に入りのみそ汁をALTに紹介する。ワークシートに食材を書き写し，その食品群を選ぶ。指導者は，児童のお気に入りのみそ汁の食材の食品群について質問し，発表児童が答える。	・児童が推測してつづりカード（食材）を読めるように，文字を指さしながら音読する。 ◎ワークシートに必要事項を正しく記入し，自分のお気に入りのみそ汁をALTに相手意識をもって伝えている。 〈記述観察，行動観察〉
第4時 短④⑤⑥	○食材の食品群を尋ねたり答えたりする表現を理解し，みそ汁に関する具体的な情報を聞き取る。 ・食材がどの食品群に属するかの尋ね方や答え方（Tofu, tofu. In which group? — Red, red. In the red group.）をリズムに合わせて言う。　　　　　　　　　　　　　　（＊短④） ・みそ汁クイズ：第3時で作成した4～5人の児童のワークシートを黒板にはり，その児童たちに食材などを尋ねて，どの児童のみそ汁かを当てる。当たれば，その児童は食材と食品群について発表する。　　　　　　　　　　　　　（＊短⑤⑥）	・Do you have~? などの既習表現を使って尋ねる。
第5時	○ALTのためのおすすめの朝食用みそ汁を考え発表する。 ・つづりカード（食材）をリズムに合わせて読む。 ・4人程度のグループを作り，第3時に作成した各自のお気に入りのみそ汁をグループ内で発表する。 ・次のモデルを参考にALTにおすすめのみそ汁をグループで考え，練習後，発表する。 　S₁：This is our special miso soup. 　S₂：We have pork, carrots and seaweed. 　S₃：Pork is in the red group. Carrots are in the green group. Seaweed is in the green group. 　S₄：It's colorful. It's very healthy. 　Ss：It's for you. ・聞き手の児童は，ALTの質問に答える。 　例　What's the name of the miso soup of Group 1? What do they have in their miso soup? Is it healthy? ・ALTは各グループのみそ汁にコメントをする。 ・担任はALTにどのみそ汁を食べたいかを尋ねる。	・発表は，冒頭の共通部分，食材，食品群，みそ汁の特徴に分けて役割分担する。 ◎グループで協力しALTにおすすめのみそ汁を考え，ALTに相手意識をもって伝えている。 〈発表観察〉

7．本時の目標と展開（第3時）

①本時の目標：
- ALTに，自分のお気に入りのみそ汁を紹介する。
- 食材や食品群の単語を選んだり，必要な物を選んで書き写したりする。
- 日本の伝統的な朝食に欠かせないみそ汁の栄養面の良さに気付く。

②準備物：絵カード（食材），つづりカード（食材），ワークシート（拡大版及び児童配布用，p.157参照），3色マグネット，記入用マーカー

授業過程 （時間配分）	児童の活動	指導者の活動 評価☆と方法〈　〉	準備物
挨拶，ウォーム・アップ，本時のめあての確認 （7分）	①日直が挨拶し，曜日，日付，天気を尋ねる。 ②担任とALTの朝食についての会話を聞き，ALTの質問に答える。 ③めあてを確認する。 Tom先生にお気に入りのみそ汁を紹介しよう！	・日直の支援をする。 ・担任とALTで朝食について会話をした後，ALTがその内容について児童に質問する。 HRT：What did you eat for breakfast today? ALT：Coffee and toast. How about you? HRT：I ate natto, rice and miso soup today. ALT：Nice breakfast! I like miso soup, but I can't cook it. Questions：Do I like miso soup? Can I cook it? ・本日のめあてを告げる。	
復習 （3分）	④絵カード（食材），つづりカード（食材）を見て，みそ汁に入れる食材をリズミカルに答える。	・絵カード（食材）を見せWhat would you like? と尋ねる。次につづりカード（食材）を見せ繰り返し音読した後，同様にリズミカルに尋ねる。	絵カード（食材），つづりカード（食材）
導入と展開	⑤担任とALTの会話を聞き，お気に入りのみそ汁を紹介するイメージをもつ。	・黒板にはった拡大したワークシートを使って，担任がお気に入りのみそ汁を，児童に活動の手順を示しながら，ALTに紹介する。 HRT：This is my favorite miso soup. I have pork, potatoes and carrots in my miso soup.（3つの食材のつづりカードを選びそれを手本にワークシートにマーカーで書き写す） 　It's delicious. It's very healthy, too. ALT：Yes, it's very healthy. Pork is in the red group.（赤の	つづりカード（食材） ワークシート（拡大） マーカー

156

	⑥ALTの質問に答える。 　Ss：In the red group. ⑦ワークシートを使って，お気に入りのみそ汁を紹介する発表の練習をする。 　This is my favorite miso soup. I have tofu, pork and onions in my miso soup. （15分）	マグネットをはる，残りの食材も同様に続ける） ・児童に食材の食品群を尋ねる。 　ALT：In which group is pork? ・児童の答えをうけて，ワークシート（拡大版）のredを〇で囲む。 ・児童にワークシートを配り，記入の仕方を説明する。 ・机間指導で個々の児童の文字の書き写しの助言をする。 ☆食材名を正しく書き写し，正しい食品群を考えて選ぼうとしている。 〈記述観察〉	3色マグネット ワークシート
発展 （15分）	⑧お気に入りのみそ汁を発表し，発表児童は指導者の質問に答える。 　S₁：In the red group.	・クラスを2分割し，担任とALTが児童の発表を聞いて回り，各自に食品群ついて質問する。 　In which group is tofu? ☆ALTのために考えたみそ汁を紹介しようとしている。 〈発表観察〉	
まとめと挨拶 （5分）	⑨振り返りと終わりの挨拶をする。 ・振り返りシートに記入し意見を発表する。	・よい気付きがあればほめ，クラス全体で共有する。 〈予想される気付き例〉 ・僕の好きなみそ汁は栄養満点なのでぜひトム先生に食べてほしい。	振り返りシート

ワークシート例

Tom先生におすすめのみそ汁

Name（　　　　　　　　　　）

_____　　　　　　　　　　　_____
_____　　　　　　　　　　　_____
_____　　　　　　　　　　　_____

red, yellow, green　　　　　　　　　　　　　red, yellow, green

みそ汁名［　　　　　　　　　］

_____
_____
_____

red, yellow, green

自己表現力の育成をめざした学習指導案とは？（6年生）

まとまりのある内容を伝える自己表現力の育成をめざした学習指導案を紹介してください。

将来就きたい職業とその理由，及び決意などを英語で伝えることを目標とする単元の学習指導案を紹介します。

1．単元名
就きたい職業を伝え合おう "What do you want to be?"

2．単元の指導にあたって
英語でスピーチを発表することに対する心理的負担を軽減するために，発表に必要な単語や表現をさまざまな活動を通して何度も聞いたり言ったりする機会を設定する。さらに，発表内容を目で確認できるようにするため，単語や表現を推測して読んだり書き写したりする活動を取り入れる。スピーチ発表会では，単に練習したことを披露するだけのものにならないように，自分と同じ点や異なる点，知らなかったことなどに注目し，反応しながら聞くことで，相手のことを理解する場とする。

3．単元の目標
- 職業を表す単語や就きたい職業を尋ねたり答えたりする表現を理解する。（知識及び技能）
- 就きたい職業を伝え合うとともに，職業を表す単語を推測して読んだり，正確に書き写したりする。（思考力，判断力，表現力等）
- 聞き手を意識しながら，積極的に就きたい職業とその理由や決意を伝えようとする。（学びに向かう力，人間性等）

4．主な言語材料
- 表現：What do you want to be? I want to be a cabin attendant. I like to go abroad. I will study English hard. など
- 語彙：artist, baker, cabin attendant, comedian, cook, dentist,

doctor, farmer, florist, singer, soccer player, teacher, vet, など
なお，児童一人ひとりの言いたいことに対応するために，事前にアンケートを取り，児童が就きたい職業，使いたい表現等を把握し，導入する言語材料を決定するとよい。その際，できるだけ基本的な表現を選ぶ。

5．領域別目標
- **聞くこと**：職業を表す単語やどんな職業に就きたいかを尋ねたり答えたりする表現を聞いて理解することができるようにする。
- **読むこと**：職業を表す単語を推測しながら読むことができるようにする。
- **話すこと（やり取り）**：就きたい職業を尋ねたり答えたりすることができるようにする。
- **話すこと（発表）**：就きたい職業とその理由や決意を話すことができるようにする。
- **書くこと**：職業を表す単語を正確に書き写すことができるようにする。

6．単元計画（全8時間）

時	目標（○）と主な学習活動（•）	指導上の留意点，評価◎と方法〈　〉
第1時	○就きたい職業とその理由や決意などを発表するという単元の目標をつかみ，職業を表す単語を知る。 • キーワードゲーム（キーワードに決めた単語を教師が発音したら，ペアの間に置いた消しゴムをすばやく取る。キーワード以外の単語のときは取らずにリピートする。） • ミッシングゲーム（児童が顔を伏せている間に教師は黒板の絵カードから1，2枚を取り外す。その後児童は顔を上げ何のカードがなくなったかを答える。） • ジェスチャークイズ（教師がさまざまな職業をジェスチャーで表現し，児童はその職業を当てる。慣れてきたら児童にジェスチャーをさせてもよい。）	• 単元の目標を示し，活動の見通しをもたせる。 • 教師の発音を聞いたりリピートしたりする活動を十分に行った後にゲームやクイズを行う。
第2時 短①②③	○職業を表す単語を聞いたり発音したりする。 • ビンゴゲーム（短①） • カード並べゲーム（短②）（教師が発音する単語を聞いてその順番に絵カードを並べる。） • Who am I? クイズ（短③）例：I go to school. I like	◎職業を表す単語を聞いて理解することができているか。〈行動観察〉

	students. I use chalks. Who am I?	
第3時	○職業を表す単語のつづりを推測して読んだり，書き写したりする。 ・ミッシングゲーム（つづりカードで） ・ビンゴゲーム（つづりカードで） ・カード並べゲーム（教師が発音する単語を聞いてその順番につづりカードを並べる。） ・単語の書き写し（4線へ）	◎職業を表す単語を推測して読むことができているか。〈行動観察〉 ◎職業を表す単語を正確に書き写すことができているか。 〈記述観察，単語書き写し用シート〉
第4時 短④⑤⑥	○就きたい職業を尋ねたり答えたりする表現を知る。 What do you want to be? I want to be a cabin attendant. ・歌 "When I Grow Up"＊（短④） ・チャンツ（例：Hi, friends! 2 Lesson 8）（2011）（短⑤） ・リスニング（例：Hi, friends! 2 Lesson 8）（2011）（短⑥）	◎就きたい職業を尋ねたり答えたりする表現を理解しているか。 〈行動観察〉
第5時	○就きたい職業を尋ね合う。 ・インタビュー・ビンゴ（相手を見つけ，就きたい職業についてインタビューをし，相手が答えた職業の絵に○をつける。○が縦，横，または斜めに揃ったら「ビンゴ」と言う。） ・インタビュー（数名に尋ねインタビュー・シートに記入する。）	◎就きたい職業を積極的に伝え合っているか。 〈行動観察〉
第6時 短⑦⑧⑨	○スピーチ発表モデルを聞き，発表の準備をする。 ・担任の子どもの頃の夢の聞き取り（短⑦） ・「私の夢」発表モデルの聞き取り（短⑦） （例：Hi, friends!2 Lesson 8）（2011） ・ワークシート「私の夢（My Dream）」（ワークシートはp.162参照）への書き込み（短⑧⑨）	・聞き取るポイントを示す（職業，理由，決意）。 ・知りたい英語を尋ねるときは，"How do you say '___' in English?" を使わせる。
第7時 短⑩⑪⑫	○スピーチ発表練習をする。 ・ALTの発表モデル（ビデオ）の聞き取り（短⑩） 例：I want to be a singer. I like music. I can play the piano very well. I have a guitar and I can play the guitar, too. I will practice singing hard. Thank you. ・グループ内での練習（短⑪⑫）	・必要に応じて文章を取捨選択できるようにする。 ・机間指導をして個々の児童にアドバイスを行う。
第8時（本時）	○スピーチ発表会を行う。 ・中学生の小学校時代のスピーチの聞き取り ・新しいグループのメンバーでの発表 ・2，3人の代表児童がクラス全体へ発表 ・発表を聞いての感想	◎聞き手を意識して発表しているか。 〈発表観察〉 ◎反応しながら聞いているか。〈行動観察〉

＊ "50 ENGLISH SONGS"（文渓堂，2001）

7．本時の目標と展開（第4時）

①本時の目標
- 聞き手を意識しながら，将来就きたい職業とその理由や決意について発表する。
- 発表者との共通点や差異点，知らなかったことなどに注目し，反応をしながら発表を聞く。

②準備物
歌のCD，単元計画表，絵カード，つづりカード，発表モデル（ビデオ），ワークシート，振り返りシート

③本時の展開

授業過程 (時間配分)	児童の活動	指導者の活動 評価☆と方法〈　〉	準備物
挨拶，ウォーム・アップと目標の確認 （5分）	①挨拶をする。 ②歌を歌う。 　"When I Grow Up" ③単元計画表をもとにめあてを確認する。 将来の夢を発表しよう。	・挨拶の後，曜日・日付・天気を尋ねる。 ・一緒に歌って楽しい雰囲気をつくる。 ・単元計画表を提示して，これまでの学習を振り返り，本時のめあてを確認する。	・歌のCD ・単元計画表
復習 （10分）	④職業を表す単語を発音する。	・絵カードの一部だけを見せて職業名を当てるやり取りをしながら，くり返し発音させる。 ・つづりカードを見せ教師の後について発音させる。	・絵カード ・つづりカード
導入と展開 （15分）	⑤中学生の小学校時代のスピーチを聞く。 ⑥グループ内で練習し，お互いに助言をし合う。	・聞き取るポイントを示す（職業，理由，決意）。 ・机間指導をして個々の児童にアドバイスを行う。	・ビデオ ・ワークシート
発展	⑦　⑥で練習したグループと異なるグループで発表を行う。 発表例： I want to be a vet. I like animals. I have a dog. His name is Ken. He is very cute. I will study science hard.	・初めに聞き手が "What do you want to be?" と尋ねるようにする。 ・できるだけ原稿を見ずに，聞き手を見ながら話すように促す。 ・自由に質問をしてよいことを伝える。 例：Do you like science? ・"Pardon?" "Please speak louder." 等の方略的表現を使う	

(10分)	Thank you. ⑧代表児童がクラス全体へ発表する。 ⑨感想を発表する。 　例：高橋さんには獣医をめざして頑張ってほしいです。	ように促す。 ☆聞き手を意識して発表しているか。〈発表観察〉 ☆反応しながら聞いているか。〈行動観察〉 ・初めて知ったことや印象に残ったことを発表させる。	
まとめと挨拶 （5分）	⑩振り返りシートに記入する。 《評価項目》（4段階） ・聞き手を意識して発表した。 ・友だちの発表を反応しながら聞いた。	・児童のよい点を賞賛する。 　例：聞き手を意識した発表ができていました。	・振り返りシート

ワークシート例

```
              私の夢（My Dream）
                         Name（           ）


   職業   I want to be a (              ).
   理由   I like (              ).
          I have (              ).
          I can (              ).
          I (                        ).
   決意   I will (           ) hard.
   お礼   Thank you.
                  ※児童に配付するワークシートは( )ではなく4線
```

CLIL の理念に基づく学習指導案は？(5年／6年)

教科の内容とことばの統合的学習（CLIL）の理念の簡単な説明と，その理念に基づく学習指導案を紹介してください。

1．CLILとは

　CLIL（Content and Language Integrated Learning，内容言語統合型学習）とは，外国語学習と他教科の内容などの本物の内容を統合させ，そこに思考をともなう活動と協同学習・文化／国際理解を取り入れた外国語教育です。具体的には，①他教科やテーマやトピックに関する教科横断型の内容（Content）と②外国語の学び（Communication）を統合することにより，学習者の興味や学習への動機づけを高め，③低次思考スキルと呼ばれる「記憶・理解・応用」に関する活動だけでなく，高次思考スキルと呼ばれる「分析・評価・創造」を考慮したさまざまな思考を必要とする活動（Cognition）の中で，より深いレベルでの言語の学びを促し，④協同学習・文化/国際理解を促す学習活動（Community/Culture）により，自らの特性を生かしつつ，世界市民として文化の異なる人々と協力できる自律的学習者を育成することを目的としています。上記①〜④は4Csと呼ばれ，CLILの原理として，学習指導案作成や授業実践の要となります。

　CLILは1990年代にヨーロッパ連合（EU）統合により，外国語教育において，コミュニケーション能力の育成と相互文化理解が必須となったヨーロッパを起源としています。現在，アジアを含めた世界の多くの国々で，効果的な外国語教育として期待され，実践が行われています。日本においても，中教審答申（2016）において，グローバル化に対応する英語教育の必要性が指摘され，自律的学習者を育てるためのアクティブ・ラーニングや，教科横断型の学びにより知識を活用する力を育てるためのカリキュラム・マネジメントの重要性についての示唆があり，これらはCLILの理念と重なります。何より，全教科の学びと全人教育を担う小学校での外国語教育において，CLILを取り入れることは意義あることといえます。CLILの取り入れ方としては，以下に説明するように，授業の一部分にCLILを取り入れる方法と，授業のすべてをCLILで行う2つの方法があります。

2．CLILの理念に基づく学習指導案と授業の展開
①授業の一部にCLIL活動を取り入れる学習指導案と授業展開

例えば，「世界の国々」をテーマとして，教科の内容と英語の表現を統合し，以下のようなテーマで，それぞれ5～10分間程度の帯活動として授業にCLILを取り入れることが可能です。

科目	テーマ	指導内容と英語の表現
国語	世界の言語	世界の挨拶・多言語の国について知る Hello! How do you say "hello" in China?
算数	世界の時間	時刻の計算・四則演算 What time is it in London?
社会	世界の子どもたち	世界の学校の学び（世界の学校の学習教科等） What do you study on Mondays?
理科	世界の気候	世界の気候 How is the weather in Sydney?
音楽	世界の音楽	民族音楽鑑賞 Do you like this music? It is from Africa.
図工	世界の芸術	世界の芸術（世界のだまし絵） What is this? Is this ~? Yes/No, it is a/an ~.
体育	世界の踊り	世界のフォークダンス Let's dance together! Can you do this?
家庭科	世界の食べ物	世界の食生活 What do you have for your breakfast?

次に「世界の気候」の学習指導案（略案）と授業の展開例を紹介します。
(1)CLIL 4Cｓの観点からの「世界の気候」学習指導案(略案)

内容	英語表現	思考	協学・文化理解
世界の気候（理科：5年 天気の変化）	What is the temperature today? How is the weather in Sydney?	日本と世界の気温を推測しながら，世界の国々の気候について，比較分析する。	ペアやグループで，当日の学校のある地域の気温と，紹介したい世界の国の都市の気温を調べる。

このCLIL活動の目標は「英語での数・天気・世界の国名の言い方に慣れ親しみながら，世界の気候について，日本の気候と比較したり，世界の国々の天気を推測したりしながら学び，友達と積極的に考え，英語で尋ねたり，

答えたりできる」です。授業の始まりの挨拶につけ加えた帯活動（5分程度）として行えます。

　実際に多くの小学校で授業の始まりの挨拶で"How is the weather today?"はよく使われる表現ですが，外を見れば天気は尋ねなくてもわかります。そこで，"What is the temperature today?"と当日の日本と世界の国の温度についての質問を加えると，児童の思考と協学を促しながら，数字や国の名前を使った英語のやり取りが深まります。

(2)授業の展開
　　1) 毎回の授業前に，クラスの協同学習にふさわしい活動形態（ペアやグループなど）を選び，担当の日と国を決めて，温度を調べてきてもらいます。
　　2) 担当児童が"What is the temperature today?"と，学校のある地域の当日の温度について尋ねます。クラスの児童は"(It's) 13°C!" "It's 12°C!"など各自や班ごとに推測して答えます。
　　3) 担当児童は1)の調査に基づいて，"No!"，"Yes!"など，英語でやり取りを行いながら答えを発表します。この温度については，先生や担当の児童が結果をグラフや表などにして毎回の結果を残していくと，晴れや曇りの天候と温度の関係に気付き，体感温度との違いについても学ぶことできるようになります。例えば，同じ温度であったとしても，"It's sunny."と"It's windy."の日では体に感じる温度が異なるため，「え～，先週と温度同じ？」「今日は寒いよね」との気付きが生まれます。そこで先生が"Why? How is the weather today?"と尋ねると"It's windy!"となり，単なる儀礼になりがちな英語の始まりの挨拶でのやり取りが，子どもたちにとって「Why?」の問いかけとともに，深く考える学びの契機となります。
　　4) 次に担当児童が1)の調査で選んできた国の都市の天気や気温について，"How is the weather in Sydney? What is the temperature?"と尋ね，世界の気候について考えながらやり取りを行います。これも世界地図（白地図）に日付と結果を残していくと，英語での学びの軌跡の可視化につながります。

②単元の全授業をCLILで行う学習指導案と授業の展開
　単元の全授業をCLILで行う場合，いくつかの単元で学んだ（もしくは学

ぶ）英語表現と，教科横断的な内容を統合した指導案が可能となります。ここでは「世界の動物たち」をテーマに「英語での動物の言い方や，住む場所，できることなどについての表現に慣れ親しみながら，世界の動物の現状について知り，世界市民としての気付きを持って積極的に考え，英語で尋ねたり，答えたりできる」を目標とした学習指導案と展開例（略案）を紹介します。

(1) CLIL 4 C s の観点からの「世界の動物たち」学習指導案(略案)

内容	英語表現	思考	協学・文化理解
好きな動物の作成 (図工)	What animal do you like? I like ~. What is this? It's ~.	好きな動物を体のつくりや色の混色の分析を踏まえ作成する。	各自好きな動物を作成する。
動物の生息地地図の作成 (理科・図工)	Where do the animals live? They live in~.	動物を生息地ごとに分類し生息地地図を作成する。	好きな動物の住む生息地ごとに別れて，協同作成する。
絶滅の危機にある動物 (理科・社会)	What can we do for the animals? We can ~.	絶滅の危機にある動物を理解し，解決案を提案する。	地球的課題について理解し，世界市民としてできることを考える。

(2)授業の展開

　　第1時：What animal do you like? I like ~. What's this? It's a/an ~.を英語の目標表現として，児童の好きな動物を，動物のからだのつくり（理科）や色の混色を考えながら作成する活動（図工）を行います。

　　第2時：Where do the animals live? Then live in ~を目標表現として，前時で創作した動物たちを実際に生息地ごとに分類しながら学び（理科），各生息地を友達と協力して作成する活動（図工）を行います。

　　第3時：What can we do for the animals? We can ~.を学びながら使い，絶滅危惧種の現状について理解し（社会・理科），自分たちにできることを考えて絵に描く（図工）創作活動を行います。

　上記の通り，CLILでは英語を本物の内容で，思考活動や協学，国際理解を通して学びます。CLILはまさにグローバル教育そのものなのです。

短時間授業のメリットを生かす方法は？

短時間授業のメリットとデメリット，及びそのメリットを生かす方法や時間割の組み方についてアドバイスをお願いします。

1．45分授業と関連させた短時間授業のメリット

　短時間授業には，復習型，予習型，発展型の３種類があります。まず復習型では，45分授業で学習した内容（文字や語彙，表現等）をくり返し学習することで，単元のコミュニケーション活動の質や量の充実につなげるとともに，学習意欲を高めることができます。また，単元の活動と関連させることで，アルファベットや単語の読み書きにも効果が期待できます。

　予習型では，例えば最初の45分授業の前に，単元の話題に関するスモールトークを通して背景知識の活性化を図ったり，関連語彙の導入をすることができます。発展型では，例えば数字は，小学校では通常２桁までしか扱いませんが，食品のカロリー計算をするために必要な３桁の数字を，短時間授業において学習するといったことができます。

2．デメリット

　挨拶やウォーム・アップだけで３分程度はかかります。仮に15分の短時間授業を行う場合，毎回振り返りを行うと，実際に活動に使えるのは10分以下となり十分な時間が確保できず，結果的に語彙や表現の単純なくり返し練習になる傾向があります。また，アルファベットをただ書き写すだけといった安易な指導にならないよう気をつける必要があります。特に予習型・発展型の場合は，教員の指導力や教材の準備が重要になるでしょう。

3．時間割を組む際の工夫と視点

　研究指定校等であれば，全学年で朝や昼に短時間授業を組み込むこともできますが，一般校の場合は朝学習の時間を利用するか，５，６年だけ６限後に組み込むなどの工夫が必要です。また，さまざまな行事などもあり45分授業との組み合わせを年間通して維持するのは簡単ではありません。１年中短時間授業を行うのではなく，45分×２コマ授業との組み合わせや45分＋15分の60分授業など，各校の実態に即した工夫が求められます。

くり返し学習中心の短時間授業の展開例は？

くり返し学習中心の短時間授業を位置づけた単元指導計画と短時間授業の展開例を示してください。

45分授業で学習した単語や表現をくり返し学習することで，単元の最後に行うコミュニケーション活動の質的・量的充実を図ります。

1．単元について
- 単元名：What do you want to be?
- 実施学年と時期：6年，3学期
- 配当時間数：45分×4＋(15分×3回)×4，計8時間

①単元の指導目標
- 世界にはさまざまな夢を持つ同年代の子どもたちがいることを知る。
- 自分の将来の夢について伝えたり，友達の夢を聞いてその内容を理解することができる。
- 慣れ親しんだ語句や文を読んだり，手本を見て書き写すことができる。

②主な言語材料
- 表現：What do you want to be?　I want to be a/an…．など
- 語彙：職業名　teacher, doctor, illustrator, fire fighter, vet, golfer, など
  動作を表す語　like, play, study, have, help, など

2．単元指導計画例

時間	主な学習活動
第1時	・HRT，ALTの夢紹介（写真やイラスト等も使いながら） 　例：I want to be a pastry chef in the future. Do you know why? I like cake very much. I make cakes on Sundays. Look at this ! My family is very happy. So I am very happy, too! Thank you! ・職業連想ゲーム（服装や持ち物，動作などから職業を児童に当てさせる） ・将来の夢チャンツ "What do you want to be?"
短①②③	・アルファベット・ジングル（職業編） ・将来の夢チャンツ "What do you want to be?" ・職業連想ゲーム，職業連想ゲーム逆バージョン
第2時	・アルファベット・ジングル（職業編） ・将来の夢チャンツ "What do you want to be?"

	・世界の子どもたちの夢紹介と内容についてのQ&A ・インタビューゲーム①「クラスのみんなの夢を調べよう」 ・歌 "When I Grow Up"
短④⑤⑥	・歌 "When I Grow Up" ・インタビューゲーム②「夢の理由を聞いてみよう」 ・自分のなりたい職業名や表現の書き写し
第3時	・アルファベット・ジングル（職業編） ・スピーチ原稿の作成。スピーチ時に見せる写真やイラストの印刷。(PC室)
短⑦⑧⑨	・ALTのモデルスピーチを録画しておき，スピーチのポイントを確認。 ・ペアで声の大きさ，速さ，ジェスチャー，表情等を確認し合いながら練習。
第4時	・発表班でスピーチ交流。必ず1人1回は質問。各班代表1名を選び，全体発表。最後に卒業文集用に各自原稿を清書。
短⑩⑪⑫	・文集原稿の完成と回し読み（コメントを付箋に書いてはる）。 ・単元全体の振り返り。

3．短時間授業展開例

①：短①②③　※各時間1．2．3．は同じ活動。4．は異なる活動。

時間	主な学習活動
1分	1．挨拶，めあての提示
3分	2．アルファベット・ジングル（職業編）
5分	3．将来の夢チャンツ：What do you want to be? I want to be a vet. Why? Because I like animals. など職業名を変えて練習する。
6分	4．短①：職業連想ゲーム I wear a uniform. I can run fast. I can kick a ball well. Who am I? など 　　短②：職業連想ゲーム逆バージョン：S₁：You are a soccer player. What do you want?　S₂：A soccer ball, a soccer uniform, soccer shoes… 　　短③：振り返り

②：短④⑤⑥　※各時間1．2．3．は同じ活動。4．は異なる活動。

時間	主な学習活動
1分	1．挨拶，めあての提示
3分	2．歌 "When I Grow Up"
6分	3．インタビューゲーム②「夢の理由を聞いてみよう」各班でA：Why do you want to be a/an ____? B：Because I like（can, want to）_____. などのやり取りをしながら，それぞれの理由を交流する。時間ごとに班のメンバーをかえて行う。
5分	4．短④：自分のなりたい職業を3つ選んで書き写す。 　　　　　ワークシートの例文：I want to be a/an ____.（下線部は4線で，職業名一覧表から書き写す）×3文 　　短⑤：短④で作成した3文について文全体を書き写す。 　　短⑥：振り返り

Q8-12 発展的な学習を中心にした短時間授業の展開例は？

発展的な学習中心の短時間授業を位置づけた単元指導計画と短時間授業の展開例を示してください。

発展的な学習とは，次のような学習を指します。
① 発展的な活動の実施に必要な，通常のレベルを越えた言語材料の学習。
② 絵本の読み聞かせや，国際理解に関わるスピーチ，プレゼンテーション，複雑で長いやり取りからなるインタビュー等のコミュニケーション活動。
ここでは，①について単元の指導計画と短時間授業の展開例を紹介します。

1．単元について
- 単元名：給食メニューを提案しよう
- 実施学年と時期：5年，3学期
- 配当時間数：45分×4＋(15分×3回)×4，計8時間

① 単元の指導目標
- 3桁の数字を聞いて理解したり，伝えたりしようとする。
- 提案したい給食メニューを伝えたり，友達の給食メニューを聞いてその内容を理解することができる。
- 慣れ親しんだ食品名や紹介文を読んだり，手本を見て書き写すことができる。

② 主な言語材料
　表現：This is our recommendation for school lunch. Chicken stew has chicken, carrots, potatoes and onions. It's 225kcal. など
　語彙：食べ物　salad, curry and rice, fish, seaweed, pork, onion, など
　　　　栄養素名　fat, protein, vitamin, mineral, carbohydrate, など
　　　　3桁の数字　100～999まで

2．単元計画例

時間	主な学習活動
第1時	・担任による給食メニューの紹介 ・給食献立チャンツ "What do you like for school lunch?" ・今月の給食献立から，人気のあるメニューを3つ選ぼう。

第2時	・給食献立チャンツ "What do you like for school lunch?" ・HRTによるおすすめ給食メニューの提案 ・栄養素当てクイズ
短④⑤⑥	・アルファベット・ジングル（食べ物編） ・カロリー計算クイズ ・食べ物名の書き写し
第3時	・アルファベット・ジングル（食べ物編） ・給食メニュー提案原稿を班で作成。600〜800kcal，栄養素のバランスが条件。
短⑦⑧⑨	・録画しておいたALTやHRTによるおすすめメニューのプレゼンテーションを見て，発表のポイントを確認。 ・班で役割分担して，PRの方法やジェスチャーなどを確認しながら練習。
第4時	・クラスで発表会。投票でクラスのベスト3を選び，給食室に提案する。
短⑩⑪⑫	・リスニングクイズ：ALTの国の小学校の昼食についての説明（録画）を聞き，内容についてのメモや気付いたことを書く。 ・数字クイズ：ALTの言う数字を聞いて（録音），該当する数字を選ぶ。 ・単元全体の振り返り。

3．短時間授業展開例

①：短①②③　※各時間 1. 2. は同じ活動。3. 4. は異なる活動。

時間	主な学習活動
1分	1．挨拶，めあての提示
3分	2．給食献立チャンツ：School lunch! School lunch! What do you like for school lunch? I like chicken, salad, bread and milk. How about dessert? Ice cream, please.　※食べ物を変えながら練習する。
5分	3．短①：数字 1〜100の復習とルールの確認。 　短②③：算数クイズ（What is 100 plus 150? It's 250. What is 850 minus 350? It's 500. など）3桁の数字ルールを確認。
6分	4．短①②：何を作るのかな？当てクイズ（HRT：What can you cook with potatoes, carrots, onions and beef?　Ss：Curry and rice!，肉じゃが！） 　短③：振り返り

②：短④⑤⑥　※各時間 1. 2. 3. は同じ活動。4. は異なる活動。

時間	主な学習活動
1分	1．挨拶，めあての提示
3分	2．アルファベット・ジングル（食べ物編）
6分	3．カロリー計算クイズ（食べ物名の裏にカロリーを書いたカードでそれぞれのメニューのカロリーを計算。）
5分	4．短④⑤：食べ物名を，手本を見ながら書き写す。 　短⑥：振り返り

Q8-13 45分授業から独立した学習内容中心の短時間授業の実践例は？

45分授業から独立した学習内容を中心にしたカリキュラムに基づく短時間授業を実践したいのですが，実践例を紹介してください。

授業回数が増えることで児童にたくさんのインプットを与え，気付きを促すことが可能になる音と文字の指導を中心に，歌・チャンツ，絵本を利用した学習，タスク活動へと発展する短時間授業の実践例を紹介します。

1．文字指導

①アルファベットの名前指導

アルファベットとその名前を指導します。アルファベット・ソングをみんなで歌うことからスタートし，慣れてきたらZから逆に歌ってみる，あるいは別のアルファベット・ソングで同じように歌います。アルファベットをペアで交互に言ったり，班ごとに言うといった活動もできます。母音（ａｅｉｏｕ），有声音（ｂｄｇｊｌｍｎｒｖｗｙｚ），無声音（ｃｆｈｋｐｑｓｔｘ）で色分けしたポスターがあれば，指定された色の文字では手を叩くなど，活動にバリエーションをつけます。文字を提示しながら，10回程度このような活動を行います。

②文字の形及び書き写しの指導

文字の形に注目させます。例えば，直線のみのもの（ＡＥＦＨなど）は先生の後にくり返すが，それ以外（ＢＣＤＧなど）は手を叩くだけといった活動もあります。友達の背中に文字を書いて当て合う，文字の形を体で表しABCソングを歌うといった楽しい活動から始め，「書く指導」の前に十分な助走期間を設けます。しっかりと文字の名前読みと文字の形を意識させる指導を音声つきで行ってから，4線上にアルファベットをていねいに書き写す指導をします。

③文字の音と指導

Apple, Banana, などのアルファベット順のキーワードを使って，音韻認識を高めるようにします。26のキーワードからなるジングル教材（カード，ポスター，パワーポイントのファイル）を使って何度もくり返し，一文字が1つの音を表すということに意識を向けさせます。A/ei/, a/æ/, a/æ/と始め

の音をくり返した後にantという単語を言う。ant, antと単語を聞いて語頭の音を/æ/, /æ/と言わせる。さらに絵のヒントなしでも，文字を見れば/ei/, /æ/, /æ/, /æ/とその音が言えるまでくり返します。動物，食べ物，身のまわりの物など，児童が飽きないようにキーワードのセットを変えながらくり返した後，文字を足したり（d＋o＋g），あるいはbat, cat, matなどの韻を踏むことばを集めて言ってみることで，文字の読み始めであるフォニックスを取り入れます。

2．単元指導計画と展開例

　以下に紹介するのは，大阪市立小学校における2週間分6回（1回15分）の短時間指導の単元指導計画です。文字指導を中心に4つの学習活動が組み合わされています。読みの力を利用して絵本を教員と一緒に読んだり，もし冊数に余裕があれば2人に1冊の本を与えて交互に助け合いながら音読します。歌やチャンツは，最初に何度も聞いて歌えるようになったところで歌詞を見せ，音と文字を結びつけながら歌ったり，意図的に穴抜きにした歌詞の簡単な単語を埋めたりといった活動を行います。

　短時間学習の具体的な展開は，低・中学年の色を扱う単元であれば，①色に関する絵本を2回読み聞かせ，②「虹の歌」を3回歌った後に，③「友達と好きな色を尋ね合う」といったタスク活動を，下の表1のように6回目の授業で行います。毎時間行うボトムアップによる文字指導とともに，トップダウンで児童にたくさんのインプットを与えることができるでしょう。また活動に変化を持たせることで児童が飽きることなく取り組めます。

表　45分指導から独立した学習中心の短時間学習単元指導計画

	1週目①	1週目②	1週目③	2週目①	2週目②	2週目③	振り返り
文字	○	○	○	○	○	○	
歌チャンツ	○		○		○		
絵本		○		○			
タスク						○	

第9章

授業の進め方
―― よりよい授業づくりのために

> この章では，授業づくりのための指導技術について考えます。ティーチャー・トークや教室英語，新教材の導入，反復・模倣，発問，さまざまな活動形態の使い分けや誤りの修正をより効果的に進めるためのコツを示します。また授業が学習指導案通りに進まない場合の対処法，及びTTのための打ち合わせやTTの進め方のコツについても紹介します。

- **Q 9-1** 授業を英語で進めるコツと望ましいティーチャー・トークは？ ……… 176
- **Q 9-2** 授業の各過程で使う教室英語は？ …………………………………… 179
- **Q 9-3** 語彙や表現の導入方法と留意点は？ ………………………………… 182
- **Q 9-4** 効果的な反復・模倣のさせ方は？ …………………………………… 185
- **Q 9-5** 望ましい発問とは？ …………………………………………………… 186
- **Q 9-6** さまざまな活動形態の活用法は？ …………………………………… 187
- **Q 9-7** 誤りの修正方法は？ …………………………………………………… 189
- **Q 9-8** 授業を学習指導案通りに進められないが……？ …………………… 191
- **Q 9-9** TTのための短時間で効果的な打ち合わせのコツは？ …………… 192
- **Q 9-10** TTを上手に進めるためのポイントは？ …………………………… 193

授業を英語で進めるコツと望ましいティーチャー・トークは？

英語で授業を進めるコツと児童の英語学習を促進するティーチャー・トーク (teacher talk) とはどのようなものでしょうか。

外国語活動の導入以来，小学校の教員の多くは「発音に自信がない」「間違った英語を聞かせてよいのか」「英語を教える自信がない」という悩みを抱えていました。教科化に向け，指導者の英語力向上が叫ばれる中，身に付けるべき英語力とはどのような力でしょうか。それは「実際に授業で使う英語を話す力」です。

これまでは「英語で何を話すか」が重視され，挨拶や指示，質問，依頼，励ましなど，授業で先生が使う教室英語（classroom English）を増やすことが優先されてきた一方で，「英語でどのように話すか」はあまり現場で取り上げられてきませんでした。

1．ティーチャー・トークとは？

ティーチャー・トークとは，子どもが理解しやすいように教員が意図的に調整して使う英語です。ティーチャー・トークを使う目的は，授業で子どもの理解や気付きを促したり，子どもから発話を引きだしたりすることです。学習者の英語力が低いほど，ティーチャー・トークは必要だといわれます。英語に出会ったばかりの日本の小学校の子どもたちには，ティーチャー・トークが必要です。

2．小学校の教員は毎日ティーチャー・トークを使っている

6年生担任から翌年1年生担任になった教員は，子どもに対する話し方がまるで別人のようです。なぜでしょうか。それは教員が子どもの発達段階に合わせて話し方を切り替えているからです。では，教員が1年生に指示する言葉の一例を見てみましょう。

「今から先生が，大事なことを3つ（指を1から順に1，2，3と立ててみせる）話します。よく聞いてください。1つ目（指1本を立てる）。赤鉛筆を1本，（箱から出して見せ）机の上に置きます。2つ目，白い紙に名前を書きます（実際に黒板に紙をはって書いてみせる）。3つ目。紙を先生に渡します。わかりましたか？　赤鉛筆・名前・先生に出す，です。それでは

始めましょう。」
　このように，大事なところをくり返し，具体物を示しながら話す。さらにはゆっくりと，抑揚やジェスチャーを大げさにして話すなど，1年生に合わせた言語調整をするのです。小学校の教員は仕事柄，これらを自然と身に付けています。授業で使いたいティーチャー・トークは，まさにこの英語版といってよいでしょう。

3．ティーチャー・トークは量も質も大切
　日常的に英語にふれる機会が少ないEFL (English as Foreign Language) 環境の日本では，授業でどれだけ多くの英語にふれることができるかが大切です。だからといって教員だけが一方的に英語で話し，子どもの話す機会を奪っては本末転倒です。
　英語が得意なある教員のティーチャー・トークを分析したら，量は十分でしたが，ほとんどが"Stand up, please". "Open your textbook to page…."といった指示に偏っていました。授業の主役である子どもが，できるだけたくさんの英語を使って活動できるよう，子どもから英語をたくさん引きだすことが教員の腕の見せどころです。そのために，教員の英語発話量を増やすことはもちろんのこと，ティーチャー・トークの質を高めることが大切です。以下の10のチェックポイントを見てみましょう。

```
1  ゆっくり間をとって話していますか。
2  ジェスチャーを交えて話していますか。
3  ほめたり励ましたりしていますか。
4  目で見てわかる具体例を示していますか。
5  大切なところはくり返したり強調したりしていますか。
6  子どもに質問してことばを引きだしていますか。
7  簡単な単語や短い文で話していますか。
8  子どもとやり取りしながら進めていますか。
9  子どもの発話をさまざまに言い換えて話していますか。
10 子どもの発話を広げたり，さりげなく訂正したりしていますか。
             (Chaudron (1988), 渡辺時夫ほか (1995) を一部改)
```

　小学生に英語を話すときには，ゆっくりと間をおいて表情豊かに，簡単な語彙を選んで，大切なことをくり返しながら，簡潔に話すことが有効です。これは先述の1年生担任の話し方と似ています。ポイント6にあるように，

先生が適切な質問を投げかけることで，子どもの参加を促し，興味を引きつけ，内容について考えさせたり，理解を確認したりできます。8，9，10のポイントは，難易度の高い「臨機応変に英語を使う力」が求められます。これらを自由自在にできればほぼ目標達成です。

4．めざせ，ポジティブ・フィードバック

　先生のフィードバックの与え方しだいで，子どもは変わります。間違いを正すときには，発達段階を踏まえ，子どものやる気を損なわないようなことばかけをします。ポジティブなフィードバックを常に心がけ，子ども同士が助け合える教室環境を作りましょう。以下に例を挙げます。

フィードバックの種類	フィードバックの例
正しい答えを認める	That's right./Correct./OK./Exactly.
間違いを指摘する	S_1：I can play swim. T：Oh, S_1san can swim.
ほめる	Fantastic./Nice./Very good./Wonderful.
子どもが言った答えを広げる・修正する	S_2：I like oranges. T：Oh, S_2san likes oranges. Who else likes oranges?
くり返す・要約する・まとめる	S_3：China. T：Yes, this country is China, not Japan. This is a new year festival in China.
コメントする	S_4：The answer is red and white. T：Wow, you know so many colors.

5．授業で日本語をどう使う？

　全国の先生に実施した調査（Yano, 2015）によれば，授業での日本語使用が効果的と考える担任は89.3％，ほとんどの先生がオール・イングリッシュの授業を望ましくないと考えていることがわかりました。その理由として，日本語使用により「子どもが安心できる」「子どもの活動時間を確保できるため」，英語だと「ゲームのルールが伝わらず，意欲が低下して逆効果」が挙げられました。しかし現状は，内容上必要かどうかではなく，先生の英語力に左右されがちです。これを打開せねばなりません。

　自身の現状を踏まえた目標を設定し，ティーチャー・トークを磨きましょう。ティーチャー・トークをコントロールするのは授業者である先生です。

授業の各過程で使う教室英語は？

教室英語（classroom English）を使いこなしたいのですが，45分間の授業の流れに沿って教員や児童が使うべき教室英語を紹介してください。

1．教室英語とは？

教室英語とは授業を進行する際に用いる英語表現のことで，樋口ほか(2010) では以下の機能に大別されています。

①始業の挨拶	Good morning. / How are you? — I'm fine. など
②指示	Stand up. / Come to the front. など
③質問・応答	Do you understand? / Can you help me? など
④ほめことばと励まし	Very good! / Good try! など
⑤終業の挨拶	That's all for today. / Good bye, class. など

2．教室英語を使うことの意義

言語習得におけるインプットの重要性（⇨ Q4-1,2, Q9-1）から考えても，教室環境で英語を学ぶ児童にとって，教室英語は重要なインプット源となります。また，教員が教室英語を駆使して語りかけながら児童に反応を促すことで，伝達手段としての英語を意識させる機会にもなります。

3．教室英語指導にあたっての留意点

教室英語を活用する際は，少しずつ計画的に指導する必要があります。特に導入期においては，ジェスチャーを交えたり，くり返し聞かせたりするなど話し方を工夫し，児童の理解をていねいに確認しながら進めましょう。また，児童にも教室英語を使うことを奨励すると，双方向の授業展開で授業が活気づき，教室英語の定着度が高まります。ただし，英語使用にこだわりすぎて授業進行が滞ってしまうようでは本末転倒です。複雑な活動を説明する際などは，日本語を効果的に使用する（⇨ Q9-1）ようにしましょう。

4．授業過程と教室英語

次の指導計画で，授業過程に沿って使用する教室英語の例を示します。
- 単元名：どんな楽器が弾けるの？
- 前時の表現：I can / can't play the (piano).

・**本時の表現**：Can you play the (piano)? — Yes, I can. / No, I can't.

①**はじめの挨拶**

T₁：Good morning, class.
Ss：Good morning, Suzuki-sensei.
T₁：How are you today?
Ss：I'm fine / good / great. / I'm OK. / I don't feel good.

②**ウォーム・アップと本時のめあて確認**

T₁：Now, let's sing a song. Stand up, please. Let's sing "Do-Re-Mi." Are you ready?
Ss：Yes!
〈児童と一緒に楽しく歌う〉

T₁：Now, answer my questions. How's the weather today?
Ss：It's sunny / cloudy / rainy / snowy.
T₁：Very good, everyone. Next, …

T₁：Good job. Now, look at the blackboard. Here is today's goal. Let's read it together.
〈全員で「本時のめあて」を読み上げる〉
T₁：Good. Sit down, please.

③**復習—例（前時の表現）**：I can / can't play (the piano).

T₁：Let's review our last lesson. First, let's go over these words. (黒板にはった絵カードを次々に指しながら) What is this?
Ss：Piano. Flute. Recorder….
T₁：Great. Now, listen to me. (絵カード数枚を○印のペープサートで指しながら) I can play the piano….
(絵カード数枚を×印のペープサートで指しながら) I can't play the flute….
(recorderの絵カードを○印で, guitarの絵カードを×印で指しながら) It's your turn, class.
Ss：I can play the recorder. I can't play the guitar.
T₁：Good. (pianoの絵カードを○印で, fluteの絵カードを×印で指しながら) This time, S₁ please.
S₁：I can play the piano. I can't play the flute.
T₁：Very good. Next, S₂ please.

④**導入—例（本時の表現）**：Can you play (the piano)? — Yes, I can. / No, I can't.
※単独授業の場合は, T₂はパペット（⇨ Q7-7 ）などを利用して行う。

T₁：Listen carefully. What are we talking about?
T₁：(CDでフルートの演奏を流して) I like the sound of flute.
T₂：Oh, do you? I like it, too. Can you play the flute, T₁?
T₁：No, I can't. Can you play the flute, T₂?
T₂：No, I can't. But I can play the ocarina.

T₁: Cool!
T₁: Now, answer my questions. Can T₂ play the flute? Yes or no?

Ss: No.
T₁: Good. What can T₂ play?
Ss: ….
T₁: Listen to us one more time.

⑤展開—例：Guessing Game（先生が楽器を演奏できるか推測する。）

T₁: Let's play the guessing game. I can play the guitar. Guess, true or false? Who says "true"? Raise your hand. Who says "false"? Raise your hand. Now ask me, "Can you play the guitar?"

Ss: Can you play the guitar?
T₁:（絵カードを×印で指しながら）No, I can't. The answer is false. Now, how about this? I can play the violin. True or false? …

⑥発展—例：Interview（3分間でワークシートの4つの楽器を演奏できる友達をインタビューして見つけ，その友達の名前を記入欄に書く。）

T₁: Let's interview your friends. （ワークシートの絵を指し）Who can play these? Walk around and ask your friends. Now, I'll show you a demonstration. Watch and listen.
T₁: Can you play the piano?
T₂: Yes, I can.
〈T₁はワークシートのピアノの欄にT₂の名前を記入する〉

T₁: Do you understand? Now, you have 3 minutes to interview.
⋮
T₁: Time is up. Go back to your seat. Now, who can play the violin in this class? Tell me, S₁?
S₁: Yuma, Seina, and Kohta.
T₁: Good job, S₁. Anybody else? …

⑦振り返りと終わりの挨拶

T₁: Here're your reflection sheets. Take one and pass them on. Does everyone have one?
Ss: Yes.
T₁: Circle the number of each item. Write your comments, too.
〈児童はふり返りシートに記入する〉

T₁: Are you finished?
Ss: Yes.
T₁: OK. Pass the sheets forward.
T₁: That's all for today. You did a good job. See you next time.
Ss: See you. Thank you.

語彙や表現の導入方法と留意点は？

児童のことばに対する気付きや体験的な理解を促す新しい語彙や表現の導入方法と留意点を具体例に沿って示してください。

1．2つの導入方法：演繹的 (deductive)／帰納的 (inductive) アプローチ

例えば，算数の授業で「三角形の面積の求め方」を指導する場合を例にとって考えてみましょう。

①1つのやり方として，まず教員が「底辺×高さ÷2」という三角形の面積を求める公式を教え，その後，その公式を使っていくつかの異なる三角形の面積を児童に求めさせ，正しく面積を求められたかを確認してあげる方法があります。まずルールを与え，練習によりその定着を図る「**演繹的アプローチ**」と呼ばれる方法です。

②一方，既習の正方形や長方形の面積の求め方を復習した後に，右上のような三角形が描かれた用紙を児童に与え，どのようにしてその面積が求められるかをペアやグループで考えさせるやり方もあります。

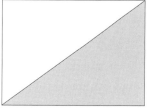

四角形の面積の求め方を復習して，それを意識した子どもたちは，この直角三角形の面積はこの長方形の半分であることに気付くことでしょう。さらに，右下のような三角形の面積も補助線を引くことに気付けば，この四角形の半分であることを理解するでしょう。

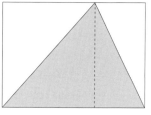

このようにして，「底辺×高さ÷2」という三角形の面積を求める公式を子どもたち自身に見つけさせることができます。データを与え，自分でルールを発見させる「**帰納的アプローチ**」と呼ばれる方法です。先生方は①②のどちらの方法を取られますか？ 小学校では，発見学習の②の方法を取られる先生が多いのではないでしょうか。

外国語の新しい表現の導入では，学習者に形 (form) と意味 (meaning)，及び使い方 (function：どんな場面でどんなときに使うのか) を教えることがポイントになります。昔ながらの文法訳読式は①の演繹的アプローチで

すが，できるだけ英語で進める授業では，②の帰納的アプローチが多く用いられます。

2．新しい単語の導入

単語の導入では，日本語訳を介さず実物，絵や写真などの視覚教材を見せてその意味に気付かせましょう。英語と日本語を混ぜて使うと，児童は混乱しますし，どうしても母語である日本語に頼る癖がついてしまいます。「英語の時間は英語で！」という雰囲気を作りましょう。単語の意味がわかれば，クイズやゲーム，チャンツなどでくり返しふれて定着を図ります。

3．新出表現の導入の進め方と留意点

帰納的アプローチによる新出表現の導入の進め方を次に図示します。手順は三角形の面積の求め方に気付かせる1.②と同じです。

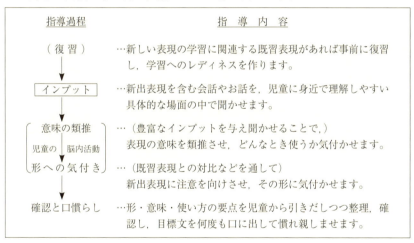

能力を表す助動詞canを使った表現を導入するなら，イチロー，錦織圭，福原愛など子どもたちに人気のスポーツ選手の写真を用意して，次のような児童との英語でのやり取りを通して，canの意味に気付かせます。

T：（イチロー選手の写真を見せて，わざと間違えた発話を行います。）
　　Hello. I am Tanaka Masahiro. Please call me Ma-kun.
Ss：No!!（You are）Ichiro.
T：Oh, I'm sorry. My name is Ichiro. Ichiro Suzuki. I am a good

basketball player.

Ss：No! Baseball player.

T：I'm sorry. I'm not a basketball player. I'm a baseball player.
「では，やり直します！（I'll try it again.）」
Hello, boys and girls. I am Ichiro. I play baseball in the Major League. I am a very good baseball player. ①I can play baseball very well.（下線を引いた目標文①を2，3回くり返して聞かせた後，児童に向かって問いかけましょう。）Can you play baseball well? Yes or no?〔児童からYes. や No. の応答が出るか注目しましょう。〕
（次に錦織圭の写真を持ったALTに向かって質問します。）
Can you play baseball well?

ALT：（首を振りながら）No, I can't. I can't play baseball well. ②I can play tennis very well.（OK. Please repeat. 2人の教員の後について，下線①・②の目標文をくり返させます。）

T：（児童に向かって）「みんなは福原愛ちゃんになって答えてね。」
Hello, Ai. Can you play tennis well?

Ss：No. 〔児童が正しくNoで答えられれば，英語での質問の意味を理解していることを確認できます。〕

T：No? What can you play? I can …（児童の発話を促します。）

Ss：I can play table tennis.〔児童が正しい形で応答できるか，新出表現の形への気付きを確認します。〕

できるだけ多くの児童に一人で英語を言う機会を与え，一人ひとりの理解を確かめながら定着を図っていきます。高学年では， can などのつづり字をカードで示してもよいでしょう。

児童が形と意味，使い方を正しく理解でき，基本文をスラスラ言えるようになれば，自分の好きそうな運動やスポーツ（一輪車に乗る：ride a unicycle，竹馬に乗る：walk on stilts），楽器（鍵盤ハーモニカを吹く：play the keyboard harmonica）などの語句を与えて，できることを英語で言わせてみましょう。

効果的な反復・模倣のさせ方は？

外国語の学習では反復・模倣は不可欠だと思います。英語学習に役立つ効果的な反復・模倣のさせ方を紹介してください。

1．反復・模倣練習の必要性

　小学校の英語の授業を参観していると，低学年ではうまくいっているのに，高学年では低学年のような活発な児童の反応が得られず，声が小さくなったり，沈黙の時間が生じたりすることがしばしば見られます。この原因は児童の発達段階の違い（⇒ Q2-1 ，Q14-4 ）にありますが，児童が発話する文の長さにも原因があります。中学3年生を対象に行われた英語学力調査でも，5語を超える文になるとくり返し（repetition）の精度が大きく落ちることがわかっています（国立教育政策研究所，2003）。短い文だと瞬間的な短期記憶で再生できますが，文が長くなると覚えきれず，聞いた瞬間に直聴直解で意味を理解したうえで，忘れた部分は自力で補って文を作り，発話することが求められるからです。小学校でも，Where do you want to go? — I want to go to Italy. など6語文やそれ以上の長さの文も出てきます。こういった文では，意味がわかっているだけではリピートできません。慣れ親しませるための適切な練習—反復・模倣練習が必要なのです。

2．反復・模倣練習を行わせる際の留意点

①練習する文の意味を理解したうえで行わせる

　我々がロシア語やアラビア語を注意深く聞いてくり返すことはできたとしても，意味を理解しないで音声をまねるだけでは，ことばは習得できません。児童が意味をわかっていない時点でくり返させないこと，今何を言っているのか児童に意味を意識しながらくり返させることが大切です。

②意味のある練習を行わせる

　「小学校では単調なくり返し練習は児童の意欲をそぐのでよくない」という人がいます。これは当然で，小学校にかぎった話ではなく中高でも同じです。チャート・ドリルの単語の置き換え練習のような意味を考えなくてもできる練習にならぬよう，児童が常に意味を考え，「誰に何を伝えているのか」を意識する意味をともなった練習（meaningful drill）が大切です。

望ましい発問とは？

児童の気付きを促す，理解度を確認する，考えや気持ちを引きだすなど，目的別に発問の方法を示してください。

1．気付きを促す発問の方法

音声への気付き，語彙の気付き，内容への気付きなど，児童に気付かせたい点はたくさんあります。授業の目的，児童の様子を見ながら気付かせたいポイントを絞って発問します。児童全員に気付きを促すために日本語で発問してもよいでしょう。例えば，「オレンジやアップルを英語で聞くと，どのように聞こえますか」と尋ね，「オ**レ**ンジ，**ア**ッポル」と強く発音する部分（アクセント）に気付かせるように導きます。また，まとまった内容を聞かせる場合，「3人の児童が自己紹介をします。それぞれが好きなスポーツや動物を紹介しています」のように，英語を聞かせる前に，気付かせたいポイントを日本語または英語で発問して聞かせます。また，一人の児童が気付いたことを全体の児童に共有するために，その気付きを紹介し，他の児童にも気付かせる機会を与えるようにします。

2．理解度を確認する発問の方法

例えば，まとまった英語を聞かせ理解度を確認する発問をする場合，概要（誰が，何を，いつ，どこで）に関する質問にかぎるようにします。質問は，児童の英語力に応じて，疑問詞で始まる疑問文，Yes-No疑問文などを使い分けましょう。またT-Fクイズ的に "Ken likes baseball. Am I right?" と尋ねて，Yes, No（あるいは○×）で答えさせてもよいでしょう。ただし，答えが出ない場合は，再度ポイントとなるところを，視覚教材などを用いて，くり返し聞かせた後，質問するようにします。なお，理解を確認する場合，できるだけ英語で発問するようにしましょう。

3．考えや気持ちを引きだす発問の方法

考えや気持ちを引きだす場合，Do you like pets? What pet do you like? と段階的に尋ねたり，I like math. How about you? のように自分のことを伝えて，相手に尋ねるようにします。児童が使える表現はかぎられている場合，無理に英語で発表させず，日本語で発表させてもよいでしょう。

さまざまな活動形態の活用法は？

個人，ペア，グループ，一斉といった活動形態の特徴とそれらの活用法についてアドバイスをお願いします。

まず活動形態の特徴と活用法について概観し，次に授業展開に沿った活動形態例を示します。

1．活動形態の特徴と活用法

①一斉活動

　一斉活動は，全員に学習内容の提示や説明をしたり，学習内容の理解，定着を促す練習をさせたりする際に適した活動形態です。一斉活動では児童一人ひとりの理解度や定着度を把握し，必要に応じて補足の説明や練習をしたり，個別指導を行うことも必要になります。

②個別（個人）活動

　個別活動は，学習内容の理解を深め，定着を図るために個々の児童に練習をさせたり，自分の考えや気持ちをまとめて発表させたりする活動に適した活動形態です。個別活動では，机間指導などによって個々の児童に指導，助言を行うことが大切です。

③ペア，グループ活動

　ペアやグループ活動は，児童が協働的に学び合う活動形態です。児童はペアやグループでお互い話し合って相互理解を深め，学びを深めていきます。積極的に活用したい活動形態です。

(1)ペア活動

　　ペア活動で，児童同士で理解度を確認し合ったり，練習したり，会話を行ったりします。児童はリラックスして活動に取り組み，一斉活動と比べ練習量や発話量も多くなります。

(2)グループ活動

　　グループ活動は，メンバーが互いに話し合い，協力し，一人ひとりの持ち味を出し合い課題を遂行する活動形態です。外国人にすすめたい日本の観光地の紹介などプレゼンテーションに発展させる課題解決型の学習や，モデルのスキットをオリジナル化して上演するといった活動に適

しています。

2．授業展開に沿った活動形態例

〇本時の目標：友だちの好きな野菜，嫌いな野菜を調べよう

授業過程，指導・活動内容	活動形態
①挨拶：挨拶の後，曜日，天候などについてQ&Aを行う。 ②ウォームアップ：野菜チャンツを言う。 ③めあての確認：本時の目標を確認する。	①，②，③とも一斉。①は，児童全員とやり取り後，数人の児童と個別にやり取りを行ってもよい。
④復習： 　(1)(野菜ビンゴ)I like ~. I don't like ~. を聞いて，好きな野菜のマスに目印を置いていく。 　(2)黒板にはられたうれしそうな顔，嫌そうな顔の絵カードの下に野菜の絵をはっていく。児童はそれを見て，I like ~. / I don't like ~. の文を言っていく。	(1)一斉。ビンゴになった児童に個別に野菜名を言わせてもよい。 (2)一斉活動で活動に慣れた段階で，児童を指名して個別に言わせる。
⑤導入と展開： 　(1)導入―復習(2)で使った顔と野菜の絵カードを利用し，数種類の野菜について，好きかどうかの尋ね方と答え方を聞かせて導入する。その後，尋ね方と答え方をくり返させ口慣らしをさせる。 　(2)展開―黒板に数枚の野菜の絵カードをはりその下に〇，×のカードをはる。それらを見て，S₁：Do you like pumpkin? S₂：(かぼちゃの下に×のカード) No, I don't.のように児童同士でQ&Aを行う。	(1)一斉。疑問文と答え方の形や意味の理解が十分でなければペアで相談させる。口慣らしは一斉，続いて個別で行わせる。 (2)活動の進め方を一斉指導で確認後，クラスを2グループに分け交互にQ&A，次にペアで交互にQ&Aを行う。
⑥発展： 　好きな野菜と嫌いな野菜が自分と同じ友達をできるだけ多く探すインタビュー活動。クラスをA，B2グループに分け，前半はAグループの児童がBグループの児童に次々にインタビューし，後半は役割を交代する。活動終了後，それぞれ何人探したかを質問する。	復習(2)と同様，活動の進め方を確認後，他グループの児童をペアの相手に自由に選んで次々に相手をかえてQ&Aを行う。 結果の報告は個別。
⑦振り返りと挨拶： 　振り返りシートに振り返りを記入後，全員で振り返りを共有する。	個別から一斉。

誤りの修正方法は？

児童の英語には誤りがたくさんありますが，誤りに対する対処のしかたや修正の方法を紹介してください。

子どもは誤りをしながらことばを身に付けていきます。だからといって，誤りを放置しておくといつになっても正しい英語は身に付きません。逆に，誤りを厳しく修正しすぎると子どもは学習意欲をなくします。では発話中の誤りにどのように対処し，修正すればよいのでしょうか。

1．誤りの修正方法

誤りの修正方法は，誤りの箇所を指摘し正しい規則を明示的に説明する明示的フィードバックと，誤りの箇所に意識を向けさせ，気付きを促し，自分で修正させる暗示的フィードバックに大別できます。

①明示的フィードバック
　S：（少し離れたところにある帽子を指して）This is my cap.
　T：帽子は少しは離れたところにあるからthisではなくthatだね。That's my cap.
この種のフィードバックは，活動や授業のまとめの段階で与えます。

②暗示的フィードバック
児童に適した方法を4つ紹介します。
(1) 言い直し（recast）：誤りの箇所を言い直し，児童に誤りに気付かせ，修正させます。
　S：I am study math on Sundays.　　T：Oh, you study math on Sundays.
　S：I study math on Sundays.
(2) 誘発（elicitation）—A：誤りの箇所とそれを正しく修正した表現を選択疑問文で示し，児童に正しい表現を選ばせます。
　S：I want three pencil.　　T：Three pencil or three pencils?
　S：Three pencils. I want three pencils.
(3) 誘発（elicitation）—B：誤りの箇所の直前まで言ってポーズを入れ，児童に誤りに気付かせ，修正させます。
　S：I want three pencil.　　　T：I want three ….

　　　　S：Three pencils. I want three pencils.
　(4)**くり返し（repetition）**：誤りの箇所を上昇調でくり返し，児童に誤りに気付かせ，修正させます。
　　　　S：（マキは卓球が上手）Maki can play tennis well.　　T：Tennis?
　　　　S：Table tennis. Maki can play table tennis well.
　(3)，(4)は(1)，(2)と比べ，自己修正がやや難しいと思われます。

2．授業における誤り修正の実際
　授業過程に応じた誤りの修正方法について考えてみます。
①口慣らしやくり返し練習の段階
　新しく導入した表現が，例えば "I want to go to Italy." とすると，口慣らしやくり返し練習で，"I want go to Italy." といった誤りがときどきあります。この段階では，このような誤りに対して一種の明示的フィードバックとして "I want to go to Italy." と正しい英語を示し，児童にくり返させます。
②慣れ親しませる活動の段階
　例えば国旗の絵カードを見て，行きたい国を言う慣れ親しませる活動では，"I want to go Italy." といった誤りが多く見られます。誤りをした児童の学力等にも配慮し，次の暗示的フィードバックのいずれかを与え，児童に正しい表現に気付かせ，自己修正させます。
　　・Oh, you want to go to Italy.（recast）　　・Go Italy?（repetition）
　　・'Go Italy' or 'go to Italy'?（elicitation-A）
③コミュニケーション活動の段階
　例えば，児童が数か国の中から行きたい国を選びます。その児童が行きたい国を一般疑問文で尋ね，2回の質問で当たらなければWhere do you want to go? と尋ねる推理ゲームです。以下は，児童の発話の誤り例です。
　　a．Are you want to go to France?　b．Do you want go to France?
　　c．When do you want to go?
　　c．の文では話し手の意図が相手に伝わらないので，その場でWhere do you want to go? と修正し，活動が円滑に進むよう支援が必要です。a，bの文は話し手の意図は相手に伝わるので，活動中は修正せず，活動終了後に暗示的フィードバックを与えて修正させ，正しい表現が定着するよう全員でくり返し練習をしておきます。

授業を学習指導案通りに進められないが……？

授業を学習指導案通りに進められない場合がよくありますがどうしてでしょうか。またどのように対処すればよいのでしょうか。

次の観点から学習指導案を見直してみましょう。

①本時の目標は適切であったか

　本時の目標が児童の実態に合った適切なレベルに設定されていたかどうかです。毎日児童と接していても児童の学習状況の読み違いはよくあります。目標設定にあたり，「少なくともこれだけは理解してほしい，できるようになってほしい」という児童全員がクリアすべき最低限の目標を，通常の目標とは別に設定しておくと，授業がスムーズに進まなかった場合にも余裕を持って対処できます。

②学習内容や活動の分量は適切であったか

　既習事項の復習や新出事項の学習についてあれもこれもと欲ばりすぎていませんか。例えば，新出の表現に慣れ親しませる活動であれば，「必ず行う活動」と「時間に余裕があれば行う活動」とを準備しておいたり，「時間が不足すれば割愛する活動」をあらかじめ決めておきましょう。

③話題や活動内容，活動形式は児童の興味・関心に合っていたか

　新出の言語材料の導入時や活動の話題は児童の興味・関心をひきつけたでしょうか。活動内容，形式はどうだったでしょうか。興味・関心に合った話題，活動内容，形式であれば，児童は主体的に学習に取り組み，授業は学習指導案に沿ってスムーズに進み，充実したものになるでしょう。これら以外に，次のような工夫も学習指導案通りに授業を進めるうえで役立ちます。

- 夏の暑い日に運動場でめいっぱい遊んだ後など，児童はなかなか学習しようという気持ちにはなりません。このような場合，大きな声で英語の歌を歌ったり，英語の指示を注意深く聞いて体で反応するゲームを行ったりして児童の気分転換を図り，英語学習へのレディネスを高めさせます。
- ある活動（特にペアやグループ活動）から次の活動へ移行するのに意外と時間がかかります。クラス全員に「指導者に注目させるジェスチャー」を約束事として決めておき，活動の移行時はそのジェスチャーとともに指示し，指示の徹底を図ります。

TTのための短時間で効果的な打ち合わせのコツは？

TTに際し，学習指導案の作成や授業の進め方，役割分担など，短時間で効果的に打ち合わせを行うコツを紹介してください。

1．基本パターンを決めておく

①学習指導案

　各学校には学習指導案の様式があり，つけたい力やそれをどのような活動を通して育成するのかが明記されていると思います。基本的には教員同士が共有するその指導案を使いますが，ALT用に活動の区切りごとに少しスペースを空けたものを用意しておきます。そこに活動の種類やキーワード等を英語でメモ書きしておき，打ち合わせ時にジェスチャーや簡単な絵なども使って説明します。ALTもそのスペースに自分のメモを書き込むでしょう。活動の事前練習だけでなく，教材準備の役割分担も忘れずに。

②授業の進め方

　これも基本的な授業の流れを決めておきます。

　（例）1．挨拶　2．歌・チャンツ　3．展開　4．発展　5．振り返り

　また，基本的な役割や順番を決めておくとよりスムーズです。

　（例）挨拶やデモンストレーションでは，HRT（担任）からALTへ，ALTから児童への順番で行う。歌やチャンツはALTがリードし，HRTがICT教材の操作をする。ALTの説明やスモールトーク時は，HRTがキーワードをくり返したり，ALTに質問をしたりして児童の理解を支援する，など。

2．打ち合わせの時間を決めておく

　放課後に打ち合わせ時間が取れる場合は，学校の月間予定やALTに渡すスケジュール表に時間を明記しておきます。それが難しい場合，高学年はALTが来る曜日に専科の時間（音楽等）を時間割に組んでおき，その時間に打ち合わせをします。中学年はHRT，ALTの休憩時間を別途確保したうえで，児童の20分休みや昼休みを利用して行います。

　いずれにしても，HRTによって授業パターンが異なるとALTは混乱します。学習指導案の様式や授業の流れ，役割等を学校として決めておくことが必要でしょう。

TTを上手に進めるためのポイントは？

TTによる授業がうまく進められません。TTを上手に進めるためにどのような点に留意すべきでしょうか。

　まずは，単元の目標，各観点の評価規準とそれを実現するための学習活動，各授業でつけたい力や活動内容，授業の流れ等の基本的なことがらが学習指導案を通して事前に共有されていることが大前提です。そのうえでポイントをいくつか紹介します。

1．HRT（担任），ALTそれぞれの基本的な役割を明確にしておく

　ALTの役割は，「英語のモデル」と「コミュニケーションの相手」です。発音のモデルだけでなく，絵やジェスチャーなどを使いながら簡単な英語で指示や説明をしたり，児童が言おうとする英語が不完全なときはさりげなく正しい英語で言い直したり，くり返したりしながら児童を励まし，コミュニケーションをしようとする意欲を育みます。

　HRTの役割は，授業の計画から実践，評価まで，あくまで自分が中心になって進めることです。めあての提示，授業の進行，振り返り，時間管理等一人で授業をするときと同じです。特に重要なのは，学級経営，個別指導の視点。どの場面でどの子を指名して自己有能感を高めるか，伸ばすかなど，小学校の授業は1時間単位ではなく，1日のスパンで成り立っています。例えば1時間目の算数で落ち込んだ児童を，その日のどの場面でフォローアップするかなど，児童一人ひとりのことを常に考えることが大切です。英語だから何か特別なことがあるわけではありません。ALTや外部指導者に英語に関する部分を支援してもらうことはあっても，指導案の作成を依頼したり，指導を丸投げしたりするのはあってはならないことです。

2．授業の流れや授業中の役割を決めておく

　挨拶はHRTから始める，歌やチャンツはALTがリードしながらHRTがフォローアップする，よく行う活動（ポインティングゲームやキーワードゲームなど）は，HRTとALTがまずモデルを示し，児童を参加させながら進め，児童同士の活動中は主にHRTが気になる児童のサポートをするなど，それぞれの基本的な役割を決めておきましょう。ほかにも，例えば板書は

HRTがしましょう。小学校では日本語でも英語でも「文字」をていねいに扱います。めあてや授業の流れの提示だけでなく，どんな文字を，どの程度の大きさで，どこに書くのがよいのかを知っているのはHRTです。ALTの仕事ではありません。

3．HRT，ALTの「立ち位置」を決めておく

挨拶やデモンストレーションをするときの2人の立ち位置，HRTが主で進めているときのALTの位置，その逆の場合，児童同士の活動や発表時の位置等，そのときどきのねらいと役割に応じてそれぞれの「立ち位置」は変わります。例えば，ALTが黒板の前で自国の文化を紹介しているとき，HRTはどこに立って何をすべきでしょうか。児童がALTに集中できるように児童の視界から外れ，ALTからはHRTも見え，HRTからはALTと児童の両方が見えるように……。教室のサイド，前から中央あたりでしょうか。児童の理解状況を見ながら児童やALTに確認ができます。また，HRTが児童と基本表現の練習をしているとき，ALTにはどこにいて何をしてほしいですか？ 英語にかぎらず，どの授業においても，そのときのねらいに応じた教員の「立ち位置」は重要です。

2人のうちのどちらかが指導している間，もう1人が何もせず立っているだけ（？）という場面を見かけることがあります。仮に時間がなくて十分な打ち合わせができていなかったとしても，それぞれが自分の「立ち位置」を考えながら動くことで，そのような場面は減らすことができます。

4．児童（学習者）の視点で積極的に「介入」する

事前の打ち合わせが不十分で，ALTの使う英語が児童にとって難しすぎたり，速すぎる場合があります。そんなときは"Would you please say it again?" "Would you speak slowly?"など，児童の立場で積極的に「割り込み」ましょう。また，HRTがキーワードをくり返したり，簡単な表現や単語に英語で言い換えたり，絵やジェスチャーを使ってカバーしたり，「先週社会科で習ったよね」といったヒントを与えたりするなど，児童の視点で考え，支援をしましょう。ALTにとってもよい「指導モデル」になります。

ALTはさまざまな学校，学年，学級でTTを行います。具体の役割やパターンなど，決められることは決めておき，HRTが児童の実態に合わせて関わることで，より効果的なTTになっていきます。

第 10 章

児童の関心，意欲を高める指導

> この章では，児童にやる気を起こさせる指導のポイントや，英語に対する児童の関心・意欲・態度を育成し，持続させるにはどうすればよいかを考えます。次に，中学年・高学年，それぞれの発達段階に応じて児童の動機づけを高める指導について取り上げます。さらに児童の自己有能感を高める指導や，自律した学習者を育成する方策について考えます。

- **Q 10-1** 児童にやる気を起こさせる指導のポイントは？ ……… 196
- **Q 10-2** 英語学習に対する関心・意欲・態度を育成,持続させるには？ ……… 198
- **Q 10-3** 中学年の児童の動機づけを高める指導とは？ ……… 200
- **Q 10-4** 高学年の児童の動機づけを高める指導とは？ ……… 202
- **Q 10-5** 自己有能感を高める指導とは？ ……… 204
- **Q 10-6** 自律した学習者を育成するには？ ……… 206

児童にやる気を起こさせる指導のポイントは?

英語嫌いの児童を好きにさせたり,児童にやる気を起こさせたりするには,どのような工夫を行えばよいでしょうか。

私たちはどんなときにやる気が起きたり,起きなかったりするのでしょうか。「やる意味がない」と思っていることに取り組む意欲は湧かないでしょうし,「どうせやってもできるわけがない」と思っていることへの挑戦は,なかなか最初の一歩が踏み出せないものでしょう。また,「これが何になるのかわからないけど,先生が授業で説明していることは覚えなくてはいけない」と思っているとき,前向きに勉強することは容易ではないと思われます。これらの「やる気が起きない」状況や理由を検討することで,反対に「やる気が起きるのはどんなときか」を考えることができます。そのためには目の前にいる子どもたちを「よく観察する」ことが大切ですが,この「やる気」「学習意欲」「動機づけ」についてはこれまでに多くの研究がなされており,以下に参考になる理論を紹介します。

1. 学習に対する価値づけ

「これに取り組むことは意味のあることだ」と認知すること,つまり学習に対して価値を見いだしていることが学習意欲に影響すると考えられます。Eccles (2005) は学習に対する「価値」の構成要素として次の4つを挙げました。

①達成価値 (Attainment Value)
　課題をうまくやることがどれだけ重要か
②内発的・興味価値 (Intrinsic and Interest Value)
　課題に取り組むことで得られる楽しさや喜び
③利用価値 (Utility Value)
　課題に取り組むことが将来の計画にどれくらい役立つか
④コスト (Perceived Cost)
　不安,失敗することへの恐れ,自分が成功することで仲間から拒絶されることへの恐れなど,課題に取り組むことで起こり得るコスト

　このような価値を学習に見いだせるように支援することが重要になります

が，「勉強することは大切だ」と思っているだけでは行動にはまだつながりません。そこでもう1つ重要になるのが「期待」という考えです。

2．期待・自己効力

　Bandula (1977) は「結果期待 (Outcome Expectations)」と「効力期待 (Efficacy Expectations)」という2つの期待があることを指摘し，その関係を示した自己効力理論を提案しました。「結果期待」とは，ある行動がどのような結果をもたらすかの期待と定義されます。例えば，この問題集を最後まで解けばテストでよい点が取れるだろう，という期待です。一方「効力期待」は，自分が「よい成績をとる」という成果を得るために必要な行動（努力）をうまくできるかどうかという予期です。勉強すればよい成績が期待できるとわかっていても（結果期待が高くとも），「その勉強が自分にはとてもできそうにない」と思っている場合，学習するという行動にはつながりません。このことから，「自分にもできそうだ」という「効力期待」すなわち「自己効力感」を高めることが重要であることがわかります。

3．関係性（自己決定理論）

　動機づけに関する研究で現在広く認知されている理論として自己決定理論 (Deci & Ryan, 2002) があります。自己決定理論では，何かをやり遂げることへの自信を持ちたいという「有能性の欲求」，自分の意思で自己決定したいという「自律性の欲求」，そして，帰属感や他者とつながっている感覚を持ちたいという「関係性の欲求」があり，これらの3つの生得的な心理的欲求を充足させることが，自律的な動機づけを高めるうえで重要と考えられています。学習者の「自己効力感」や「有能感」を育て，学習者自身が課題や学習に価値を見いだすためには，指導者からの声かけも重要になります。指導者からの提案やほめことばなどの声かけが学習者に肯定的に受け止められ，作用するためには，指導者と学習者の間のよい関係性が大切です。また，安心して学び合える学習者同士の関係性構築も重要です。

　これらの理論を実際の教室で指導という「かたち」にするためには，学習者をよく観察し，課題がどこにあり，どのような刺激・支援が功を奏しそうかを考えることが大切になります。

英語学習に対する関心・意欲・態度を育成，持続させるには？

英語学習に対する関心や意欲を高め，学習に取り組む態度を育成し，持続させるにはどのような工夫が必要でしょうか。

　外国語学習はときに練習が単調であったり，ルールを理解して単語や表現を覚えたりすることも多く，忍耐や学習の継続が必要なこともあり，英語学習が嫌いになる学習者が生まれます。そこで，少しでも英語に対する関心や意欲を高める工夫を考えてみましょう。

1．異文化や異言語に興味を持たせる

　英語を学ぶとためになる，新たな発見があって楽しそうという気持ちを育てるために，英語を話す国や英語圏の文化，ちょっとおもしろい話などを紹介します。英語の楽しい表現（rain cats and dogs：土砂降り，one's cup of tea：お気に入り）やことわざ，早口ことば，和製英語（アイドル，タレント，バイキング，フライドポテト），英語になった日本語（sushi, karate, kimono），英語の発音（マクドナルド，セーター），日本と英語圏のジェスチャーの違いなどを用いて，英語に興味を持たせたり，とっさのひと言（Oops! Wow! Ouch!）やつなぎことば（you know, well）などを教えて使わせたりします。児童に "It's cool." と思わせれば一歩前進です。また，英語で読む日本や世界の昔話，英語圏や英語圏以外の国々の学校生活や文化，暮らしなどを紹介したり，国際理解やグローバル教育につながるような内容を取り入れたりします。

2．英語を使う機会を設ける

　英語でじゃんけんやだるまさんが転んだ，手遊び歌などで遊んだり，朝活動や体育や音楽の時間に英語を用いたりするなど，外国語活動や外国語科の時間以外でも英語を用いる機会を増やしましょう。自然に英語を話せる環境ができると日常の学校生活の中に英語が入ってきます。

3．学びの共同体を作る

　学習に取り組ませるためには，静かな環境と学び続ける集団を育てることが重要です。特に，担任やクラスメートとの信頼関係，間違っても笑われた

り恥をかいたりしない，温かい雰囲気や励ましにより，英語が苦手な児童でも安心して学べるようになります。また，クラスで英語リーダーを育て，スローラーナーをサポートしてくれるような体制を作りましょう。高学年になれば，先生には聞きにくいが，友達には聞けるかもしれません。信頼し，助け合うことができる仲間とともに学べることが大変重要です（⇨ Q11-1 ）。

4．達成感を味わえる課題に取り組ませる

児童に学力差や個人差がある場合，どの児童にも合うレベルの課題を設定することは難しいかもしれませんが，ときには何種類かのタスクを用意して，自分でできることを選ばせて課題に取り組ませてあげましょう。ちょっと頑張ればできる課題，少しジャンプしなければできないが，やり遂げたときには達成感や自信がつくような課題など，やりがいがあり，やる意味があり，楽しくためになる課題を設定することが，学習に対する意欲を高め，学習を続けさせる動機づけとなります。

5．CAN-DO 評価で有能感や自己効力感，自律性を育てる

やる気は，すぐに生まれるものではなく，常にあるともかぎりません。動機づけには，やってみようと思うきっかけ，やり続ける意志，やり終えた後の振り返りと達成感が必要で，それらを通してまた頑張ろうという気になります。そのサイクルをうまく組み立ててあげることが大切です。その1つの手段としてCAN-DO評価があります。以下の4つの段階を設定し，単元や毎時間振り返りを継続することで，例えば，「自分が，今は①だが，先生や友達の助けがあればできる②や，多くの学習者の目標となる③や，さらに上の④に進みたい」と自己評価したり，目標を設定できるといったメタ認知を高めることができます。また，③や④に到達することができれば，有能感や自己効力感を与え，自律した学習者に育てることができます（⇨ Q12-5 ）。

①自信を持ってできない段階
②自信があまりない学習者でも何らかの補助的な足場があればできる段階
③多くの学習者にとって目標となる段階
④自信のある学習者を飽きさせないような挑戦的課題を設けた段階

どの児童も英語が好きになり，楽しく英語学習に取り組んだり，積極的に英語でコミュニケーションが図れるように，根気強く働きかけましょう。

中学年の児童の動機づけを高める指導とは？

中学年の児童の動機づけを高めるにはどのような指導や工夫が必要でしょうか。

多くの小学校では、3年生から英語の学習に取り組むことになります。学習開始年齢が引き下げられることは、学習期間が長くなることにつながります。また年齢が低い学習者は音声面の習得に利点があることも多くの研究で認められており、この時期に学習への興味をうまく喚起し、持続させることができれば、長く続く英語学習を支える礎を作ることができると考えられます。一方で、年少の学習者には文法規則を見つけ出し、体系化することは難しく、思春期以降の学習者よりも学習に時間がかかるとされています。そこで、中学年の児童に適した学習内容と学習方法を選択することが児童の学習意欲や動機づけを高めるうえで重要になります。

1. 自己効力感の育成

英語習得への道のりは大変長く、ゴールの見えない旅でもあります。それを実現するためには、学習の開始段階で「やる気の喪失」に至らないようにすることは非常に重要です。そのためには小さな挑戦と「できた」という体験をくり返すことが大切です。3年生の学習開始段階では、「英語は将来必要だから学ぶ」といった目的を明確に持っている児童は少ないものと思われます。だからこそ、1つ1つの学習活動を児童にとって興味深いものにしていき、学習に対する肯定的な価値づけがなされるよう支援することが重要です。また、「やればできるはず」という期待を自分自身に持つことができるよう支援することも重要です。

赤ちゃんが話し始めるまでにはかなりの時間がかかります。その間、赤ちゃんは何もしていないのではなく、たくさんの話しかけられる音を聞いています。英語学習でも同様に、学び始めたばかりの児童に、いきなり発話を求めるのではなく、十分に英語を聞く期間を持つことが大切です。その間に、児童は英語らしい音声の特徴や意味の捉え方等を体験し、蓄積していきます。ここを急いでしまうと、「できない」「伝わらない」といった失敗体験につながってしまいます。したがって、英語学習の初期段階である中学年（特に最

初の段階）では，「聞いてわかる」ことに特に重点を置くことが望まれます。そして，聞いて理解したことを言語以外の方法で示す（体で反応する，イラスト等で理解を示すなど）ことができるような活動を中心に，授業を構成するとよいでしょう。言わせることよりも，英語の音声にふれ，意味理解に重きを置きながら「わかった」体験を重ねることが望ましいと考えます。

2．すべてがわからなくても聞こうとする態度を育てる

　かつての英語指導では，教科書に書かれていることは「読めて，発音できて，意味がわかって，書けて，構文を使って発話できる」というふうに，4技能すべてで同等レベルでの理解や発表能力を求めていたように思います。しかし実際には，外国語がすべて完璧にわかるというのは，上級の学習者でもなかなかないことですし，実際には母語でも難しいことです。例えば，日本語のニュース番組であまり親しみのない話題が取り上げられているとき，知らない専門用語が出てくることもあるでしょう。それでも私たちは何となく話の中身を理解することができます。一言一句漏らさず理解できていなくとも，全体の概要を捉えることができるわけです。これが外国語になると聞き取れない語，意味を知らない語が一語登場しただけで，途端にすべてがわからなくなってしまったり，思考停止に陥ってしまったりする学習者がいます。これは英語学習においては望ましくない傾向で，多少わからなくても，わかった情報から意味を捉えようとする力や，すべてがわからなくても気にしない力の育成が大切になります。これを専門的には「曖昧さへの耐性」と呼びます。

　なぜこの「曖昧さへの耐性」を育てることが大切かというと，すでに述べた通り，外国語で知らない語が登場したり，わからない語彙や表現があることは当たり前のことだからです。にもかかわらず，すべてわかること，すべて知っていることが「わかることだ」と思い込んでいる場合，少しでもわからない語が登場すると，「わからない」「できない」と否定的に捉えることにつながってしまいます。それが有能感や自己効力感の伸長を妨げることになります。そうではなく，聞いたり読んだりした内容から「何となくこういうことでしょう？」という理解のしかたを育てることが，長く続く英語学習を支える力として重要です。

高学年の児童の動機づけを高める指導とは？

高学年の児童の動機づけを高め，知的好奇心を刺激するにはどのような指導や工夫が必要でしょうか。

1．自律的な学習の支援

　動機づけを高めるためには Q10-1 で示したように「有能性」「自律性」「関係性」の三欲求を満たすことが大切です。また，学習意欲を高めるためには「目標の提示」が重要だともいわれています（鈴木，2012）。どの分野の学習であれ，究極的には自律的に学ぶ学習者を育てることが大切です。学習者は一人ひとり好む学び方や，学習するときに行うこと（学習ストラテジー）が異なります。それを自ら適切に選択し，学習を継続させることが大切です。そこで高学年の学びでは，自律性を高め，「先生に言われたことをやっている」だけでなく，自らが自分の学びをコントロールしているという「学びの主体感」を感じられるように支援することが，英語学習への動機づけを高めることにつながると考えます。

　授業において，単元や本時の目標は指導者が立てるのが一般的です。それは学習すべき内容と方向性を把握している指導者の大切な仕事です。しかし，その提示のしかたしだいでは，「なぜそれを学ぶの？」という学ぶ意義を児童が感じられないまま，児童に言語活動を強いることにつながることもあります。そこで大事になることは，児童との目標の共有のしかたです。なぜこの学習課題に取り組むのか，なぜそれをめざすのかを児童の学習への「価値づけ」へつながるように示すことが重要です。さらに一歩進めて，「自らに学習の内容・方法の選択権があり，自ら選択して学んでいる」という感覚を育てることを試みるならば，児童に本時に学ぶことのゴールを考えさせ，決めさせることも1つの方法です。「子どもたちは学ばなくてはならないことが何かを理解していないのだから，目標決定などできない」「予定外のことをやりたいと児童が言い出したら困る」などと思われるかもしれませんが，指導者が前時の学びを振り返り，次のステップのためには何をしなくてはいけないかをきちんと問いかければ，もともとの指導計画とそう遠くない目標を児童は設定するはずです。大きくずれた方向に目標を設定しようと児童がしたときには，それで本当によいのかを考えるヒントを提示することで，本

来の道筋に戻るでしょう。つまり，先生によるもともとの計画通りの学習活動を行うのだけれど，児童が自分たちで今日の学習の目標や内容を決めたように感じさせる工夫をするということです。それが学習意欲へとつながります。

2．本物の体験の場を提供する

　外国語学習において本物らしさ（authenticity）の追求はとても大切です。言語は現実社会で使用するものです。例えば，canの学習で，I can ～．と自己表現する活動をするとします。しかし現実社会において，「私は泳げます！」とアピールする場面がどれだけあるでしょうか。「このビンのふたが固くて開けられないんだけど，あなたは開けられる？」という場面の方がずっと多そうです。このように，現実の場面でcanがどのように使われるかを吟味して活動を計画することが高学年の児童が「不自然でおもしろくない」と思ってしまわない学習活動を行ううえで大切です。

　上述の「英語使用場面の本物らしさ」に加え，本当に英語を使ってみる体験の場を用意することも効果的です。クラスメートとのやり取りも，「本物らしさ」を意識することで意味のあるコミュニケーションになりますが，「初めて会う，英語でしか通じ合えない人との交流」という本物の体験が，学習意欲に与える影響は大きいと考えられます。しかし，単に交流を1回行うだけでは，その効果は単発で短いものになります。一時の楽しさで終わらせないためには，やはり学習者が自律的・能動的にその交流活動に関わることができるように工夫することが必要でしょう。例えば，「留学生が来てくれるから，好きな色や食べ物を尋ねるなど，これまで習ったことを活用して会話をしましょう」と指導者が学習を枠づけてしまうのではなく，2時間交流の時間があるけれど，何をするのがよいと思うか，その交流活動のためにはどんな英語が必要になるか，今まで学習したことの中でどんなことが使えそうか，を子どもたちが主体となって考えることで，交流体験がより一層色鮮やかなものになり，また終えた後の達成感につながると考えられます。高学年では学習をコントロールする主体を児童に委譲し，先生は方向の微調整やフィードバックの提供者となるように，「一歩引いた指導」で児童の動機づけを高めるとよいと考えます。

自己有能感を高める指導とは？

児童の自己有能感を高めるには，どんなことに気をつければよいでしょうか。また，望ましい指導内容を紹介してください。

1．小学校における英語指導の特性

　小学校教育は全人教育です。さまざまな知識・技能を身に付けながら，周囲の人との関わりや言語の役割を理解させ精神の成長へと導きます。成長途上にある小学生は，動機づけや学習意欲に情意面での影響が出やすいので，英語の指導においても，教員はそれぞれの児童の個性を見極めながら，自己有能感を高める工夫をする必要があります。

2．指導の留意点

　児童自身が授業の目的を理解し，目的に向かって努力する自分を自覚し，さらに教員が常に見守ってくれているという安心感があれば，児童は，学びに向かう自己を肯定的に捉え始めます。児童の自己有能感を高めるために，英語の授業で留意するべき4点を挙げます。

①具体的に，意欲や態度をほめること

　"Good job!" と言ってクラス全体を漠然とほめても，児童の心には届きません。"Tanaka-san, good gesture!" と個人を特定したり，「その発想，おもしろいね！」と特定の場面をほめることが効果的です。

　また，児童の中には，「上手にできたかな」や「たくさん覚えましたか」といった成果を問う質問を負荷と感じる子もいます。「今日の歌はよく声が出ていたね」とか「Twelveの発音，みんな頑張ったね」というような，積極的な態度を肯定する具体的なコメントは，児童の自己有能感を高めることにつながります。

②活動の目的を児童に理解させること

　特に高学年には，英語の活動の目的を理解させることが大切です。教室の黒板の隅にその日の活動メニューを書く際には，例えば「伝言ゲーム」だけではなく，「(聞いて伝える)」と添え書きし，授業開始時に，児童と一緒に確認するとよいでしょう。児童の有能感を高めるのは，ゲームに勝った満足感ではなく，自分の英語が伝わった体験の積み重ねなのです。

③テンションを無理に上げて行わせる活動を疑うこと
　おおげさに "It's a game time! Yeah!" と叫んでも，児童は，目的があいまいな活動や幼稚すぎる活動を見抜き，乗ってきません。そのゲームが適切な目的を持った有能感を高める活動かどうか，指導者の判断が必要です。
④授業の振り返りを児童のことばで行わせること
　目的を示して行った授業の終わりには，児童と一緒に振り返りをするとよいでしょう。意識して行ったこと，努力したこと，達成したことなどを児童が自分のことばで語ることが，英語学習に対する主体性を育てます。

3．望ましい指導内容
①段階的なプロセスを用意し，自信をつけさせること
　児童の有能感を高めるには，段階的な「足場かけ」が必要です。チャンツを口まねさせただけで，すぐ児童同士のコミュニケーション活動を始めるのではなく，さまざまな練習をさせます。すべての児童が「わかった，言える」ようになってから，メインの活動へと導きます。
　例：チャンツと同様の対話をさまざまに試してみる。まず教員対クラス児童全員，次に教員対各班の児童，そして班同士で行うなど。
②児童の思いや判断が生きる活動を取り入れること
　児童同士のコミュニケーション活動が，使える表現が限定されているため不自然で，盛り上がらないことがあります。ときには，教員と児童が英語で行う，「考える」活動を設定してみましょう。
　例：色の単語を練習した後に，さまざまな物のモノクロ写真を示す。例えばリンゴなら，黄や緑も正解として用意する。交通信号であれば，3色の並び順を考えさせたり，「進め」の色がgreenかblueかを，児童を巻き込んで議論させたりすることも可能です。
③グループでの助け合い，教え合いを活性化すること
　高学年になると，英語力の差が出てしまうこともあります。グループでのプロジェクトを行うことで，仲間が協力し合い，支え合う機会となります。一人ひとりが学習の主役になる体験ができるよう配慮しましょう。
　例：グループで校内の先生方にインタビューをして授業で発表する。好きなもの，スポーツ，行きたい国など，質問項目もグループに考えさせる。役割分担が平等になるように相談させる。

 **自律した学習者を育成するには？**

自ら学び，積極的に英語学習に取り組む児童を育てるにはどうすればよいでしょうか。具体的な方法あるいはアイディアがあれば紹介してください。

1．自律した学習者とは？

　自律した学習者（autonomous learner）とは，自分の学習をコントロールできる学習者です。すなわち，自分にどのような学習が必要であるかを考えて学習のゴールを決め，その学習に必要な教材を選択し，自分の不得意な部分に気付いたり，適切な学習のペースや時間配分を決め，学習の進み具合をモニターしたり，評価したりすることができる学習者のことです。つまり，英語学習に対して積極的に自ら関わり，進んで教材を手に取り，自分で計画的に学ぼうとする学習者で，うまくいったり，失敗したりしたときにはその理由を考えて，次に生かそうとする学習者です。そのような姿勢や態度を持ち行動に移せるようになると，学習が楽しくなり，時間をかけて学ぶうちに英語ができるようになり，自信と学力がつき，どんどん成長していきます。

2．自ら学び，積極的に英語学習に取り組む児童を育てるために

①動機づけを高める（⇨ Q10-1 , Q10-3 , Q10-4 ）

　先生が，自らの英語学習や海外旅行の体験を述べたり，外国人をクラスに招き，英語で話す様子を見せたり，英語を学ぶことでどのようなよいことがあるかを伝えます。また，外国の音楽やアニメ，映画の一場面を見せ，興味を引きだします。『えいごリアン』や『プレキソ英語』などを用いて，同世代の子どもたちが英語を学んだり使っている様子を見せることも効果的です。

②目標を設定させる（CAN-DOの導入）（⇨ Q3-4 , Q3-9 , Q3-10 , Q12-5 ）

　短期・中期・長期の目標を立てさせます。英語で挨拶ができるようになる，アルファベットの歌が歌えるようになる，英語の絵本がだいたいわかるようになる，身近な単語が英語で言えるようになる，など児童にいつまでにどのようなことができるようになりたいか，目標を考えさせます。

③計画を立てさせ，明確なビジョンを持たせる

　自分が設定した目標を達成するには，どのようなことをすればよいか計画を立てさせます。毎日15分英語を聞く，絵カードを毎日見て単語を覚える，

1か月に1つ英語の歌を覚える，など具体的な計画を立てさせます。
④取り組んだ内容と時間を記録させる
　絵本の多読であれば，ブックレポートなどを作らせ，本のタイトル，読書時間，内容，感想などを中心に記録させます。保護者，あるいは先生に提出させたり，内容を発表させます。
⑤友達とペアやグループで学び合う活動をさせる
　授業の中でペアやグループで学び合いの時間を作ったり，夏休みなどに自主学習に取り組ませます。話し合いや発表の時間を取り，互いの取り組みを紹介させましょう。スキットやクイズ大会を計画したり，下級生に英語劇を見せたり，絵本の読み聞かせをしたり，留学生を招いて日本文化を紹介するなどの機会を設定すると，自ずと頑張ろうと意欲が湧いてきます。
⑥取り組みを振り返らせる（⇨ Q12-6 ， Q12-8 ）
　やりっぱなしでなく，月，学期，学年を通してどうであったかを振り返らせます。簡単な感想を書かせて提出させ，先生がコメントを書いて返すとともに，振り返りシートをポートフォリオ評価に用いることもできます。

3．環境整備と教員の支援
①環境を整備する
　自律した学習者を育てるためには，環境整備が重要です。例えば，教室に和英／英和辞書や英絵辞典，英語絵本，絵カードやポスター，英語のビデオやDVD，CD等のリソースを備えます。また，インターネットなどでいつでも必要な情報を調べることができるようにします。
②適切な時期に，適切な場面で，適切な支援を与える
　児童の様子を見ながら，学習方法やストラテジーを教えましょう。
③できたことをほめて育てる
　児童に英語パスポートを持たせて，シールを与えたり，学習日記をつけさせ，点検したり，できたことを大いにほめます。
　自己決定理論を提唱したDeci and Ryan（1995，2002）は，自己決定性の高い動機（主に内発的動機）が第二言語学習に寄与するとし，関係性，有能感，自律性が重要だとしています。達成感を与え，動機づけを高め，自律した学習者を育てましょう（⇨ Q10-1 ， Q10-3 ， Q10-4 ）。

第 11 章

多様な児童への対応とクラスルーム・マネージメント

> この章では，まず，児童が楽しく，自信を持って参加できる学習環境づくりの視点について考えます。次に，昨今よく耳にする「学びのユニバーサル・デザイン」の視点から授業づくりのポイントを挙げています。また，英語学習に遅れがちな児童，授業に集中できない児童，ペアやグループでの活動に参加できない児童に対する指導の在り方，発達障がいのある児童への対応についても考えていきます。

- **Q 11-1** 児童が楽しく，自信を持って参加できる環境を作るには？ ……… 210
- **Q 11-2** 「学びのユニバーサル・デザイン」とは？ …………………………… 212
- **Q 11-3** 英語学習が遅れがちな児童に対する指導は？ ……………………… 214
- **Q 11-4** 授業中に立ち歩いたり，集中できない児童への指導は？ ………… 216
- **Q 11-5** ペアやグループでの活動に参加できない児童への指導は？ ……… 217
- **Q 11-6** 「発達障がい」のある児童への対応や英語の指導は？ …………… 218

 **児童が楽しく,自信を持って参加できる環境を作るには?**

英語の時間になると消極的になる児童が,楽しく,自信を持って参加できる学習環境を作るにはどうすればよいでしょうか。

　他教科では積極的に参加しても,英語の時間になると発言の数が少なくなったり,声が小さくなったりする児童がいます。このような児童が楽しく,自信を持って授業に参加できるためにはどのような指導が必要か考えてみましょう。

1.「わかった!」「できた!」と感じさせる

　どの教科であれ,子どもたちは楽しい授業を望んでいます。ですから,授業に消極的になる児童が多い場合は,まずは歌,チャンツ,ゲームなど,どちらかというと「遊び的な楽しさ(fun)」をともなう活動を多く取り入れるとよいでしょう。ただし,この楽しさは一過性の場合が多いので,最終的には「〜がわかった!」「〜ができた!」という「知的な楽しさ(interesting)」を感じ取らせることが必要です。今までわからなかったことやできなかったことが,わかるようになった瞬間やできた瞬間はまさに楽しい瞬間です。ですから,「遊び的な楽しさ」から少しずつ達成感や満足感を味わわせる「知的な楽しさ」へと移行させます。この「知的な楽しさ」は学習意欲を高め,「もっとわかるようになりたい」「もっとできるようになりたい」といった学びの継続にもつながります。

2.小さな成功体験を積み重ねさせる

　授業では小さな成功体験を少しずつ与え,「わかった!」「できた!」という感覚をできるだけ多く味わわせ,自己有能感を高めることが大切です(⇨ Q10-5)。そのためには,消極的,自信のない児童は他の児童が発言した後や,全体,ペア,グループで十分練習し自信がついた後で指名したり,Yes/Noで答えられる易しい発問を投げかけたりしながら,少しずつ成功体験を積ませることが大切です。

3.積極的にほめる

　子どもはほめられると大変うれしく思います。ですから,学習に消極的,

自信のない児童には，できていることを中心にプラスのことばがけをし，小さな声で発言したとしても，発話したことに対して，"Very good!", "Great!"などこころを込めてほめ，「できた感」を多く与えることが大切です。言語面以外でも「友達の顔を見ながら話していたね」「頑張って伝えようとしていたね」など，児童が頑張っている姿を積極的にほめてあげます。ほめる際には，クラスのみんなの前でほめてあげましょう。そうすることで，その児童のクラスでの所属意識を高めることにつなげます。ただし，教員はクラスのどの児童に対しても公平な態度が望まれますので，特定の児童だけを過度にほめたり，他の児童と比較してほめたりすることは避けるべきです。また，教員は常に子どもの苦手なことを把握し，あえて失敗させない，恥をかかせないといった指導上の配慮も必要です。

4．練習量を確保する

コミュニケーション活動や自己表現活動を行う前に，目標となる語彙や表現を含む文をたっぷりと聞かせ，その後，練習する時間を十分確保します。この考え方は，スポーツの試合に出場するためには，十分な練習が必要であることと同じです。ただし，練習といっても，機械的なくり返しをともなうドリルに終始してはいけません。児童にとって「意味のある文脈」で，「意味のある発話」（児童が伝えたいこと，相手に尋ねたいこと）を練習させることが必要です。

5．教員と児童，児童同士の信頼関係を築く

児童が「間違っていても大丈夫」と安心して学習できる環境を作ることが大切です。そのためには，クラス内での信頼関係を築くことが何よりも重要です。教員は授業以外の場でも，普段から子どもたちの学校生活や家庭生活で楽しかったことなどを話題にし，子どもたちとのコミュニケーションの機会を作り，児童理解に努めましょう。また，授業では，ペアやグループでの学びを積極的に取り入れ，助け合いながら学習することの心地よさを体験させたり，子どもたち同士で活動を評価し合ったりすることもよいでしょう。（ただし，評価する際には，相互に認め，高め合う評価を心がけるように伝えます。）そうすることで，教員と児童，児童同士の信頼関係に基づく心地よい学習空間を作りあげることができます。

「学びのユニバーサル・デザイン」とは？

「学びのユニバーサル・デザイン（UDL）」ということばをよく耳にしますが，英語授業との関連性について教えてください。

1.「学びのユニバーサル・デザイン（UDL）」とは

昨今，「ユニバーサル・デザイン」ということばをよく耳にしますが，これは1985年にアメリカで公式に提唱された概念で，文化，言語，国籍の違い，障がいの有無などを問わず，できるだけ多くの人が利用しやすく，暮らしやすい環境づくりを設計することを意味します。例えば，トイレや浴室で使用するインテリアバー，外国人のために文字の代わりに表示する絵文字などが挙げられます。

昨今，教育場面で学習者の多様性が指摘されています。このような状況下で，子どもたちの障がいの有無にかかわらず，通常の学級ですべての児童・生徒が多様なアプローチで学ぶための原理やガイドラインを総括したものが「学びのユニバーサル・デザイン」(Universal Design for Learning) です。UDLの概念開発に関わったCAST (Center for Applied Special Technology) によると，UDLとは「すべての学習者に対する学びの実現をめざしたカリキュラム開発のための枠組み」(2011) と定義されています。このような支援や授業内での配慮は，障がいのある子どもには「ないと困る」支援であり，どの子どもにも「あると便利」な支援であるといわれています。

つまり，UDLは特別な支援の必要の有無にかかわらず，通常の学級において，すべての学習者の個性を大切にし，個性に配慮した柔軟な目標，方法，教材や評価方法を創り出していくことを意味しています。これは障がいのある子どももそうでない子どもも同じ場で学ぶという個人差や多様性に対応する「インクルーシブ教育システム」の礎となるところです。

2. UDLに基づく授業づくりの基本概念

UDLに配慮した授業づくりでは，以下に説明する「焦点化」「視覚化」「共有化」が基本概念として挙げられます。

- 焦点化：毎時の授業のねらいや活動を明確にし，見通しをつけさせたり，発問や課題を絞り込んだりする。

- 視覚化：ICT機器やグラフィック・オーガナイザーを利用し学習内容や学習活動を視覚的にわかりやすく提示する。
- 共有化：協働での活動を通して，学びを共有し，他の学習者とともに学習の成果を実感させる。

3．UDLが示唆する授業づくりのポイント

　UDLの基本概念をもとにした授業づくりのポイントを挙げてみましょう。
①授業の冒頭に，本時の授業の流れを提示することで，学習の見通しを持たせ，主体的に活動できるように計らう。
②授業の流れや活動をある程度パタン化しておく。
③教員の説明や指示は短く，はっきり，わかりやすく行う。
④ICT機器をはじめ，イラスト，写真，映像などの視聴覚教材を有効活用する。
⑤板書の際には，チョークの色，文字の大きさ，行間に配慮したり，ルビを振る，アンダーラインを施す，罫線で囲んだりする。
⑥常に認め合える学級集団，一人ひとりが大切にされる集団づくりを心がける。
⑦協働での学びの喜びを共有できるよう工夫する。
⑧子どもたち同志で，ほめ合う，温かいフィードバックを与え合うことを習慣化する。
　上記①～⑧に加えて，教室の物理的環境を整えることも大切です。
⑨掲示物を精選する。
⑩棚は中身が見えないようにするためカーテンをつける。
⑪床にテープをはり机配置のサインとする。
　このようなUDLの基本概念に配慮した授業設計をすることで，一人でも多くの児童・生徒が安心して授業に参加し，学ぶ喜び，わかる楽しさ，できたときの達成感を味わうことができるはずです。ただし，一斉授業を基本としながらも，目標基準に達成していない学習者には個別に指導することも大切です。

英語学習が遅れがちな児童に対する指導は？

クラスには英語学習が遅れがちな児童がいます。このような児童にはどのように指導すればよいのでしょうか。

1．英語学習が遅れがちな児童の傾向

小学校では，すでに英語の授業が嫌いな児童，授業に消極的な児童が見られます。「小学校外国語活動実施状況調査」（文部科学省，2015a）によると，5・6年生では，英語の授業が嫌い，どちらかといえば嫌いと回答した児童は計9.1％，英語の授業に進んで参加していない，どちらかといえば参加していないと回答した児童は計8.2％でした。

そこで，小学校教員を対象に児童の英語学習への苦手意識に関する聞き取り調査を行いました。その結果，英語学習に苦手意識を持つ児童には，①アルファベットが読めない，書けない，大文字・小文字を識別できない，②単語や文が聞き取れない，うまく発音できない，覚えられない，③英語学習に対する学習意欲が低い，という傾向が強いことがわかりました。

中学校，高等学校で英語学習につまずいている生徒の多くも同様に，基本的な単語や文を読むことや書くことができません。アルファベットでつまずいている生徒もいます。以下，英語学習が遅れがちな児童への指導について考えていきます。

2．遅れがちな児童への指導
①アルファベットの指導

アルファベットの指導は，以下のような段階を踏んで，少しずつ，くり返し，ていねいに行いましょう（樋口ほか，2010b）。
Stage 1：アルファベットの形に興味を持ち，アルファベットに親しむ。
Stage 2：大文字・小文字を認識する。
Stage 1では，教室にアルファベットや英語のポスターを掲示するなど，日頃から文字が子どもたちの目に入る環境を作っておきましょう。そして，授業ではアルファベット・ソングを歌ったり，文字の一部を隠しWhat letter is this? と尋ねたり，パノラマ風のイラストに隠された文字を探したりしながら文字に慣れ親しませていきます。Stage 2では，大文字と小文字

が混じったAからZまでのカードを，まずは大文字のAからZまでを並べ，その上に小文字を置いていく活動や，大文字・小文字のカードをマッチングさせる神経衰弱のような活動を行うとよいでしょう（⇨ Q4-5,6, Q7-6 ）。

②単語や文の指導

　基本的にはALTの話す英語や，CD，DVD，ICT機器などを活用し，良質の英語をたっぷりと聞かせ，単語や文に慣れ親しませることが何よりも大切です。その際，聞いて身体で反応したり，描いたり，選んだり，線を結んだりといったさまざまなタスクを設けるとよいでしょう。次に，単語や文を声に出して言う練習が必要です。その際「間違っても大丈夫」と子どもたちが安心して学習できる受容的，支持的な教室環境を作ることが大切です。

　単語の指導では，日本語との音の違いを意識させたり，英語の音のつくり方を示したり，英語のアクセントに注意を向けさせながら，指導者の後についてくり返し読む練習をします。音声で慣れ親しんだ語句をひとかたまりとして認識し読ませることもよいでしょう。さらに，アルファベットのつづりと音の関係を理解させ，ルールにしたがって単語を読む練習を行うことも必要でしょう。

　文の指導では，まず指導者の後について，I/get/up/at/seven.のように，個々の単語をていねいに読む練習をします。次に，I/get up/at seven.のように，徐々に意味のまとまりを考えながら，かたまりとして読んでいきます。その際，英語のリズムやイントネーション，音の連結や脱落といった音声変化にも注意を向けさせます。それでも単語や文を覚えられない子どもたちには，読む練習に加え，書く（なぞる，書き写す）練習も必要かもしれません。

③学習意欲を高めるための指導

　英語学習への意欲を高めるには，クラスや個人の実態を把握することから始めます。実態把握の視点として，「児童の興味・関心に合った題材であるか」「児童にとって，意味があり，やりがいのある活動を提供しているか」「学習を促進するための教材・教具を活用しているか」「発問内容や個人指名のしかたは適切か」「達成感を実感できる評価をしているか」「教室内の人間関係は良好であるか」「授業に集中できる環境となっているか」などが挙げられます。上記の視点をもとに，クラスや個人に適切に関わっていくことで，子どもたちの学習意欲を高め，主体的な学習を促すことができるでしょう。

 **授業中に立ち歩いたり,集中できない児童への指導は?**

授業中に立ち歩いたり,体をゆすったりして授業に集中できない児童がいますが,どのように指導すればよいのでしょうか。

上記のような行動が見られる場合,以下の指導が考えられます。

1. 望ましくない行動を引き起こす理由について考える

子どもの一つひとつの行動には理由があります。まず子どもたちの行動を見極め,望ましくない行動については,それを引き起こしている理由や背景をしっかりと認識していきます。授業中に立ち歩いたり,体をゆすったりして授業に集中できない場合は,学習内容がわからない,課題が難しすぎる,指示内容がわからない,友達の注意をひきたい,窓の外の景色や廊下の音が気になったりするなどが原因として挙げられます。このような行動に対しては,Q11-2 で挙げた対処法が参考となるでしょう。

2. 望ましい行動はほめて強化する

教員はどうしても子どもたちの問題行動に目を向けがちです。もちろん,問題行動については,その理由を伝えながら,感情的にならず落ち着いて諭していきます。それ以上に大切なことは,普段と比べ,望ましい行動が見られたときに,タイミングよくほめることです。肩をポンとたたいたり,手を握ったりして何らかの身体的な接触のあるほめ方が効果的です。また,望ましい行動が見られるたびにシールなどを与えることも効果的です。

3. 多様な活動を計画する

授業に集中できる時間を確保するためにも,授業では「静」と「動」の活動をうまく織り交ぜることがポイントです。つまり,テキストを使いリスニングの練習をする,絵本の読み聞かせに耳を傾けるなど,どちらかといえば「静」の活動と,全員で一斉にキーワードゲームやビンゴゲームをする,まわりの人にインタビューをする,などの「動」の活動を計画的に取り入れるとよいでしょう。

上記の指導を行っても,児童の行動に改善が見られない場合は,ADHD（注意欠陥多動性障がい）の可能性も含めて指導する必要があるかもしれません（⇨ Q11-6）。

ペアやグループでの活動に参加できない児童への指導は？

ペアやグループでの活動に参加できない児童がいます。このような児童にはどのように指導すればよいのでしょうか。

ペアやグループでの活動を「やりたくない」といって活動に参加しなかったり，相手を過剰に意識し緊張して何も言えなくなったり，また普段とは違うペアとなる相手やメンバーにあたると，落ち着きがなくなったりする児童がいます。このような児童には以下の指導が考えられます。

1．一緒にいて安心できる友達と学ばせる

ペアやグループでの活動に参加できない場合，その児童が最も頼りにしている友達や一緒にいて安心できる友達をペアやグループのメンバーとしてつけるようにします。また，グループでの協働学習が苦手な場合は，初めのうちは，話すことがあまり要求されないメモ係や資料の配布係などの役割を与え，少しずつ参加の幅を広げていくとよいでしょう。

2．友達との関わり方を教える

日々の教育活動の中で，友達と関わる際の声のかけ方，声の大きさ，目線の合わせ方，表情，相手との距離感，質問のしかたや意見の述べ方，友達を不愉快にしない話し方などについて，ロールプレイを取り入れ訓練すると効果的です。いわゆる「ソーシャルスキル・トレーニング」を少しずつくり返し行うことで望ましい対人関係の作り方を学ばせていきます。

3．友達との関わる機会を作る

児童の性格や特性は実にさまざまで，活発な子もいれば，内気な子もいます。個人での学びを好む子もいれば，ペアやグループでの学びを好む子もいます。内気な子どもには，2．で示した人との関わり方をロールプレイなどで体験させながら，授業の内外で友達と関わる機会を徐々に増やしていきます。協働での学習を苦手とする子どもには，その子の興味・関心のある話題を取り上げ，「友達っていいな」「みんなで学ぶって楽しいなあ」と協働での学びに楽しさや心地よさを感じ取らせることが大切です。

上記の指導を行っても，児童の行動に改善が見られないときは，自閉症の可能性も含めて指導する必要があるかもしれません（⇨ Q11-6）。

「発達障がい」のある児童への対応や英語の指導は？

クラスの児童の一人が発達障がいと診断されました。発達障がいのある児童への対応や英語の指導について教えてください。

文部科学省の報告（2012）によると，通常の学級に在籍する児童・生徒のうち，「知的発達の遅れはないものの学習面または行動面で著しい困難を示す」子どもたちが6.5％存在するとあります。つまり，40人学級であれば，発達障がいあるいはその可能性がある児童・生徒が，2〜3人いることになります。これを踏まえて，次期学習指導要領では，障がいのある児童・生徒などについては，学習活動を行う場合に生じる困難さに応じた指導内容や指導方法の工夫を計画的，組織的に行うこと，と示されています。

1．発達障がいとは

発達障がいのある児童は「ちょっと変わった子」「困った子」「わがままな子」として見られがちですが，本人にはそのような意識や自覚はなく，悪気もありません。なぜ人と同じようにできないのか，なぜ人とうまくつき合えないのかと深刻に悩んでいるのは，実は本人自身なのです。

そもそも発達障がいは，脳の一部の機能が年齢相応に発達していないことによって起こり，図1に示すように，「注意欠陥多動性障がい」（ADHD），

自閉症スペクトラム（ASD）
・ことばの発達遅滞の可能性
・コミュニケーションの障がい
・対人関係・社会性の障がい
・パターン化した行動，こだわり，興味・関心の偏り

注意欠陥多動性障がい（ADHD）
・不注意
・多動・多弁
・衝動的な行動

学習障がい（LD）
・「読む」「書く」「計算する」などの能力が，全体的な知的発達に比べて極端に苦手

図1　障がいの特性（厚生労働省「発達障害者支援施策」2014を参考に作成）

「学習障がい」(LD),「自閉症スペクトラム」(ASD) などが挙げられます。いずれの障がいもその程度や現れ方には個人差があり,その対応も個々のニーズに応じて行う必要があります。

2．発達障がいのある児童への英語指導のポイント
①「注意欠陥多動性障がい（ADHD）」のある児童への指導
　「注意欠陥多動性障がい」のある児童は，授業中に教員の説明や指示に対して注意を向けることが困難で，そのため学習内容を理解できず，授業がわからなくなるほか，「落ち着きがない」「話を聞いていない」と叱責され続け，学習意欲を失ってしまう児童が少なくありません。そこで授業では比較的短時間でできる「静」と「動」の活動を組み合わせ，一つひとつの活動に集中させることを心がけます。ですから，英語学習も座学学習に加え，起立して歌を歌ったり，まわりの人とインタビューをしたり，ジェスチャーなどを取り入れたりしながら，適宜「動き」をともなう活動を計画するとよいでしょう（⇨ Q11-4 ）。また，集中できる環境を作るために，掲示物を減らしたり，窓から外を見えなくするためにカーテンを閉めたりするなど，まわりからの不必要な刺激を減らすことも大切です（⇨ Q11-2 ）。

②「自閉症スペクトラム（ASD）」のある児童への指導
　「自閉症スペクトラム」のある児童への指導は，主にコミュニケーションの難しさ，対人関係・社会性の難しさから，ペアワークやグループワークで問題が起こりやすいといえます。英語の授業では，物語や絵本の全体像やあらすじが捉えられない，作者の意図や会話の内容が理解できない傾向が見られます。このような児童には， Q11-5 で取り上げたように，ペアやグループの構成メンバーを工夫したり，ソーシャルスキル・トレーニングを取り入れ，友達との関わり方を学習したり，普段から友達と関わる機会を多く持たせたり，特定の場面を設定し，登場人物の気持ちを理解させたりします。また，こだわりが強く，自分の興味・関心と合わないと学習したがりませんが，いったん興味を持つと逆に自主的に学習し始めますので，教員は常に彼らが何に興味・関心を抱いているか（あるいは抱いていないか）をしっかりと把握しておく必要があります。また自閉症のある児童は視覚的能力が高い場合が少なくありませんので，授業では，絵カード，写真，ポスター，実物などを活用する，重要なところはチョークの色を変えたり，下線を引いたり，囲ん

だりして板書のしかたを工夫するとよいでしょう。またマルチメディアなどのICT機器を有効活用することもできます。

③ 「学習障がい（LD）」のある児童への指導

「学習障がい」のある児童は，特に，読む，書く，計算することに困難をともなう傾向があります。英語の授業では，聞いたり，話したりすることに問題が見られない児童も，読んだり，書いたりすると，途端につまずくことがあります。このような児童には，アルファベットの指導では，例えば，絵カードのBを指しながら，「Bはどんな形か言ってみて」と教員が尋ね，「左に棒が一本，右側にでっぱりが２つ」などと児童に説明させたうえで，それを粘土やモールで作らせます。その後，"B，B，B"と言いながら粘土やモールで作った立体的な文字を指でなぞらせたりしますが，多感覚を刺激することで単に書く練習よりも定着しやすくなります。

今後，小学校でもアルファベットや基本的な単語や文を読んだり，書いたりする機会が多くなると，学習障がいのある児童は英語学習にさらに困難を感じることでしょう。読むことが苦手な児童には，文字が歪んで見える，揺れて見えるなど文字の見え方に課題がみられることがありますが，行間に余裕を持たせたり，文字のフォントや大きさに配慮したり，用紙の色を変えたりするだけで改善される場合があります。また，正しく書き写しができないことへの支援には，罫線を拡大コピーしたり，基本のベースラインをわかりやすくするためにハイライター等で色をつけ目立たせたりします。単語間に適度なスペースを開けられない場合は，１つの単語を書き終えるごとに，反対の手の小指でスペースを取りながら書き進めさせます。

また，これまでの研究からは，フォニックス指導の有効性も示唆されています。まずは，音と文字の関係に気付かせる指導から始めるとよいでしょう。例えば，map, mat, mopに共通する語頭音に気付かせたり，batのbをcに変えるとcat, bをhに変えるとhatになることに気付かせたりします。フォニックス指導では，すべての規則を教え込むのではなく，アブクド読み（音読み）から始め，児童の負担にならない範囲で，使用頻度の高い規則から少しずつ，時間をかけてくり返し教えていくことが大切です。フォニックス指導は，児童の達成感につながりやすく，自尊感情が低い児童には大きな自信へとつながる可能性を秘めています（⇨ **Q4-8** ）。

第 12 章

評価の在り方，進め方

> この章では，まず領域と教科における評価の違い，評価の観点，評価規準と評価基準の関係について紹介した後，外国語活動と外国語科の評価方法について考えます。また，4技能の評価例を紹介し，CAN-DO評価についても取り上げます。さらに，自己／相互評価の意義と進め方，振り返りシートの在り方について考え，パフォーマンス評価やポートフォリオ評価も紹介します。最後に授業中に教員が行う評価について考察します。

- **Q 12-1** 領域と教科の評価の違いは？ ……………………… 222
- **Q 12-2** 評価の観点，評価規準，評価基準の関係は？ ……… 223
- **Q 12-3** 外国語活動と外国語科の評価方法は？ ……………… 225
- **Q 12-4** 4技能の評価は？ ………………………………………… 227
- **Q 12-5** CAN-DO評価とは？ …………………………………… 229
- **Q 12-6** 振り返りシートの作成法と活用法は？ ……………… 231
- **Q 12-7** パフォーマンス評価とは？ …………………………… 233
- **Q 12-8** ポートフォリオ評価とは？ …………………………… 235
- **Q 12-9** 自己評価・相互評価の意義と進め方は？ …………… 237
- **Q 12-10** 授業中に教員が行う評価は？ ………………………… 238

領域と教科の評価の違いは？

外国語活動と外国語科では、それぞれ評価はどうなるでしょうか。これまで通りでよいのでしょうか。

領域扱いの「外国語活動」と「外国語科」では評価は異なります。

1. 中学年の「外国語活動」の評価

外国語活動では、外国語による言語活動を通して、児童が主体的にコミュニケーションを図ろうとする意欲や態度が重視され、言語や文化に関する気付きを促し、外国語の音声や基本的な表現に慣れ親しませながら、自分の考えや気持ちなどを伝え合う力の素地を養うことが大きな目標です。そこで、教科のようにテストの成績によって数値的に評価するのではなく、児童のよい点や進歩の状況などを積極的に評価するとともに、指導の過程や結果を評価し、指導の改善を行い、学習意欲の向上に生かすようにします。つまり、外国語活動に関わる学習評価は、各学校で評価の観点を定めて、児童の学習状況における顕著な事項や、児童にどのような態度が身に付いたか、外国語や外国の文化などについてどのような理解が深まったかなど、評価を文書で記述します。その際、観察評価や振り返りシートなどで、児童の成長を見取り、活動の工夫や教員の励まし等を通して、さらに頑張れるような肯定的な評価を与えることが大切です。

2. 高学年の「外国語科」の評価

「外国語科」では、他教科と同様の評価が必要です。授業計画を作成する際に、中学校英語との接続をめざす小学校英語の評価の観点を踏まえて指導・到達目標を設定し、児童が最終的に目標を達成したかどうか、また学習過程においてどのような進捗状況を示しているかを、さまざまな方法で評価を行い、「小学校児童指導要録」に観点別に評価を記載します（⇨ Q12-2 ）。その際、小中連携の視点からもパフォーマンス評価や、CAN-DO評価を用いた振り返りシートなども活用しながら、リスニング、スピーキングテストをはじめ、4技能5領域について学習の成果を数値で適切に評価することになります。また、児童のよい点や可能性、進歩の状況等については、日々の活動や総合所見等を通じて児童に伝えることになります。

評価の観点，評価規準，評価基準の関係は？

外国語活動と外国語科の評価の観点，評価規準及び評価基準について説明してください。

1．外国語活動と外国語科の評価の観点について

　評価の観点とは，観点別評価を行う際に，どのような観点で評価するかといった評価の基本となるものです。次期学習指導要領においては，各教科を通じて「知識・技能」「思考・判断・表現」「主体的に学習に取り組む態度」の3観点で評価するとあり，外国語活動と外国語科の評価の観点と評価規準は次のようなものになると思われます。

	知識・技能	思考・判断・表現	主体的に学習に取り組む態度
外国語活動	・外国語を用いた体験的なコミュニケーション活動を通して，簡単な語句や表現などの外国語を聞いたり言ったりしている。 ・外国語を用いた体験的な活動を通して，日本語と外国語との音声の違いに気付いている。	・簡単な語句や表現を使って，自分のことや身のまわりのことについて，友達に質問したり質問に答えたりして表現している。	・外国語を用いてコミュニケーションを図ることの楽しさや言語を用いてコミュニケーションを図る大切さを知り，相手意識を持って外国語を用いてコミュニケーションを図ろうとしている。 ・言語の大切さや文化の共通点や相違点やさまざまな見方や考え方があることに気付いて，外国語を用いてコミュニケーションを図ろうとしている。
外国語科	・外国語で「聞くこと」「話すこと」「読むこと」「書くこと」について，定型表現など実際のコミュニケーションにおいて必要な知識・技能を身に付けている。 ・外国語の学習を通じて，言語の仕組み（音，単語，語順など）に気付いている。	・馴染みのある定型表現を使って，自分のことや気持ち，身のまわりのことなどについて質問したり答えたりするなどして表現している。	・外国語を用いてコミュニケーションを図ることの楽しさや言語を用いてコミュニケーションを図る大切さを知り，相手意識を持って外国語を用いてコミュニケーションを図ろうとしている。 ・外国語の学習を通じて，言語や，多様なものの見方や考え方の大切さに気付いて，主体的に外国語を用いてコミュニケーションを図ろうとしている。

　語彙・表現や文法などの知識の習得に主眼を置くのではなく，それらを活用して実際にコミュニケーションを図ることができるような知識や，自律的・主体的に活用できる技能を評価したり，コミュニケーションを行う目的・場面・状況等に応じて，情報や考えなどを的確に理解したり，適切に表現したりするなど，伝え合うことができているかに留意して評価します。ま

た,「知識・技能」「思考・判断・表現」の観点から評価を行う事項を,「主体的に学習に取り組む態度」の事項としても捉え,児童がコミュニケーションへの関心を持ち,自ら課題に取り組んで表現しようとする意欲や態度を身に付けているかどうかを評価することが重要です。さらに「外国語を用いて何ができるようになるか」という観点から単元全体を見通したうえで,単元目標と各学校が設定した領域別目標(CAN-DO指標)とが有機的につながるよう,単元・年間を通してすべての観点から総合的に評価することが大切です。

　各単元の評価規準については,単元が「My Summer Vacation」であれば,単元計画や指導案を参考に,**知識・技能**は「夏休みに行った場所と食べた物,その感想を言ったり聞いたりすることができる」。**思考・判断・表現**は「夏休みに楽しんだことや食べたものなどを,感想も加えて伝え合っている」。**主体的に取り組む態度**は「夏休みの思い出について書かれた英文を読んで内容を理解したことや話したことを,例文を参考に書こうとしている」となり,ねらいと評価を焦点化して行動観察や記述観察で評価します。

　留意点としては,指導計画を立てる際に,指導目標とそれに合うような活動内容を設定し,評価計画を立案しておくこと,評価の場面を複数設けるなどして信頼性を高め評価方法を工夫すること,単元ごとに評価する観点を決めておくなど計画的に行うことが大切です。

2．評価規準と評価基準について

　測りたい観点をどのような手段で測るかが評価規準であり,その具体的な数値が評価基準に当たります。評価基準は3段階の場合,Aが満足できる,Bが概ね満足できる,Cがさらなる努力が必要と,Bを基準にA,Cを考えます。まず評価の規準があって,具体的な基準が作成可能です。例えば,「5,6文程度の自己紹介ができる」が評価規準だとすると,評価基準Aは「相手にわかるように流暢で正確な英語を用いて5,6文程度でうまくまとめて話すことができる」,Bは「ときどき文法の誤りなどが認められるが,およその内容を伝えることができる」,Cは「英語の誤りが多く,内容がうまく伝わらない」のようになるかもしれません。指導した内容を評価する場合は,およその評価規準と基準を設定して児童にあらかじめ示しておくことが望ましいといえます。それにより児童が内容を工夫したり,くり返し練習したりすれば,よりよい評価につながります。

外国語活動と外国語科の評価方法は？

外国語活動と外国語科の評価方法にはどのようなものがありますか。それぞれの特徴と留意点を示してください。

外国語活動と外国語科の評価方法には，観察，振り返りシートによる自己評価，ルーブリックを使用したパフォーマンス評価，ポートフォリオ評価，リスニングクイズや筆記テストなど，さまざまな方法があります。なお，評価の際には学習の過程をみる形成的評価と，成果をみる総括的評価を用いて児童の変容を評価し，指導や学習への有益な波及効果を与えることが大切です。主な評価方法についてそれぞれの特徴と留意点を考えてみましょう。多様な方法を用いて継続的・総合的に評価することが重要です。

1．観察（行動・発表）

児童の授業中の発表などの態度，活動や行動を観察して評価します。毎時，数名ずつ集中的に評価することも可能です。また，コミュニケーション活動を設定し，英語を使ってやり取りを行っているかを観察したり，ビデオに録画したりして評価することもできます。

2．振り返りシートによる評価（⇨ Q12-6， Q12-9 ）

外国語活動で最も多く用いられている評価です。振り返りシートを用いて本時の評価観点について，CAN-DO 評価（⇨ Q12-5 ）など4段階程度で自己評価をさせます。その際，本人が気付いた点や思ったことなどを記述評価させることも重要です。また，友人のよかった点なども互いに評価（相互評価）させ，書かせた後，数人の児童に発表させてもよいでしょう。

3．ポートフォリオ評価（⇨ Q12-8 ）

振り返りシートや児童のワークシート，作品などを保管しておき，学期や年度末にそれらを見直し，児童の学びの過程や成長を評価します。また，児童が学期や学年を通して最も頑張ったことや自分が学んだことなどを振り返る機会を持たせることも重要です。

4．パフォーマンス評価とルーブリック（⇨ Q12-7 ）

小学校段階で推奨されているパフォーマンス評価とは，現実世界で実際に知

識・技能を用いることが求められる活動を設定し，そこでの子どもたちの振る舞いや作品を直接的に評価する方法です。特に行動面から評価し，身近で(here and now)，実際の生活(real-life)に近いタスクを設定します。その際，ルーブリックを用います。ルーブリックとは，学習結果のパフォーマンスレベルの目安を数段階に分けて記述して，達成度を判断する基準を示すもので，例えば，「将来の夢」のスピーチの評価であれば，A：自分の将来の夢について，5文以上用いて相手にわかりやすく伝えることができた，B：自分の将来の夢について，やや途切れながらではあるが，3文以上で伝えることができた，C：自分の夢について十分に伝えることができなかった，などとなります。

5．筆記テスト

　筆記テストは，児童が楽しく取り組むことができるものが望ましいと考えます。そこで，授業中に行った会話を用いたリスニングクイズや，単語を読んで絵とマッチングさせる，アルファベットを聞き取って書かせるなど，基礎的なリスニング，リーディング，ライティング問題を作成します。

6．インタビュー・テスト

　児童と教員の1対1の場合もあれば，ペアでインタビューを受ける場合もあります。内容は授業中に学習した話題を用いて，好きな食べ物やできることなどを実際に尋ねて，コミュニケーション能力，スピーキング能力と児童の反応等を評価します。その際，録音して後で評価することも可能です。ただスキル面を中心とした評価にならないように留意し，態度面も含んだルーブリックを活用して，リラックスした雰囲気で実施しましょう。

7．アンケート調査

　評価規準に照らし，授業の内容と関連した具体的な質問を設定します。その際，CAN-DOを用いて，どのようなことができるようになったかを児童に判断させます。

　これら以外に，ダイナミック・アセスメント(dynamic assessment)という考え方があります。これは，実際に現時点で児童に備わっている力と，先生や仲間の支援があれば達成できる力がある場合，後者を測ろうとする考え方です。

　評価にはそれぞれの目的がありますが，妥当性，信頼性，実用性，真正性などを考えて適切に用いたいものです。

4技能の評価は？

「聞くこと」「話すこと」「読むこと」「書くこと」などの評価はどのようにすればよいのでしょうか。

まずは指導をしっかり行い，その指導の延長として評価を行うことが大切です。授業中に児童が慣れ親しんだ活動を用いて形成的評価を行い，児童ができるようになっていることをていねいに評価することが求められます。

1．「聞くこと」の評価

まず，何を聞かせるのかを考えます。例えばアルファベットを聞き取り文字を選ばせるのか，文や会話を聞き取り意味を理解させるのか，読み聞かせた絵本の内容の理解度を問うのか，といった文字，単語，単文，会話，まとまった談話レベルの出題なのかを考える必要があります。次に話題やテーマ，登場人物や人数，どのような形式にするのか（例：絵の選択，絵の並べ替え，多肢選択，空欄や表に記入，など）を考えます。また聞かせる回数や指示をどのようにするのかをあらかじめ考え，児童が聞き慣れている英語や形式，指示文を用いる必要があります。

問題例：会話を聞いて，質問に対する答えを3つの中から選びましょう。

Kate：Taro, when is your birthday?
Taro：My birthday is July 10th. Tomorrow!
Kate：Oh, happy birthday! What do you want for a birthday present?
Taro：Thank you, Kate. I want a new tennis racket.

Q1. When is Taro's birthday?
 1. June 10th.　2. July 10th.　3. January 10th.

Q2. What does Taro want for his birthday present?
 1. A new soccer shoes.　2. A new tennis ball.　3. A new tennis racket.

2．「話すこと」の評価

「聞くこと」と同様，「話すこと」の評価も重要です。「話すこと」を評価する場合はまず形式を考えます。show & tell などの発表か，インタビュー・テストか，スキットや会話を行うのかを決めます。次に話題や場面を考えます。できるだけ授業で行ったタスク活動を活用して実施します。その際，

作成しておいたルーブリックを用いて評価し、結果をすぐにクラス全体や各児童にフィードバックすることが重要です（⇨ Q12-3）。

問題例：Now, I ask you some questions. Please answer in English. OK?
Q1. Do you like animals? What animal do you like? Why?
Q2. What sports can you play?
Q3. What time do you go to bed?
Q4. What do you want to be? Why?

　また、パノラマ絵など絵の内容について尋ねてもよいでしょう。

3.「読むこと」の評価

　外国語活動の場合、アルファベットの大文字・小文字が読めるか、音声で慣れ親しんだ単語や文章を読もうとする態度などを評価しますが、教科になると、文字や馴染みのある単語が読めるか、単語と絵をつなげることができるか、ストーリーなどを友達と読んだり、一人で読めるかなども評価します。その際、教員が側にいて、読めない表現などが出てくれば、最初の音を示すなどして児童を支援し、読もうとする態度を引きだし、一人でも読めたという自信をつけさせることが重要です。

問題例：次の単語を読んで、当てはまる絵の番号を書きましょう。

　　　pig（　　　）　　cat（　　　）　　dog（　　　）　　koala（　　　）

　　　　①　　　　　　　②　　　　　　　③　　　　　　　④

4.「書くこと」の評価

　「書くこと」も、アルファベットが書ける、単語の最初の文字が書ける、文の空欄に単語が書ける、文を並び替えて書けるなど段階があります。自己表現の手段として自分の伝えたいことを書かせるようにすればよいでしょう。

問題例：次の文の____部分を自分のことに置き換えて書きましょう。

　My name is Yamada Ken. I like soccer. I can run fast. Thank you.

　また、____部分で使用されると考えられる単語リスト（食べ物、スポーツ、教科名、できることなど）を黒板などに示しておいてもよいでしょう。

CAN-DO評価とは？

CAN-DO評価とはどのような評価でしょうか。また，作成方法や使用例，留意点などを紹介してください。

1．CAN-DO評価とは？

　文部科学省は，児童・生徒に求められる英語力を達成するための学習到達目標を，「英語を使って何ができるようになるか」という観点から，CAN-DO形式を用いて小中高に一貫した学習到達目標を設定し，指導・評価方法の改善を提言しています。CAN-DOは，到達目標であるとともに，自己評価としても用いることができ，振り返りカードなどを蓄積し，ポートフォリオ評価としても活用できます。児童に自己効力感を与える自律的学習促進のための評価であると同時に，教員には教室における児童の見取りと内省を助け，教員の自律性を高めるための評価でもあります。

2．指標形式（CAN-DO）の作成方法

　CAN-DO評価は理解や表現のスキルを評価する際に用います。4技能5領域ごと，また単元や単位時間ごとの指導目標に基づいて評価基準を作成し，児童に到達してもらいたい姿を文章で記述します。また，その際，例えば4段階の能力指標を設定し，①自信を持ってできない段階（「できるようになりつつある」「次にはできる」という部分的な能力の肯定や可能性），②自信があまりない学習者でも何らかの補助的な足場がけがあればできる段階，③多くの学習者にとって目標となる段階，④自信のある学習者を飽きさせないような挑戦的課題を設けた段階，を考えます。例えば，単元が「夢の時間割を作ろう − What subject do you like?」の場合，単元の評価規準は「時間割について積極的に尋ねたり答えたりしている」「時間割を聞いたり言ったり，また尋ねたりできる」「世界の小学校と自分たちの学校生活の共通点や相違点に気付く」となります。

　そして本時の目標が，例えば「夢の時間割づくりのための教科名カード集めの活動を通して，教科名を尋ねたり答えたりすることができる」の場合は，指標形式（CAN-DO）の4段階は次のようになります。①ほしい教科を英語で相手に尋ねたり，尋ねられたりするのはむずかしい。②先生や友達に教

えてもらって，ほしい教科を英語で尋ねたり答えたりできる。③ほしい教科を英語で相手に尋ねたり，尋ねられたことに答えたりできる。④ほしい教科を英語で相手にわかるように尋ねたり，尋ねられたことに素早く答えたりできる（⇨ Q12-6 ）。

3．CAN-DO評価の実践から

　筆者らは公立・私立小学校でCAN-DOリストを用いて自己評価を行い，自律した学習者になることを支援する試みを実践しました（泉ほか，2015；2016a；2016b）。その際，単元や毎時の指導目標を明確にし，指導目標に応じたタスクを検討しました。また，「言語への慣れ親しみ」における達成度，評価規準を設定し，評価基準を4段階で具体的に記述し，児童に判断させる自己評価を毎時間実施した結果，次のような成果が出ました（泉ほか，2014）。
○児童は，毎授業のめあてが明確にわかり，自分を振り返り，評価をすることで学びが促進された。また，多くの児童が全単元を通して，③か④を選択し，「できる感」を持たせることができた。
○教員は，児童の実態が把握でき，次時の授業改善につながった。

　また児童の自由記述には，「英語で受け答えがだいたいできてよかった」「Aさんの夢の時間割がすごかった！ 実現したらすごい」などと自己の振り返りや友達への評価などが書かれていました。また，自分のオリジナルの夢の時間割を作るという目的に向かって多くの友達と英語でコミュニケーションをした喜びや，できあがった時間割そのものの内容を楽しむ姿，次の学習への意欲づけ，活動を通して教科の言い方に十分慣れ親しめたと実感している姿がうかがえました。児童へのインタビューからは，「これ（振り返りシート）があると，自分がどれだけできているかがわかってよかった」「自分ができたことと，できなかったことがわかった」など，CAN-DO評価が動機づけにつながっていることがわかりました。また，指導者はCAN-DO評価シートを作成するにあたり，本時で設定する活動が何をねらった活動なのかを常に考えておく必要性に気付きました。

　留意点としては，子どもに「できる感」を持たせるうえで，授業をどのようにデザインしていくかを考え，活動のねらいを明確にした授業づくりをし，CAN-DO評価シートを利用した振り返りを継続して実施したり，教員によることばがけをしたりする必要があるということです。

振り返りシートの作成法と活用法は？

振り返りシートを使っていますが，よりよい作成法と，どうすればうまく活用できるかを，具体例とともに説明してください。

1．「めあて」を明らかにする

指導者は授業を通し何をめざしているか，そして育てたい児童の姿はどのようなものかを明らかにします。例えば，6年生を対象にした「Where do you want to go？」という4時間構成の第3時の友達にインタビューする活動であれば，①行きたい国を相手に尋ねることができる，②尋ねられた質問に答えることができる，という2つのめあてを設定します。

2．振り返りシートの作成

児童が授業内で取り組んだ活動を具体的に思い起こしつつ自らを評価できることが重要ですから，その助けになるような質問を考えます。例えば，「今日の授業は楽しかったですか？」という質問をよく見かけますが，その質問では45分の授業の中の何を問われているのかがわかりにくくなります。同時に，その質問を問われることで「(授業は) ゲームなどを楽しむことが目的だ」と勘違いする児童が出てくるかもしれません。楽しい授業をめざすことは望ましいのですが，その楽しい部分は何だったのか「ゲームを通して新しい表現が言えるようになったから」とか「友達に思いを伝えることができたから」といったことが具体的にイメージできる質問にしましょう。例えば，「○○の活動を思い出してください」と冒頭に示し，その中で「友達に英語で質問できますか」「先生に尋ねられた質問はわかりますか」といった質問を作成します。紙面の都合などで振り返りシートにすべての質問が書けない場合は，教員が口頭で伝えても構いません。

次に，質問への答えを4段階で設定します（⇨ Q12-5）。

本時のめあてに沿った質問の後に，毎時共通する質問として「積極的に授業に参加できていたか」という授業への参加姿勢を問う質問を入れてもよいでしょう。

3．振り返り時間の進め方

　授業の最後に振り返りシートを配布して，指導者が質問項目とその段階を声に出して読み上げ，児童に記入させるようにします。最後に感想を自由記述形式で書かせて回収します。指導者，児童ともに手順に慣れれば，配布から回収まで5分程度で実施が可能です。

図　振り返りシート例（Let's go to Italy!）

4．「振り返りシート」から振り返る

　このような振り返りシートを毎時授業の最後に配布し実施することは，児童の自己効力感を高め，内省力をつけることにつながるでしょう。特に，今まで英語学習に自信が持てず不安を抱えていた児童たちにとっては，友達や先生の支援を受けることによってできても「できた」ことになるという安心感を与え，「次は〇〇をできるようになりたい」という明確な目標を設定させることが可能になります。また，教員は授業前に活動のねらいが明確になり，それを意識しながら指導ができるという効果もあります。さらに，授業後に「振り返りシート」に目を通すことによって，クラス全体の，また個々の児童の様子がわかり，それが教員の授業改善の大きな助けになります。自由記述の感想から，子どもたちの正直な声が聞け，具体的な支援のヒントが得られることも少なくありません。

 **パフォーマンス評価とは？**

パフォーマンス評価の意義と，評価基準表（ルーブリック）の作成のしかた，使用法について，具体的に説明してください。

1．パフォーマンス評価の意義

インタビューなどのやり取りやスピーチなどの発表を児童に行わせることによってスピーキング能力を直接評価するパフォーマンス評価は，スピーキング能力の評価方法としての妥当性や話すことの学習へのプラスの波及効果の大きさを考えると，非常に重要です。

2．パフォーマンス評価実施に向けての指導

単元の到達目標をしっかり見極め，指導内容に焦点を当てることで児童につけたい力を明確にします。例えば，単元が「おすすめの国を友達に紹介しよう」という4時間構成であった場合，第1時にはさまざまな国の名前を学び，第2時にはそれらの国々の名所や食べ物を知り，第3時でおすすめの国を紹介する表現を練習したうえで，第4時に班ごとに『おすすめの国』を発表するという課題を設定します。そして，第1時の授業の最初にパフォーマンス課題と評価の観点と指標（CAN-DO）を示すことで単元のゴールが児童にも教員にも明確になり，学習活動の充実につながり，出口のイメージとして，何がめざす姿なのかを児童に示すことができます。もしビデオのクリップなどがあれば前年度の発表を見せてもよいでしょう。あるいは，先生がモデルスピーチを行うこともできます。その場合，低・中学年の場合は，先生が具体的に「悪い例」を示し（小さい声，下ばかり向いて発話する，途中で何度も「ええっと」などの日本語を挟む，など），Is this OK? と確認し，児童に考えさせながら進めると発表のしかたについてのイメージがより具体的になります。

3．パフォーマンス評価のためのルーブリック作成上の留意点と具体例

単元末に見たい児童の具体的な姿をイメージしながら，評価の観点，評価規準ならびに評価基準を文章化し細目（ルーブリック）を作成します（表1参照）。観点ごとにレベルが一目でわかる表で，ルーブリックの指標は5段階（レベル1～5），4段階，3段階のいずれでもかまいません。評価の信頼性を上げるためにルーブリックは重要です。また，パフォーマンス評価の

前に，児童にその発表で何を見るか，どんな点を評価するかをしっかり伝え，事前にそれらの点を意識しながら十分な練習時間を取るようにします。

表1：児童配布用ルーブリック例（班発表スピーチ「おすすめの国」）

項目	観点	評価規準	A	B	C
思考・判断・表現	考えの整理	自分の伝えたいことを，学んだ英語表現を使いまとめられたか。	英語表現を使い理由を添えてまとめられた。	英語表現を使いまとめたが十分に整理はできていない。	考えはまとめようとしたが理由は述べられない。
主体的に学習に取り組む態度	態度・積極性	アイコンタクトをしながら自然な表情で話すことができたか。	しっかりと相手を見て自然な表情で話すことができた。	アイコンタクトは取れるが表情がぎこちなくなる。	アイコンタクトをうまく取ることができない。
	話し方	はっきり聞こえる声と相手に伝わる発音で話すことができたか。	はっきり聞こえる声と相手に伝わる発音で話すことができた。	何とか相手に伝わる声と発音で話すことができた。	声も発音も不明瞭だった。
	コミュニケーション・ストラテジー	ことばがつまったときに，ジェスチャーで補うことができたか。	ジェスチャーをふんだんに使った。	ジェスチャーを意識して少し使った。	ジェスチャーを使えなかった。
知識・技能	流暢さ*	つかえることなく，流れを保って話すことができたか。	しっかりと流れを保って話せた。	つかえることもあったが，一応話すことができた。	途中で止まってしまった。
	正確さ	内容が通じるように正しい文章で話すことができたか。	内容が通じるように正しい文章で話すことができた。	いくつか間違えたが何とか話すことができた。	正しく話せなかった。

＊流暢さは，「思考・判断・表現」の項目に含めてもよい。

4．パフォーマンス評価を行う際の留意点（⇨ Q12-10）

パフォーマンス評価を行うにあたり，以下の点に特に留意しましょう。

① パフォーマンス評価を行うことで，児童が緊張感から人前での発表が嫌になったり，自信をなくしたりすることを避けるために，発表前に十分な練習時間を取り，できれば本番前のリハーサルの機会も与えます。実際に発表活動を行うと，児童からもう一回やってみたい，という声がよくあがるので，そのことを想定したうえで，単元計画を立ててもよいでしょう。

② 教員と児童のインタビューでは，児童二人が相談しながら答える段階からスタートし，慣れてきたら一人で答えるといった段階に進み，児童の不安を取り除くようにしましょう。

③ 児童が人前で発表したり，英語でやり取りできたことが自信となり，英語学習への前向きな姿勢につながるよう，"Good job!" "Great!" などと教員は，称賛や励ましのことばがけを忘れないようにしましょう。

ポートフォリオ評価とは？

ポートフォリオ評価とはどのような評価なのでしょうか。また何を，どのように評価するのか，具体的な手順を説明してください。

1. ポートフォリオ評価とは

　ポートフォリオは，「総合的な学習の時間」の評価などにも活用されており，先生方には馴染みがあると思います。子どもの作品やワークシート，学習成果や振り返りシートなどをすべて集積してファイルに整理しておき，それらを授業の資料や評価の記録などに用います。また教員の側からすれば，子どもたちの学習成果を含め，教員の授業実践に関するものを蓄積します。それらを，学期の終わりや1年の終わり，ことあるごとに振り返り，児童に自己評価を促すとともに，教員も子どもの学習を評価するときに利用します。これにより，児童の内省力が高まるのはもちろんのこと，教員の授業の省察や児童を見る目が育ち，授業力も向上します。

2. ポートフォリオ評価の手順

　ポートフォリオ評価は，単にファイルに記録を残すだけでは不十分です。まず作品や振り返りシートなどを毎時間1つのファイルに保存しておきます。次に集積したものを児童に振り返らせ，自分で評価させます。例えば，英語を話す力や聞く力がどのように伸びていると思うか，1年を通して最も頑張ったことはどれか，どの活動が最も楽しく印象に残っているか，どの活動が難しくうまくいかなかったか，習った単語や表現で今でも言えたり使えるものはあるかなど，各自で評価させます。また，単語や表現，スキルや活動，プロジェクト学習などカテゴリーに分けて整理させたり，振り返りシートを順番に見返したりして，自分で成長の過程をまとめさせ，最終的に例えばスキルごとにどのようなことができるようになったかを評価させます。発達段階に応じて，児童が一人でそれらの作業を行うことが難しい場合は，教員が手助けしながら一緒にまとめさせたり，あるいは教員がその作業を児童の代わりに行います。このように，ポートフォリオ評価では，集積(collecting)，省察(reflecting)，個々の評価(assessing)，文書化(documenting)，関連づけ(linking)，全体の評価(evaluating)といった手順（頭文字をとってCRADLE）が大切です。

3．ヨーロッパ言語ポートフォリオ（ELP）と英語学習パスポート

　ヨーロッパでは，CEFRに基づいて，ELPというものがあり，児童用のELP Junior ver.は参考になります。それらは，言語パスポート（英語力診断など），言語バイオグラフィ（CAN-DO評価など），ドシエー（児童の作品など）から構成され，自己評価チェックリストによる到達度評価及び目標設定が可能になります。例えば，技能に関するバイオグラフィは，CAN-DOスピーチバブルによって表され，児童ができるようになった技能を色鉛筆で塗っていきます。自分ができるようになっていく過程を視覚化でき，児童の励みとなり，もっと頑張ろうと思えるようになります。また，技能別になっているため，児童が得意なものや苦手なものがあったとしても，一人ひとりに合わせて評価させることができます。また，言語ラダー（Languages Ladder）といって，CEFRの段階が上がっていくと，梯子を登れるような図もあり，楽しく学ぶ工夫がなされています。

　例えば，各児童に「英語学習パスポート」を持たせ，表紙に名前とイラスト，最初のページに自分の英語学習の目標を書かせます。授業中の活動や発表がうまくできたらシールをはったり，賞賛や励ましのスタンプを押すなどして，楽しく意欲を高めるような取り組みをしてみてはいかがでしょうか。

英語学習パスポートの例（スペースの関係で一部を示す。）

聞くこと　　（できるようになったら✓をつけましょう）	話すこと
□先生の英語での指示を聞いてわかる。	□今の気持ちを言える。
□「サイモン・セズ」のゲームができる。	□お礼が言える。
□歌やお話を聞いて大切な単語が聞き取れる。	□好きなものや嫌いなものを言える。
□英語の簡単なお話を聞いて大体の内容がわかる。	□誕生日とほしいものが言える。
□自分についての質問がわかる。	□自分のできることが言える。
□先生とALTの会話を聞いてだいたいの内容がわかる。	□行きたい国や夢などについて話せる。
	□友達に質問ができる。

自己評価・相互評価の意義と進め方は？

児童に自己評価や相互評価をさせる意味はあるのでしょうか。またそれらをどのように進めればよいのでしょうか。

1．自己評価と相互評価の意義

　外国語活動の授業に振り返りシートを配布し，児童に学んだことや活動への取り組みなどについて自己評価をさせたり，友達の発表を聞いて相互評価をさせたりすることはよくあります。自己評価・相互評価を正しく効果的に用いれば，児童が自分の学習成果を振り返り，友達のよい点などに気付き，互いに高め合うことができます。また，児童のメタ認知・メタ言語能力を高め，自律を促し，授業への波及効果を高めることができます。さらに，教員も児童の評価や児童の内省を通して気付かされることも多く，次時以降の授業改善に生かすなど，非常に有効な手段となります。

2．効果的な自己評価・相互評価の進め方

　まず，自己評価では，単元や授業の指導／到達目標を具体化した評価シートを作成します。項目は3つほどで，3～4段階で評価させ，自由記述欄も設けます（⇨ Q12-6）。自己評価の項目は実際の場面に即していることと，児童が授業で実際に体験した内容であることが大切で，活動の終了直後に行います。スピーチなどの活動では，相互評価用紙（表1参照）を用いて互いに評価を行い，教員が目を通した後，児童にフィードバックします。

　また，児童にはある程度の訓練が必要で，教員がよい例と悪い例などを示しながら，客観的に評価する目を養いましょう。児童が自己／相互評価を通して，今の自分の姿を見つめ，次は何をめざしたらよいかがわかるなど手応えを感じるようになれば効果が現れてきた証拠です。また，教員は自由記述欄から活動中の児童のこころの動きを読み取ったり，個の変容の見取りなどができ，具体的支援のヒントを得ることができます。

表1　自己紹介スピーチの相互評価シート（例）

氏名	内容	わかりやすさ	発表態度	コメント
	A B C	A B C	A B C	

授業中に教員が行う評価は？

授業中にコメントしたり，児童に声をかけたりするのも評価活動といえるのでしょうか。授業中の評価のしかたや留意点を示してください。

1．授業中の評価

評価といえば，学期末の成績をつけるために行う「評定」を思い浮かべがちですが，それだけが評価ではありません。児童一人ひとりに学習の達成状況を知らせ，次に挑戦すべき課題やそのための学習方法や練習方法を指導し，やる気を高める日々の評価は非常に重要です。

2．授業中の評価場面と評価方法

授業中の児童の活動は，大きく分けて次の2つの場面に分かれます。

①児童が一斉に活動する場面

早口ことばやチャンツ，高学年での単語や文の発音練習や筆写などの個人活動，「話すこと（やり取り）」のペアやグループ活動などでは，教員が教室を回りながら机間指導を通して児童の活動を見取る「観察評価」が中心になります。児童が一斉に活動しますので，1回の授業で全員を観察することは不可能です。今日はこの列，あのグループなど，対象児童を絞りましょう。これらの場面は，次の②のような最終発表ではなく，多くの場合，そこに至る練習の段階ですので，評価をつけることより，よい発表に近づけるための具体的アドバイスなどの支援を中心に行いましょう。

②一人から数人の児童が発表する場面

個人でのスピーチやshow & tellの発表，ペアやグループでのスキット発表など，特定の児童が教室の前に出て発表するような場面です。これらの場面では，上記①の練習プロセスを経た単元などのまとめの言語活動で児童の到達度を評価する「パフォーマンス評価」を行います（⇨ Q12-7 ）。

③評価の3観点と評価方法の具体例

目標に準拠した評価では，1．「知識・技能」（〜することができる），2．「思考・判断・表現」（〜している，〜できる），3．「主体的に学習に取り組む態度」（〜しようとしている）の3つの観点で評価します。次に，中学年，高学年のそれぞれひとつの単元を例に評価規準と評価場面を例示します。

- 3年生外国語活動:「好きな動物を言おう!」
  (1)「知識・技能」:カタカナ語との発音の違いに気付き,動物名を表す単語を理解し,英語らしく発音できる。→動物名の出てくるチャンツや歌を上手に言ったり歌ったりできているか。gorilla, kangaroo, penguinなどの動物名を英語らしく発音することができるか。
  (2)「思考・判断・表現」:まとまりある英語でのお話を聞いてその概要を理解している。自分たちの好きな動物の紹介や問答を行うことができる。→教員の読み聞かせる絵本の概要を理解できているか。好きな動物について英語で紹介したり,教員や友達とやり取りしたりできるか。
  (3)「主体的に学習に取り組む態度」:上記の(1)(2)の観点について,カタカナ語と英語の発音の違いや絵本の内容に興味を持って英語に耳を傾け,それらの単語などを積極的に使って好きな動物を伝えようとしているか。
- 6年生外国語:「行事大好き!」
  (1)「知識・技能」:日本や地域,学校の行事の英語での言い方や行事に対する気持ちの表し方を理解している。単語のつづりを読み,正しく書き写すことができる。→行事の絵とつづりのマッチング,単語のつづり完成ゲームなどを行ったり,行事クイズに答えたりできるか。
  (2)「思考・判断・表現」:ALTの話す出身国の行事の話を理解できているか。好きな日本の行事を描いた絵や写真を示しながら,show & tell形式で3~5文程度の英語でALTに伝えることができるか。発表に必要な大切な文を書き写し,それを見て発表に向けた練習ができているか。
  (3)「主体的に学習に取り組む態度」:上記の(1)(2)の観点について,ALTの話に興味を持って耳を傾けて理解しようとしているか。絵や伝達内容を工夫して意欲的に表現活動に取り組んでいるか。

3. 留意点─評価を記録することよりも支援を第一に!

　授業中の教員のコメントや声かけ(feedback)では,他教科での指導と同様に「ほめること」が基本です。とはいえ,子どもたち自身がうまく言えていない,間違っているかなと思っている発話などに対して,"Very good!"を連発するだけでは,ほめことばとしての値打ちがなくなり,それを敏感に見抜く子どもたちにとってもうれしくなく,励みにもなりません。ほめるときは「心からほめる」ことが大切で,それがことばの教育です。

第13章

これからの指導者の研修，養成

　この章では，まず，ティーム・ティーチングを行う際の指導者の役割について考えます。次に，指導者に求められる資質や能力，指導者の指導力や英語力向上のための校内研修の効果的な運営方法，さまざまな研修会の特徴と利用方法，さらに自己研修の進め方について取り上げています。最後に，小学校英語教育の先進国である韓国・台湾における教員の研修，養成と日本における教員養成の現状と今後について考えます。

- Q 13-1 担任，ALT，特別非常勤講師，専科教員の役割は？ ……… 242
- Q 13-2 指導者に求められる資質や能力は？ ……… 244
- Q 13-3 担任に必要な英語力は？ ……… 246
- Q 13-4 校内研修会の運営方法は？ ……… 247
- Q 13-5 教育センターや民間の研修会の特徴と効果的な利用方法は？ ……… 249
- Q 13-6 自己研修の進め方は？ ……… 251
- Q 13-7 諸外国における教員研修や教員養成は？ ……… 252
- Q 13-8 教員養成や教員研修の現状と今後は？ ……… 254

担任, ALT, 特別非常勤講師, 専科教員の役割は？

英語の授業は担任とALTなどとのTTが多いのですが，TTの際のそれぞれの指導者の役割について教えてください。

現在，英語の授業における指導者は，学級担任，外国人指導助手(以下，ALT)，特別非常勤講師(外国滞在経験者や外国語に堪能な外部講師)，専科教員(外国語を専門にする小学校教員)，日本人や外国人の地域ボランティア，中学校の英語科教員など多岐にわたります。授業は，担任が単独で，あるいは担任とALT，特別非常勤講師，専科教員などがティーム・ティーチング（TT）で指導することがほとんどです。これらの指導者にはそれぞれ強みと弱みがありますが，TTを行うことで，一方の指導者の弱みを他方の指導者が補完しながら，より豊かな授業が展開できるようになります。そのためには，それぞれの指導者の特徴をしっかりと理解し，役割を明確にしておくことが重要です。

1. 学級担任や英語が堪能な指導者の特徴

それぞれの指導者の特徴をまとめてみます。

学級担任（T_1）	英語が堪能な指導者（T_2） (ALT, 特別非常勤講師, 専科教員など)
・児童の発達段階の特徴や傾向をよく理解している。	・英語の知識が豊富である。
・各教科や領域での学習内容や，児童が身に付けている知識や技能，学習意欲についてよく理解している。	・英語運用能力に長けている。 ・英語指導に関する知識があり，英語の教え方に長けている。
・学級集団としてのクラスの特徴や学級や集団内の人間関係などをよく理解している。	・児童の英語による理解を促すため，言い換えたりするなどティーチャー・トーク（teacher talk）に長けている。
・児童一人ひとりの性格や特徴，興味・関心・ニーズなど，児童の生活全般についてよく理解している。	・英語圏をはじめ，さまざまな国の習慣や文化等に関する知識や情報が豊富である。
・学校や地域の行事を把握している。	

2．学級担任や英語が堪能な指導者の役割

次に，それぞれの指導者が果たす役割についてまとめてみます。

	学級担任（T_1）	英語が堪能な指導者（T_2） （ALT，特別非常勤講師，専科教員など）
授業前	・学習指導案を作成するとともに，その内容をT_2に伝える。 ・教材・教具を準備する。 ・ワークシート，振り返りシートを作成する。	・担任が学習指導案を考える際に，英語学習や授業設計などの視点から協力する。 ・担任と協力して，教材・教具を準備する。 ・担任と協力して，ワークシート，振り返りシートを作成する。
授業中	・授業の進行役を務める。 ・英語学習者としてのロール・モデルや英語コミュニケーターとしてのモデルを示す。 ・支持的な学習環境を醸成する。 ・児童の授業への積極的参加を促進する。 ・児童の理解度，活動の達成度や児童の成長を観察，評価する。 ・児童を指名したり，フィードバックを与えたりする。	・担任の指示にしたがって，新教材を導入したり，担任とのやり取りや会話の相手などを務める。 ・自然な外国語の使い方や発音を提示する。 ・児童の理解度を確認し，上手にほめるなどのフィードバックを与えながら，児童の発話を促す。 ・英語圏をはじめ，さまざまな国の習慣や文化を児童に伝える。
授業後	・授業の振り返りを行い，よかった点や改善点を明確にする。 ・児童の評価を行う。	・担任とともに，授業の振り返りを行う。 ・担任とともに，児童の評価を行う。

　TTを行う際の担任の主な役割は，これから行われる活動を指示する，児童の理解度がよくない場合はT_2に授業内容の変更を指示する，児童が応答に困っているときに，児童にヒントを与えたり，T_2にヒントを与えるように指示する，など授業の進行役を務めます。また，望ましい英語学習者として，かつ，T_2とやり取りや会話を行う英語コミュニケーターとしてのモデルを示すことが大切です。そのためには，少なくとも，授業進行に必要な教室英語や基本的な英語はマスターしておく必要があります。

　一方，英語が堪能な指導者の主な役割は，担任の指示にしたがって，単独であるいは担任と協力して，新しい語彙や表現を導入する，発音のモデルを示す，活動のデモンストレーションや説明をする，担任とのやり取りや会話の相手役を務めたりします。また，英語圏をはじめ，さまざまな文化情報の提供者として，世界には日本とは違う，さまざまな文化や習慣があることを，コミュニケーションを通して体験的に気付かせていきます。

指導者に求められる資質や能力は？

小学校で英語を指導するにあたり，指導者はどのような資質や能力を身に付けておくべきでしょうか。

指導者は，教員全般に求められる資質・能力（例えば，使命感や責任感，柔軟性や公平性，教育的愛情，コミュニケーション能力，教科や教職に関する専門的知識及び指導力など）に加えて，英語を指導するための資質・能力として以下で説明する「英語運用能力」「英語指導力」及び「小学校英語教育関連分野についての知識」が求められます。

1．英語運用能力（⇨ Q13-3 ）

2．英語指導力

英語指導力は，実際に授業を行う実践的側面とその土台になる理論的側面があります。現場の先生方は実践的側面に気を取られる傾向がありますが，効果的な実践を考えると，なぜこの活動を行うのか，どのような順序で行うのかなどの理論的側面の理解が前提となります（下記の表参照）。これらの知識を土台として，実際の授業を組み立て，実践し，児童の実態に合わせて改善していくことが実践的側面であり，理論に裏づけされている必要があります。

理論的側面（主な内容）
・学習指導要領の内容把握，外国語活動・外国語科の意義や目的の理解（⇨ Q1-3 ）
・指導目標の設定，目標達成のための年間指導計画，単元の指導計画，毎時の学習指導案作成に関する知識（⇨ Q3-1 ， Q8-4,5 ）
・適切な指導法や指導技術の理解及び児童の実態に合わせて改善するための知識（⇨ Q3-5-8 ， Q4-1-6 ， Q6-1-6 ， Q8-1,2,6-9 ， Q9-1-7 ）
・既成教材の使用，自主教材を開発をするための知識（⇨ Q7-1-10 ）
・評価についての知識（⇨ Q12-1-10 ）

では，これらの理論的知識と実践力はどのように身に付ければよいのでしょうか。まずは自己研修として本書をはじめ，小学校英語教育に関する概論書（専門書の中でも教職課程の学生や小学校教員を対象とした入門書）を利用して勉強しましょう。理論を実践に移す中で出てくる疑問や課題は，校内研修会や外部機関が実施する研修会などに参加することで解決，改善していきます。自己研修や集団研修は，自分の必要とする内容やレベルを考えて研

修内容を選択することが大切です（⇨ Q13-4~6）。

　ところで，実際の小学校教員の英語指導力の現状と求められるレベルはどれくらいなのでしょうか。筆者が小学校教員（担任）を対象に行った，指導者の英語力・指導力・自己研修に関するアンケート調査の結果を紹介します（松永, 2016）。指導力に関して，総合的な指導力，児童の理解度に応じた指導，教室英語の使用，活動を英語で行う力の4項目を，「現状」と「必要」だと思うレベルに分けて，1（低）～4（高）で自己評価してもらいました（筆者が必要だと考えるレベルは「多少つまりながらも児童に伝わる指導ができる」レベル3。レベル3の内容は下記の表参照）。どの項目においても，現状レベル（4項目平均1.93）は必要レベル（4項目平均2.96）に達していないという結果でした。今後，小学校で英語がさらに重要視されることを踏まえ，必要レベル（レベル3程度）に近づくよう，校内研修会や外部機関による研修会に加えて，積極的に自己研修を行い，少しずつでも研鑽を積んでいきましょう（⇨ Q13-6）。

指導力に関する項目	レベル3の内容
総合的な指導力	英語での指導力がある程度ある。多少つまりながらでも児童に伝わる指導ができる。
児童の理解度に応じた指導	児童の理解度に合わせて表現やスピードをある程度調整することができる。しかしときどき児童の理解度に合わない指導をすることもある。
教室英語の使用	多少つまりながらも必要な教室英語を使用することができる。
活動を英語で行う力	アクティビティー（ゲーム，コミュニケーション活動など）を児童に伝わる程度の英語を使って行うことができる。

3．小学校英語教育関連分野についての知識

　まず児童の言語習得の特徴を理解するために，母語習得と第二言語習得に関する理論を学ぶ必要があります（⇨ Q2-2,3）。神経言語学は言語がどのように脳で処理されるかなどを理解するのに役立ちます（⇨ Q2-4）。また，外国語の習得には個人差があり，その要因である学習者の言語適性，認知スタイル，学習スタイル，学習の動機づけなどの違い（学習者要因）を理解することは，個々の児童に適した学習を促すために重要です（⇨ Q2-6）。さらに，小学校6年間で児童は認知的，社会的に大きく成長するため，発達心理学も関連分野として挙げられます（⇨ Q2-1）。最後に，英語についての知識や英語でのコミュニケーション能力や国際理解教育，異文化間コミュニケーションに関する知識も必要となるでしょう（⇨ Q2-7， Q5-1~6）。

担任に必要な英語力は？

英語を指導する担任にはどの程度の英語力が必要でしょうか。またネイティブのような英語を話す必要があるのでしょうか。

　高学年の外国語の教科化にともない，担任が英語の指導力に関する専門性を高めて指導できるようにするため，文部科学省は小学校教員対象の免許法認定講習による中学校教諭二種免許状（外国語（英語））の取得を推進しています。筆者が行ったアンケート調査（Q13-2 と同じ）の英語力に関しては，聞くこと・話すこと，話すときの文法力，発音，読むこと，書くことの5項目をレベル1（低）〜6（高）で自己評価してもらいました（CEFRのA1（低）〜C2（高）の6レベルに対応。参考として「聞くこと・話すこと」の指標（小林・宮本，2007　一部改）を下に記載）。結果は，全5項目において，現状レベル（平均1.56，CEFR A1・英検3〜5級に近い）と担任が必要だと思うレベル（平均2.71，CEFR B1・英検2級に近い）には大きな差がありました。この現状を踏まえると，まずはレベル2程度の英語運用能力（教室英語の使用，ALTとの打ち合わせ，歌やチャンツの使用，絵本の読み聞かせ，ゲームなどの活動の指示やデモンストレーションができるレベル，CEFR A2・英検準2級程度）を身に付けることが大切です。

レベル	聞くこと・話すこと
1（CEFR A1）	はっきり話してもらえば，具体的なことがらについて基本的な言い回しを理解し，使うことができる。
2（CEFR A2）	身近なことがらについて，よく使われる文や表現を理解し，使うことができ，短い社交的なやり取りをすることができる。
3（CEFR B1）	仕事，学校，娯楽等で，日常出会うような身近な話題について要点を理解し，話すことができる。

　指導者の英語については，充実した音声教材，ALT等が英語のモデルになることから，現在のところ，必ずしも担任がネイティブのような英語を話す必要はないかもわかりません。しかし，次期学習指導要領での教科化を考えると，担任は従来の英語を使って積極的にコミュニケーションを図る学習者としての姿を児童に見せる役割だけではなく，専門性を高めて指導することが重要になります。そのため，少しでもネイティブの話す英語に近づくよう日々研鑽を積むことが重要です。

校内研修会の運営方法は？

教員の指導力や英語力向上のための校内研修会を効果的に運営する方法を紹介してください。

指導者の研修は，校内研修，教育センターや学会など民間主催の研修会（⇨ Q13-5），自己研修（⇨ Q13-6）などさまざまです。ここでは校内研修が形式的で形骸化されることなく，児童の英語学習者としての資質，能力の向上につながるための効果的な運営方法について考えていきます。

英語の授業では，殊に，担任の多くは自身の指導力及び英語力について大きな不安や悩みを抱えています。ここでは，担任がこれらの不安を軽減し，自信を持って授業に臨むことをねらいとする校内研修会を運営するためのポイントを4つ挙げてみます。

1．研究・実践テーマの設定と年間計画の作成

まず，自校の各学年や各学級の英語授業の実態を分析し，課題を明確にします。そのうえで，課題解決につながる研究・実践テーマを絞り込みます。次に，年間を通じて，だれが，いつ，どのような内容で研修を行うかを大まかに計画します。研修会は，各学期に1〜2回程度でよいでしょう。学校によっては，週に数回，1回あたり5分間程度を朝礼時に行ったり，長期休暇中に2，3日間集中的に行ったりしているところもあります。

2．研修会の内容の設定

研究・実践テーマを設定したら，そのテーマに関する具体的な内容を考えます。英語授業にかかる研修内容は，基本的には次の4つに分けられます。

①授業研究

下記のPDCAサイクルにしたがって授業改善を図り，よりよい英語授業を実現していきます。

　P（Plan）　：授業の目標の設定・指導計画や学習指導案の作成
　D（Do）　　：授業実践，授業研究
　C（Check）：客観的，多面的な分析に基づく授業評価
　A（Action）：授業改善策の検討と改善策の策定

②指導法，指導技術
　指導法：伝達中心の指導法，ナチュラル・アプローチ，内容中心の指導法，
　　　　　タスク中心の指導法，全身反応指導法（TPR），など
　指導技術：歌，チャンツ，ゲーム，絵本の読み聞かせの指導方法，ICTの活
　　　　　　用方法，ペア・グループ活動の活用方法，ティーム・ティーチング
　　　　　　の進め方，発問・指名の方法，ほめ方や注意のしかた，など
③評価
　評価の在り方，進め方（評価内容，評価方法など），振り返りシートの作成方法，フィードバックの与え方，誤りの修正方法，など
④知識・技能の向上
　英語のリズムや発音，語彙・表現・文法，リスニングやスピーキング，リーディングやライティング，教室英語など，英語運用力向上のための演習や国際理解，異文化間コミュニケーション等に関する講義，演習，など

3．研修会の運営方法の検討

　研修の目的や内容によって授業者や発表者，必要に応じて外部から招く助言者や講師を考えます。授業者や発表者は基本的には年間計画作成時に決めておきます。また，教員全体の意識を高めるためにも，授業者や発表者は，英語担当者やいつも決まった教員にならないよう気をつけましょう。助言者や講師へ依頼する際には，事前に自校の取り組みや研究の実態などをよく説明しておきます。また，研修会の形式（講義タイプ，研究授業・研究実践発表＋協議タイプ，ワークショップタイプなど）を決定しておきます。

4．研修会運営上のその他の留意点

　英語の研修において最も重要なことは，低学年の担任を含めて，自校の教職員全員が当事者意識を持って，自主的に研修していくことです。例えば，上記1.についても全員でしっかり話し合って決める，英語を指導していない教員が，指導している担任に研究授業について積極的に提案したり，学習指導案の作成や教材・教具の開発，準備に関わったりする機会を設けるようにします。そのためには，校長や教頭などの小学校英語教育における理解とバックアップが必要です。また，研修で得られた知識や技能がいかに日々の授業で生かされているか，検証していく必要があります。

 **教育センターや民間の研修会の特徴と効果的な利用方法は？**

教育センターや民間の研修会など，外部機関による研修会の特徴と利用方法についてアドバイスをお願いします。

　研修には同じ志を持つ仲間が集まってきます。そこで刺激を受け，自分のやる気に火がついたら，研修に参加した甲斐があったというものです。たった1回の研修ですぐに英語の指導力向上に結びつくものではありませんが，研修での学びや出会いから受ける刺激が大切です。全教科を教え，朝から放課後まで子どもと一緒にいる小学校教員の毎日は忙しく，学校を離れて研修に参加するのも一苦労です。貴重な時間をやりくりして参加する研修ですから，内容を貪欲に吸収して自分の財産にしたいものです。限られた研修時間の中で最大の効果をあげるためのヒントを示します。

1. 研修会の特徴を知る

　教育センターが主催する研修会に参加するのは教員だけです。したがって研修会のねらいは明確で，指導理論や指導法など，英語教育の課題を解決するための内容ばかりです。教育センターの研修計画をインターネットで調べると，必ず対象やねらいが示されています。そこで自分に必要な研修を選びます。例えば，中学や高校の英語科の先生が対象の研修の中にも，小学校の教員が参加できる場合もあるので，直接問い合わせてみましょう。小学校で教える内容が中学や高校にどうつながるのかを知っておくことも大切です。

　一方，学会などが主催する民間の研修会では受講料が必要ですが，民間の研修会では小学校英語に関わるいろいろな職種の方が集まります。国公立・私立の小学校教員，児童英語教室の指導者，大学教員，ALT，企業の方など，普段あまり出会うことのない方たちと情報交換できるのが教育センターの研修との大きな違いです。

2. 情報を自分に集める

　自ら求めないと研修会の開催情報は届きません。学会の場合は，学会員になれば，大会や研修会などの案内が届きますので，学会のメーリングリストに登録するのも確実な方法です。

研修に参加した他校の先生と知り合いになれば，教材データの共有などで助け合えます。他の職種の方と交流できる民間の研修に行くときには名刺交換の準備をして臨むことをおすすめします。発表者に感想や質問を後日メールで送って発表者とつながる努力をするのもよいと思います。「あの人，よく見る顔だな」と覚えてもらえたら，研修参加がずっと楽しくなります。

　また，研修会場では書籍や教材の展示販売も多く，直接手にとって吟味できるチャンスです。

3．研修での学びをアウトプットする

　研修の受け手となる場合，必ず研修ノートを作り，継続して使いましょう。メモを書き込んだレジメをそのまま放置していては，学びを蓄積することができません。ある先生は「研修で学んだことを，必ずその日のうちにノートに書き起こす」と決めています。そうして初めて学びが自分のものとなるのだそうです。またある先生は，「ノート1ページの左半分にメモを，右半分に自分の考えを分けて書き留める」のだそうです。自分の学級・学校での実践に生かすためです。

　研修では，情報の受け手となるだけでなく，発信者側に立つ視点も大切です。アンケートに自分の考えを書いたり，学会メーリングリストで感想を共有したり，演者や発表者に後日メールで感想を伝えたりすることで情報を双方向に交換することができます。

　また，日頃の小学校での実践を発表することは，最も有効な自己研修となります。学会では実践発表を公募しますし，関係者から直接依頼されることもあります。発表の準備は大変ですが，日々の実践をまとめ，振り返るまたとない機会です。参加者からの質問やコメントによって実践の課題や改善点に気付くことは，自分の学級の子どもたちへの大きなフィードバックになります。

　　　Awareness comes only through practice.　　(Wang Y.)
　　　知行合一（王陽明）

　本当の知識は実践してこそ身に付くことを説いた王陽明のことばです。研修で学んだ知識をその後の授業にどう生かすかが本当のスタートです。

　自分の心持ち次第で，一つの研修を何通りにも生かすことができるのです。それを決めるのはあなた自身です。

自己研修の進め方は？

指導力や英語力をアップするための自己研修の方法についておススメの方法を紹介してください。

指導力や英語力をアップするための私のおススメ学習方法を紹介します。

1．小学校の教材研究を行う

小学校の教材本体や付属の音声教材・資料を利用し，同教材で扱われている指導内容（題材，語彙，表現，活動など）について中学校との連携を踏まえながら，教材研究に取り組みましょう。

2．英語力をつける

まずは，小学校の教材で扱われている単語，表現，教室英語などの習得に励み，次に，地区で使用されている中学校英語検定済教科書の第1学年から第3学年までの内容を順に学習していくとよいでしょう。

英語の学習には音読は必須です。音源の英文を1文ずつポーズを置きながら，ていねいにくり返し，慣れてきたら，音源の英文を見ながら同時に言ってみるとよいでしょう。音読で大切なことは，音声変化，強弱，抑揚，区切りなどを意識しながら，英文に気持ちを込めて読んでいくことです。また，英語は「使いながら学ぶ」ことが大切であることから，日々の授業やALTとの打ち合わせの中で，英語を少しずつでも使うように心がけましょう。そして新しく学んだ単語や表現などは，その都度表現集や単語集に書き留め，くり返し使いながら覚えていきます。

3．自身の授業を映像に撮り，振り返る

定期的に自分の授業を映像に撮り，可能であれば，同僚を交えて授業を振り返る機会を設けます。そうすることで自身の指導力や英語力を客観的に捉えることができます。

4．書籍から学ぶ

本書や「小学校英語教育法入門」といった類の小学校英語に関する書籍から学ぶとともに，関心のある課題や疑問があれば，同僚と語り合ったり，校内研修の機会を利用したりして，課題解決などにつなげていきます。

諸外国における教員研修や教員養成は？

諸外国では小学校から外国語教育が重視されているようですが，教員研修や養成はどうなっているのでしょうか。

1．教員研修

　日本と比べ早い時期から小学校に英語を導入した国々・地域での導入当初の最大の課題は，英語を教えられる教員の確保でした。ここでは，小学校英語教育の先進国ともいえる韓国と台湾について紹介します。

　韓国では，1997年の導入時，初等学校で初めて英語を担当する第3学年担任の現職教員約3,000人に対して，120時間の英語研修が実施され，さらに，各初等学校の英語教育を総括する教員に対し，120時間の深化研修が実施されました。その後も，2002年まで毎年約3,000人規模の研修が行われました。

　しかし，一方で短い周知期間で小学校に英語が導入されたため，準備が不十分だったともいわれており，教員の中には3年生担任の担当を拒否する動きもあったようです。

　このように，導入当初は担任が英語を担当するのが望ましいとされていましたが，現在では，指導力に優れた担任が専科として教えたり，ALTが主導で教える学校も増えているようです。そのため，現在では，韓国教育部は，専科教員の指導力の向上も考慮し，120時間の「基礎研修」と160時間の「一般正教員資格研修」の機会をすべての公立小学校の教員に与え，夏季休業中などに集中講座として開講しています。

　台湾では，小学校の英語は専科教員が担当しています。導入時の臨時的教員確保のため，1999年に専科教員採用試験が教員以外の一般社会人も対象に実施され，合格者には，240時間の英語技能の研修，120時間の英語の教職単位の取得，1年間の教育実習を実施しました。また，英語担当教員数が不足していたために，英語の得意な現職教員に研修を受けさせたり，兼任教員を雇用したりして対応してきました。現在，小学校英語専科教員には，高い英語力が要求されており，TOFEL　CBTで213点（TOEIC換算で730点，英検準1級程度）が目安とされています。

　また，現職教員のための研修としては，①現職教員が英語専科教員になるための研修，②小中高の英語教員の研修，③地域の英語教育補導団による研

修に分かれています。①の研修は，第1段階の144時間の研修と，第2段階の216時間の研修からなります。小学校教員はこれらの研修を受講することで，小学校の英語専科教員になることができます。②は小中高等学校の英語教員を対象とする海外研修やネイティブ・スピーカーの講義などで，基本的な英語能力を高めさせる目的で行われています。③はいわゆるわが国での地区ごとに行われる教員の研究会に近いもので，メンバーは持ち回りで，授業研究やワークショップなど，さまざまな研修の企画・運営を行ったりしています。

　上述の韓国，台湾とも，小学校に英語を導入するうえで，日本と比べられないほどの予算を投入し，より充実した英語教育のための施設・設備を創設，整備したり，新たな研修・採用試験制度を導入したりするなど，当初から意気込みが違っていたといえるでしょう。

2．教員養成

　韓国では，小学校の担任は，日本と同様，すべての教科を教えることになっていますが，英語は専科教員が教えることもできます。小学校の教員養成は，教育大学（教員養成大学）で行われます。小学校教員資格を保持している者の約95％が教育大学卒業者です。また，これとは別に韓国教員大学があり，エリート教員を養成するために設置されています。一方，中学校や高等学校の教員は，国立大学の教育学部（師範大学などとも呼ばれる）で養成されます。そのため，小学校と中学校の連携がうまくいっていないとの声もあります。

　台湾では，大学や教員研修センター等の教育機関で教職関連の科目を履修し，卒業後，半年間の教育実習を行った者に，実習修了後に各養成機関から「教員就職前教育課程修了証明書」が授与されます。その後，希望者は同証明書と大学卒業以上の学位の取得証明書を持って年1回行われる教員資格認証試験を受験し，全科目の平均が60点以上であれば合格となり，合格者は教育部から教員免許が授与されます。教員免許取得後，地方自治体が連合方式で実施する採用試験や各学校が独自に実施する採用試験を受験し，合格すれば教員となります。

　どちらの国にも共通していえるのは，英語に関しては，現職教員研修と教員養成制度は，日本と比べてかなり厳格であるということです。

教員養成や教員研修の現状と今後は？

大学における小学校で英語を教えることができる教員養成と現職の先生方を対象とする教員研修の現状と今後について説明してください。

小学校英語の教科化に向けて，文部科学省も教員の養成や研修について本腰を上げつつあります。ここでは教員の養成，研修の現状と今後について見ていきます。

1．教員の養成

昨今，教員養成大学及び学部においては，小学校教員養成課程に英語専修（選修）のコースを設置したり，小学校英語に関する科目を必修科目として開講したりする大学が増えています。また平成27年には「英語教員の英語力・指導力強化のための調査研究事業」（文部科学省）が立ち上がり，小中高で英語を指導する教員の英語力，指導力のさらなる向上をめざしています。この事業では，英語を指導する教員の養成と研修の「コア・カリキュラム」を含めたモデル・プログラムの開発・検証等について取り組んでおり，平成27年度報告書では，小学校英語については，教職に関する科目を2単位以上，教科に関する科目を2単位以上，計4単位以上修得することが提案されています。「教職に関する科目」では，外国語活動，外国語科・英語の授業を実践するための指導力を講義，授業観察や体験・模擬授業を通して身に付けるとされています。一方，「教科に関する科目」では，外国語活動，外国語科・英語の授業内容の背景となる専門的な知識・技能を習得し，英語運用能力を身に付けます。それぞれの学習内容としては，以下の項目が挙げられています。

<u>教職に関する科目</u>
　①現在の小学校外国語教育についての知識・理解，②子どもの第二言語習得についての知識・理解，③授業実践，④模擬授業

<u>教科に関する科目</u>
　①英語コミュニケーション，②英語運用に必要な基本的な知識等（英語の基本的な音声の仕組み，音声・語彙・文法の基本的な知識，発音とつづりの関係，第二言語習得理論の基礎，ライム・絵本・児童文学，さまざまな

国・地域の生活・習慣，異文化交流）

2．教員の研修

　前述の報告書では，研修は，児童の発達段階などに合わせた指導を行うための英語力・指導力を身に付けることがねらいとされています。昨今では，各自治体の教育センターや教育研修所による現職教員研修も実施されてはいますが，時間数・内容は自治体によってかなりの格差が生じています。平成26年度からは「英語教育推進リーダー中央研修」（対象人数：小225名，中225名，高120名，文部科学省）が行なわれており，5年間程度で，この中央研修での研修内容がすべての小学校教員に還元できるように計画，実施されています。すなわち，各地域で選ばれた英語教育推進リーダーと呼ばれる教員が中央研修を受講し，その教員が所属する域内の中核教員を対象に研修を実施し，その後，この中核教員が各校教員へ校内研修を実施するといったカスケード方式で行われます。

　また，1．で挙げた「英語教員の英語力・指導力強化のための調査研究事業」では，以下に示すように，教職年数ごとに「教員研修コア・カリキュラム」を提案し，そこで扱うべき英語力・指導力・授業研究の具体的な項目が示されています。下記のURLで検索できます。

http://www.u-gakugei.ac.jp/~estudy/wp-content/uploads/2016/02/symposium_report_all_c.pdf

教職1～3年目：
　　児童の特性や発達段階，学校の特色に合わせて授業活動を行うための英語力・指導力を身に付ける。

教職4～9年目：
　　校内研修や公開授業等の中心的役割を担い，各学校での外国語教育の質の向上に貢献する。

教職10年目以降：
　　指導技術をさらに磨き，メンターとして後進の指導にあたる。

　また，上記の教員の養成や研修とは別に，小学校英語指導者の確保のための施策として，平成28年度より「小学校英語教科化に向けた専門性向上のための講習の開発・実施事業」（文部科学省）が始まり，小学校の現職教員が中学校教諭二種免許状（外国語・英語）を取得するための「免許法認定講習」が開始されています。

第 14 章

小中英語教育の現状と小中連携の在り方

> この最終章では，まず小中の英語教育の現状―成果と課題について概観します。次に，小学校教員が中学校の英語授業に，中学校教員が小学校の英語授業に期待することがらについて考えるとともに，小中学生の英語学習上の特性と両者に対する英語指導上の違いについて考えます。そのあと，小中連携を円滑に進めるうえで考慮すべき観点を示し，小中連携の優れた事例を紹介します。

- **Q 14-1** 小・中教員から見た小英の成果と課題は？ ……………………… 258
- **Q 14-2** 中学校英語教育の現状―成果と課題は？ ……………………… 260
- **Q 14-3** 小が中，中が小の英語授業に期待することは？ ……………… 262
- **Q 14-4** 小・中学生に英語を指導する際の違いは？ …………………… 263
- **Q 14-5** 小中連携を考える観点は？ ……………………………………… 265
- **Q 14-6** 小中連携の事例とそれを意義あるものにする方策は？ ……… 267

小・中教員から見た小英の成果と課題は？

小学校英語学習の成果と課題，小学校で英語学習を経験した生徒を受け入れた中学校英語教員の評価はどうでしょうか。

1．小学校教員自身が感じる成果と課題
①成果

文部科学省の平成26年度「小学校外国語活動実施状況調査」において，「外国語活動」そのものの成果として，次のことが報告されています。
- 5・6年生の70.9％が「英語の学習が好き，どちらかといえば好き」と回答
- 5・6年生の91.5％が「英語が使えるようになりたい，どちらかといえば使えるようになりたい」と回答

また，次は「外国語活動」に長年熱心に取り組んできたある市の小学校英語活動中核教員研修会で挙げられた実践の成果です。
- 他教科では見られない児童の新たな良さを発見できた。
- 自己表現の苦手な児童が，初めて口を開いてくれた。
- 英語活動・外国語活動のアイディアや工夫は，他教科の指導にも生かすことができる。
- 学年混成の特別支援学級では，学校行事とともに児童が同じ題材で学び活動する貴重な機会となる。
- 協力して指導案を考え教材を共有するなど，教員間の連帯意識が生まれて職員室が活性化した。

最後のコメントは管理職によるものですが，英語教育については専門外の小学校担任が慣れない指導に際して同僚と協力して，学年として，あるいは学校全体として取り組んでいる様子がうかがえます。

②課題

このような成果が報告される一方で，次のような課題も聞こえてきます。
- 英語指導に自信がないため，5・6年の担任を敬遠する教員もいる。
- ALTに丸投げで，授業を見守るだけで指導に関われていない担任もいる。

これら2つは教員の責任感や意欲の問題ですが，それに加えて，学校数の多い都市部などでは，外国語活動の必修化にともなって多数のALTの確保が難しくなり，英会話スクールなど外部組織との業務委託契約により外国人

講師を「請負」契約で派遣してもらっている自治体もあり，担任はもとより，校長でも講師に対する法的な指揮命令権がないという事情もあるようです。

2．中学校英語教員が感じる成果と課題
①成果

　前述の文部科学省の調査では，小学校英語導入の成果として，
- 中学校外国語科教員の65.3％が，外国語活動導入前と比べて，中1の生徒に「変容がとてもみられた，まあまあみられた」と回答

と報告されています（⇒ Q2-8 ）。

　次は，小学校で外国語活動を体験した中1生徒を指導している中学校英語教員に共通して聞かれる感想です。
- 英語を聞くことに慣れており，教員が英語で語りかけることに抵抗感が少なく，「わからないから日本語に訳して！」という声が少なくなった。
- わかる単語，口に出して言える単語の数が多くなった。
- 人前で英語を使ったり，発表したりすることに積極的な生徒が増えた。
- 4月当初でも，英語での簡単なやり取りやある程度まとまりのある自己紹介が可能になった。

「英語の授業で，英語を聞いたり話したりするのは当たり前」と思っている生徒が増え，「日本語に訳して」「日本語で説明して」といった声が少なくなったようです。また，人前で発表することにも慣れており，活動参加への積極的な態度が養われていると評価する声も多く聞かれます。

②課題

　一方で，次のようなマイナス面を指摘する声も聞かれます。
- 英語に対する新鮮な興味が少なくなった。
- 学校外で習っている生徒とそうでない生徒の学力差が以前に増して広がった。中学校入学時にすでに英語に苦手意識を持った生徒や英語嫌いの生徒もいる。
- 英語は自宅で学習しなくてもよい，と思っている生徒が増えた。

　英語学習の開始が小学校に降りた今，1つ目は致し方ありませんが，2つ目は小学校英語の教科化を迎え切実な問題で，小学校での指導の充実が求められます。また，最後の指摘は，授業中の積極的な活動参加が求められるが，家庭での学習課題を課さない音声中心の外国語活動の影響がありそうです。

中学校英語教育の現状―成果と課題は？

中学校の英語授業は今も文法説明と教科書本文の和訳中心なのでしょうか。中学生の学力の現状や課題について教えてください。

1．相互理解を深めよう！

「中学校の英語は日本語での文法説明とドリル練習，予習を前提とした教科書本文の和訳確認と説明ばかりでは？」確かに昔はそのような授業も多かったですし，今もないとはいえません。しかし，日本の学校英語教育は大きな変貌を遂げつつあり，改訂のたびに学習指導要領も変わり，積極的にコミュニケーションを図ろうとする態度やコミュニケーション能力の育成が目標として掲げられ，検定教科書にもさまざまな言語活動が盛り込まれるなど，昔とは大きく変わっています。中高の学習指導要領には，「文法はコミュニケーションを支えるものであることを踏まえ，言語活動と効果的に関連付けて指導すること」「文法事項の取り扱いについては，用語や用法の区別などの指導が中心とならないよう配慮し，実際に活用できるように指導すること」と記されており，高校に続き，中学校でも「授業は英語で進めることを基本とする」ことが明記されています。

このような中で中学校の授業も昔とは大きく変わり，教員も生徒も授業でできるだけ多く英語を使い，暗唱やスピーチの発表はもちろん，ペアやグループ活動などの形態も使ってスキットやロールプレイなどさまざまな言語活動に取り組ませるコミュニケーション重視のアクティブな授業が多く見られるようになっています。小中の望ましい連携（⇨ Q14-5,6）を考えるためにも，昔の自分の体験だけで判断せず，小中教員がお互いに授業を参観し合い，話し合うことで相互理解を深めることが望まれます。

2．中学校英語の成果と課題

次は，国立教育政策研究所（2003, 2007）による中学校3年生を対象とした学力調査で出題された問題の一部です。

> 【ライティング】自分が「大切にしているもの」や「宝物」について，他人に英語で説明するスピーチの原稿を4文以上で書きなさい。ただし，最初の文はThis isに続けて書き始めなさい。

> 【スピーキング】英語の授業で，クラスの友達に「季節」について話すことになりました。あなたが好きな季節を1つ選んで，それを選んだ理由やその季節にどのようなことをしたいかなどについて話してください。
> 　それでは，30秒間考えてください。…（発信音）では話してください。

　これらの調査結果の分析を通して，次のようなことが報告されています。
　ここでは他の出題された問題を紹介していませんが，「理解力を試す問題を通じて，生徒が英語を聞いたり読んだりしてその概要を理解する力はある程度ついている。また，コミュニケーション重視の授業の成果として，英語を使ってコミュニケーションを図ろうとする積極的態度は伸びている」。このことは，上に示した自由英作文の白紙答案の数が過去に比べて減少し，即興スピーチにもあきらめずに挑戦する生徒が増えたことからうかがえます。
　このように「コミュニケーションへの関心・意欲・態度」及び「理解の能力」(=「聞くこと」「読むこと」) については「概ね良好」と評価されたのですが，「表現の能力」すなわち「話すこと」や「書くこと」の能力，自分の思いを英語で正確に伝えるための語彙力や文法活用力などの「言語についての知識・理解」については，「概ね良好とは言えない」と判断されました。書いてはいるが，つづりのひどい誤りや語法・文法の大きな誤りのために意味が理解できないもの，ある程度の数の文を書いているが，次のように文と文とのつながりや文章としてのまとまりのない「箇条書き羅列文」が多く見られました。このような文を書く生徒は，必ず頭揃えをして書き，右にいかに余白があろうと1文ずつ改行して書くことも共通しています。

　This is my important book.
　This is my important watch.
　This is my important bag.
　This is my important game.

　スピーキングテストでも同様に，文法知識の定着不足に加え，1つの話題について会話を展開する談話能力（⇨ **Q2-7**）が弱いことがわかっています。
　正確さを高めつつ，まとまりのある文章で自分の考えなどを発信する能力を強化することが，中学英語教育の改善課題として取り組まれています。

小が中，中が小の英語授業に期待することは？

小学校教員が中学校の英語授業に，中学校の英語教員が小学校の英語授業にどんなことを期待しているのでしょうか。

英語教育関係の研究会で，小から中の英語授業への要望，逆に中から小の英語授業への要望をよく耳にしますが，これらは「英語の授業で〜してほしい」という期待の裏返しです。またこれらの要望—期待は，小中の英語授業を考えるうえで非常に有益な指摘であり，授業の改善策を検討するときに，ぜひ参考にしたいものです。

1．小が中の英語授業に期待すること
①中学に進むと「英語の授業が楽しくない」という生徒が増える。英語にもっと楽しくふれ，英語を使う授業を行ってほしい。
②先生によっては，文法事項の説明やドリル，英訳や和訳を授業の柱に据えている。「聞くこと」，「話すこと」にもっと比重を置いた授業にしてほしい。

2．中から小の英語授業に期待すること
①英語音をカタカナ音で代用するなど，生徒の英語が日本語的な発音になっている。音声指導は，CDやDVDなど視聴覚教材を活用してほしい。
②クイズやゲームを活用することはよいが，意味をともなわない機械的な練習になっているケースが多い。発音や文構造などの指導にあたり「気付き」や「学び」を大切にしてほしい。
③「聞くこと」，「話すこと」の指導を大切にしているとしながら，単なるくり返し練習に終始する授業が目立つ。まず「聞くこと」，次に「話すこと」へとステップを踏んで指導してほしい。また「話すこと」の活動はくり返し練習で覚えた英語を単に言わせるだけでなく，自分で考え，自分のことや自分の考え，気持ちなどを伝える自己表現・コミュニケーション活動の楽しさを体験させてほしい。

上記の要望事項以外に，小中教員のいずれからも「もっと小学校の／中学校の英語授業を理解してもらいたい」という多くの要望があります。これは，小中の外国語教育という長期的な視点から，それぞれの発達段階や学習段階に合った授業を考える必要性を示唆しているようです。

小・中学生に英語を指導する際の違いは？

発達段階が異なる小学生と中学生に英語を指導する際の違いはどういう点にあるのでしょうか。

1．小学生の発達段階と学習上の特性

一口に小学生といっても，この時期の６年間の成長はめざましく，低学年と高学年児童ではきわめて大きな違いがあります。身体の成長だけでなく大脳も発達し大人の思考に近づきます。次は担任の先生方が英語指導を通して感じた児童の発達段階と学習の特性をまとめたものです（⇨ Q8-2 ）。

低学年	・好奇心が旺盛で，未知のもの，異質なものへの抵抗感が少ない。 ・意味がよくわからなくても耳にした音声をそのまままねようとする。 ・周囲を気にせず楽しんで表現する。身体を動かすことを好む。 ・１つの活動に長時間取り組むのは苦手である。
中学年	・新しいものに進んで挑戦したいという気持ちが出てくる。 ・身体を動かす活動に加え，友達と協力し関わり合う活動を好む。 ・４年生後半頃から知的欲求が出始め，理解できないと不安を抱くようになり，間違いや失敗に対する抵抗感を持ち始める。
高学年	・知的欲求が高まり，ゲームなどの表面的な楽しさのみでは飽き足らなくなり，関心ある内容や考えて行う活動に興味を持つようになる。 ・論理的思考力・理解力が高まり，知識を体系化する能力が高まってくるが，自信を持って理解できないと消極的になり，声が小さくなる児童が目立ち始める。 ・文字に対する興味が高まり，英語を自分で読みたい，書きたいという願望が生じてくる。音声インプットのみで何となくわかるだけでは物足りなくなり意欲を失う。

2．「外国語活動」と「外国語科・英語」での指導

上の表のような児童の発達段階に応じて，活動内容や指導方法を変える必要があります（⇨ Q2-1 ）。小学校低学年では，児童の身のまわりの日常生活に関わる具体的な事物や話題を選んで，歌ったり体を動かしたりと，楽しい活動をたくさん体験させてあげましょう。中学年ではそれらに加え，友達と協力して取り組むペア活動やグループ活動にも取り組ませましょう。

高学年では，単に点数や速さを競うゲームや「ごっこ遊び」的な幼稚な活動ばかりでは，児童の興味・関心は持続できません。音声指導でも５語文以

上になると短期記憶だけでは対応できない児童も出てきますので，慣れ親しませるための口頭練習を十分に行い，先生が「どの児童もできる」という確信を持ってから言語活動に移ることが大切です。理解力や応用力が高まってくる高学年での「外国語科」では，例えば，「主語＋動詞＋目的語」の語順や否定語の位置，主語の単数・複数，動詞の形など，日本語とは異なる英語の語順や形への気付きも促し，単語を変えればさまざまな文を自分で作り出せることに気付かせ，練習させるとよいでしょう。

　低・中学年で音声中心の活動に慣れ親しんだ児童は，高学年になると「自分で読んでみたい」「書いてみたい」と，自然と文字に対する興味を抱くようになります。慣れ親しんで口に出して言えるようになった単語や文を声に出して読んだり，書き写したりする活動も取り入れ，児童の知的欲求も満たす指導を工夫し実践していきましょう（⇨ Q3-7,8, Q4-5~8）。

3．中学校英語での指導

　中学校での本格的な英語学習では，文法についても体系的に学び，「聞くこと」，「話すこと（やり取り，発表）」，「読むこと」，「書くこと」の4技能5領域を総合的に高め，聞いたり読んだりしたことについて話し，話したことをもとに内容や正確さを高めて書くなど，複数の技能を統合した活動にも挑戦します。教科書で言語や文化のほか，物語，地理，歴史，スポーツ，科学，環境問題，人権や平和などさまざまなジャンルに関する英文を読むことを通して，コミュニケーションのしかた（how to communicate）を指導するとともに，生徒たちの伝える内容（what to communicate）を広げ豊かにし，伝達量の増加を図ること（how much to communicate）も目標です。

　たとえるならば，「小学校英語は英語のおもちゃ箱，きれいに整理できていなくてもよいから箱をイッパイにして中学校に持たせる。中学校では，それをタンスの引きだしごとに整理して，必要なときに必要なものをそれぞれの引きだしから取り出して自ら活用できるようにしてあげる」というイメージです。小中を通じて英語でのコミュニケーション能力を育成するための連携の在り方については，Q14-5 を参照してください。

小中連携を考える観点は？

小中の英語教育の連携・接続を考えるうえで、どのような観点が必要でしょうか。

小中連携・接続を考えるうえでは、以下の4つの観点で一貫性や系統性・継続性に配慮し、円滑な小中の接続を心がける必要があります。

1．学習到達目標の一貫性

現在の学校英語教育では、「小中高を通じて一貫した学習到達目標を設定することにより、英語によるコミュニケーション能力を確実に養う」ことが目標とされています。ここでいう「学習到達目標」とは、単にbe動詞、一般動詞、三単現、過去形といった文法事項の配列のみではなく、各文法事項の持つ働き（function）に焦点を当て、それらを使って4技能5領域で「英語を使って何ができるようになるのか」を学習者にもわかるよう具体的に「〜できる」という指標形式で表すことになっています（⇨ **Q3-4,10**）。

学習到達目標あっての授業、各学期や学年、さらには小学校、中学校としての最終的な学習到達目標があってこそ、1時間1時間の単位授業が線としてつながります。各校種が勝手気ままに到達目標を設定するのではなく、日本の学校英語教育として小中高を通じた長期的な視野から俯瞰した一貫性と継続性のあるグランド・デザインが必要です。これは日本の外国語（英語）教育政策の根幹に関わることですので、「学習指導要領」やそれに基づいて編集され使用される文部科学省編「外国語活動」用の共通教材や「外国語科・英語」用の教科書を十分に吟味すること、また、学習指導要領については、小学校だけでなく中学校や高等学校についてもおおよその学習到達目標を知っておきたいものです。

2．指導内容の系統性・継続性

中学英語のスタートはアルファベットの学習から、という時代は終わりました。中学校1年生の指導は小学校での学習や体験を踏まえて行わねばなりません。小学校3年生で歌った歌を中学校英語教員がそうとは知らずに1年生で歌わせるなどといったことが起こらないようにしなければなりません。また、中学校で学習する文や文構造の中にも、小学校で聞き・話す活動を中

心に慣れ親しんできたものもあることを中学校教員は知ったうえで指導する必要があります。逆もまた必要で，小学校教員も自分の教える児童が中学でどのようなことを学習するのか，少なくとも中学第1学年で使う検定教科書には目を通し，本文ではどのような話題を扱うのか，どのような表現をどんな場面で学習するのかなど，先を知ったうえで小学校英語の指導に当たりたいものです。小学校高学年の教科としての「外国語科」で，発音と文字の関係の指導をどこまで行い，中学校にどううまく接続させるかは今後の大きな課題となるでしょう（⇨ Q14-6 ）。適度な段差を設けた系統性・継続性のある小中の学習内容の円滑な接続には，小中それぞれの共通教材や検定教科書が重要な役割を果たすことになるでしょう。

3．指導法の系統性・継続性

　中学校でも新教育課程から「授業は英語で進めることを基本とする」ことになります（⇨ Q14-2 ）。逆に言えば，小学校でも英語使用をALT任せにするのでなく，日本人教員もより自然で質の高い英語をより多く使用すべく努力することが求められます。外国語の指導法にも，話すことを強制せず聞いて理解するインプット中心の指導法もあれば，早い段階からアウトプットさせ試行錯誤の中で使いながら学ばせる指導法など，さまざまな指導法があります（⇨ Q8-1 ）。小学校から中学校で授業の進め方や教え方など指導法が極端に変わると生徒に不安を与え，混乱を生むので，配慮が必要です。小学校で担任として，あるいは専科教員として英語を教える教員の養成も今後大学で始まるでしょうが，現職の先生方が中学校英語二種免許状を取得できる「免許法認定講習」も始まっています。機会があれば受講し外国語の指導法も学んでみましょう（⇨ Q13-8 ）。

4．評価方法の系統性・継続性

　領域である「外国語活動」の評価は，児童のよい点や特徴的な事項を文章で記述するなど，従来同様に「所見」を通じて伝えますが，高学年の「外国語科」では数値評価による「評定」も行わねばなりません。新教育課程における評価は，小中高の系統性や継続性を考慮して，「資質・能力の3つの柱」に基づいて整理され，「知識・技能」「思考・判断・表現」「主体的に学習に取り組む態度」の3つの観点について評価することになっています。具体的な評価方法については， Q3-4 を参照してください。

小中連携の事例とそれを意義あるものにする方策は?

小中連携がうまく機能した事例を紹介してください。また，連携を意義あるものにするための留意点を紹介してください。

小中連携がうまく機能した事例に共通していることは，「人と人とのつながり」があるということです。これには時間がかかるので，一歩一歩地道に進めていくしかありません。地域に合ったシステムを作っていくことも大切です。人が入れ替わっても機能し続ける，その地域の英語教育の基盤となるシステムを構築することができるかが，継続的な小中連携のカギになります。これらの視点から，具体的な進め方の事例を紹介します。

1．小中連携の事例①

関東地方のある市では，小学校の英語活動を中学校の英語教員に参観してもらうことと，中学1年生の英語授業を小学校教員が参観することから始めました。まず，双方の授業の様子から現状を把握し，お互いに感想を述べ合い，どう接続していくことが望ましいのかを考えました。その後，教育委員会から英語の指導力のある小学校教諭と中学校教諭が「兼務教諭」として任命され，市内各小学校で出前授業をしたり，小学校兼務教諭がT_2として中学校1年生の授業に参加したりしました。このようにお互いが実際に異校種を体験することで見えてくるものがありました。それは「小学校の英語活動は簡単ではないことや，中学英語の進度の早さや指導の難しさ」などでした。お互いの苦労を共有する中から，同僚性が芽生えていきました。次に，兼務教諭は分担してすべての小学校に週1回出かけ，担任とのティーム・ティーチングで英語活動を行うのですが，初年度は兼務教諭がT_1としてT_2の担任をリードしながら英語活動の楽しさや指導方法を伝え，2年目には担任をT_1として徐々に授業運営の主導権を委ね，兼務教諭はT_2として担任をサポートするようにしました。授業をすること自体を，英語活動の指導ができる担任を育てる研修の場と位置づけたのです。

その後，2名の兼務教諭と市の小中学校の英語部会長の4名で構成する「研究推進委員会」を作り，指導主事の協力も得ながら，小学校段階で何をどこまでやればよいのか，学習目標を試行錯誤しながら検討を重ねていきま

した。以下がそこで設定した小学校卒業までの学習到達目標です。
① 異言語である英語を「聞いてわかる楽しさ」や英語を使って「コミュニケーションする楽しさ」を体感させる。
② アルファベットの読み書きができる。
③ 3文字程度の単語のつづり字を見て発音できる。
④ 卒業までに10文程度のスピーチができる。

　これらの学習到達目標を具現化するために小学校兼務教諭が中心となり，カリキュラムを作成していきましたが，その作業には地区の中学校の中心的な教員にも関わってもらい，中学校への接続の視点からも検討してもらいました。このように小中連携について検討する「組織」を作り，継続的に機能するシステムを考えていったのです。一方で，これらの研究に関わった中学校教員は，小学校での「学び」をどう中学校で生かすかを考えました。中学英語の導入期に，小学校で学習した内容をアレンジして授業を構成したのです。生徒は自分の知っている内容が授業で扱われるので安心して意欲的に授業に参加し，教員もたくさんほめることができます。そのことにより生徒も自信がつき，中学校の英語授業が好きになっていきました。小中をつなぐこのような指導方法をさまざまな場で発信し，市内の全中学校に広げていきました。中学校英語教員が小学校でどのような英語授業が展開され，どのような力がついているかを知っていることも，小中連携の重要な要素なのです（樋口ほか，2010b）。

2．小中連携の事例②

　関西のある市では，教育センターが作成した小中の円滑な接続をめざした「小〜中1入門期の一貫シラバス」に基づいて，市内に12ある中学校区内の1中学校と2小学校が連携して英語教育を推進しています。連携が軌道に乗るまでの立ち上げ期には，各中学校区の2つの小学校に1名の小学校英語教育に通じた「英語教育支援者」を採用して配置し，担任とともに授業に関わりながら教材や指導法についての知識や技能を提供しました。注目すべきは，この支援者の仲介により2つの小学校での学習内容をそろえたことです。つまり，小中連携の土台・前提となる中学校区内での「小小連携」も制度化したのです。また，各小学校に1名ずつ小学校英語推進の中核教員として「英語教育担当教員」を委嘱し，この2名の教員は自校にとどまらず，2小1中

の3校をつなぐコーディネーターとしての役割を果たし，小中教員の合同英語授業研修会を次のように企画し運営しています。

　毎年3学期には中学校英語教員が次年度迎える6年生の英語授業を参観に出向き，授業後に合同での協議会を持ちます。中学教員が小学校英語教育の目標や学習内容，教材や授業の状況を把握できてきたら，小学校担任と英語教育支援者との3人でティーム・ティーチングを行います。6年生が卒業した次年度の1学期には，小学校の元担任が進学先の中学校の英語授業を参観に出かけ，教え子たちの中学校英語授業への参加や活躍ぶりを観察し，授業後に合同協議会を開いて意見交換を行います。

　同市ではこれを「引継ぎスタンダード」と呼び，全中学校区で実施しています。現在では，全市レベルでの小中合同の英語教育研究会を年に数回開催して中学校区間の横の連携を取るとともに，各中学校区では教員の交流だけでなく，小学生と中学生が英語を通して交流するプログラムも実施しています（樋口ほか，2010b）。

3．小中連携実現に向けた留意点と行政の責任

　以上，東西2つの事例からもわかるように，小中連携を意義あるものにするには，小中教員がお互いの現状を把握したうえでビジョンを共有することが不可欠です。そのためには，顔が見える関係，本音で話し合える関係，互いの立場を尊重できる関係づくりが必要です。「英語を通して子どもたちの成長を図る」という共通の土台を確認すること自体が意義あることですし，そのために「ここをこんなふうにつなげよう」と具体的な方略を小中教員が共有して実践することで，意味のある連携が生まれるのです。

　2つの事例のもう1つの共通点は，教育委員会が「小中の英語教育をよりよいものにするには連携が不可欠。小学校教員と中学校英語教員は，このことを踏まえて頑張ってください」といった口先だけの号令でなく，行政機関として責任を持って関わり，連携のための組織やシステムづくり，さらに中心となって連携を推進する人材を確保し学校に配置していること，そして各学校長の積極的な関わりや教員支援が，その実効性を保証しているという点です。望ましい小中連携の英語教育実現のためには，文部科学省の研修のみならず，それぞれの自治体が，必要な予算措置も講じ，地域の実情に合った持続可能な組織や体制を作ることが求められます。

参考／引用文献

和書

石田雅近，小泉仁，古家貴雄（2013）『新しい英語科授業の実践─グローバル時代の人材育成をめざして』金星堂．

伊藤嘉一（1984）『英語教授法のすべて』大修館書店．

伊村元道（2003）『日本の英語教育200年』大修館書店．

泉惠美子，長沼君主，島崎貴代，森本レイト敦子（2016b）「英語学習者の自己効力と自律性を促進する授業設計と評価─Hi, friends! Can-Do リスト試案に基づいて─」JES Journal 16, pp.50-65.

泉惠美子，萬谷隆一，アレン玉井光江，長沼君主ほか（2014）「小学校外国語活動における評価のあり方─児童の学びの支援に関する研究─」JES Journal 14, pp.228-243.

泉惠美子，萬谷隆一，アレン玉井光江，田縁眞弓，長沼君主（編）（2015）『小学校英語 Can-Do 評価尺度活用マニュアル─Hi, friends! 1＆2 Can-Do リスト試案─』小学校英語評価研究会．

泉惠美子，萬谷隆一，アレン玉井光江，田縁眞弓，長沼君主（編）（2016a）『小学校英語 Can-Do 評価尺度活用マニュアル【別冊】─Hi, friends! Plus Can-Do リスト試案─』小学校英語評価研究会．

和泉伸一（2009）『「フォーカス・オン・フォーム」を取り入れた新しい英語教育』大修館書店．

大谷泰照（2012）『時評 日本の異言語教育』英宝社．

大谷泰照ほか編（2015）『国際的にみた外国語教員の養成』東信堂．

木村松雄（2011）「日本：一貫性英語教育への道」（矢野安剛，本名信行，木村松雄，木下正義（編）『英語教育政策』，大学英語教育学会監修：英語教育学大系 第2巻，大修館書店．）

岐阜県大垣市立小野小学校（2016）「小小学校英語科学年ごとの学習到達目標（4技能）」，日本児童英語教育学会第36回秋季研究大会資料集，pp.1-6.

小林美代子，宮本弦（2007）「公立小学校教師たちの英語指導観─公立小学校教員への意識調査より─」小林美代子（編）『早期英語教育の指導者養成及び研修の実態と将来像に関する総合的研究』平成16～18年度科学研究費補助金基盤研究（B）（2）平成18年度研究成果報告書，pp.37-86.

櫻井茂男（監修），黒田祐二（編）（2012）『実践につながる教育心理学』北樹出版．

笹島茂（編）（2011）『CLIL 新しい発想の授業─理科や歴史を外国語で教える!?』三修社．

静哲人（2007）「小学校時代の英語学習が高校時代の英語力及び動機付けに及ぼす影響について」『連携のもとで行う英語教育 スーパー・イングリッシュ・ランゲージ・ハイスクール（SELHi）（平成16年度～平成18年度）最終年度報告書』

白畑知彦，冨田祐一，村野井仁，若林茂則（2013）『改訂版 英語教育用語辞典』大修館書店．

鈴木誠（2012）『「ボクにもできる」がやる気を引き出す─学ぶ意欲を捉え，伸ばすための処方箋』東洋館出版社．

髙橋一幸（2001）「リスニングにおける学習者の困難点とその指導法」『神奈川大学 心理・教育研究論集』第20号，pp.62-73.

髙橋一幸（2003）『授業づくりと改善の視点─よりコミュニカティブな授業をめざして』教育出版．

髙橋一幸（2005）『新基礎英語1・チャンツでノリノリ英語楽習！』NHK出版．

髙橋一幸（2007）「日韓の義務教育における英語教科書の比較研究─小中連携英語教育の将来像検討のために」『神奈川大学 心理・教育研究論集』第26号，pp.5-48, 神奈川大学）

髙橋一幸（2011）『成長する英語教師─プロの教師の「初伝」から「奥伝」まで』大修館書店．

太郎良博（2008）「「指導計画の作成と内容の取扱い」の解説」（平田和人（編）『中学校新学習指

導要領の展開：外国語科英語編』明治図書.）
田崎清忠（編）（1995）『現代英語教授法総覧』大修館書店.
千代田区立九段中等教育学校（2015）「KUDAN CAN-DO リスト（2015-2016）」
電子黒板活用効果研究協議会（2009）『電子黒板活用ガイド（平成19年度文部科学省委託事業先導的教育情報化推進プログラム「電子黒板普及推進に資する調査研究事業」）』.
投野由紀夫（編）（2013）『CAN-DO リスト作成・活用 英語到達度指標CEFR-Jガイドブック』大修館書店.
中谷素之（編）（2007）『学ぶ意欲を育てる人間関係づくり―動機づけの教育心理学』金子書房.
日本児童英語教育学会関東・関西合同プロジェクトチーム，樋口忠彦，アレン玉井光江，加賀田哲也，小泉仁ほか（2013）「JASTECアピール：小学校外国語活動の教科化への緊急提言について」『JASTEC研究紀要』第32号，pp.1-17.
日本児童英語教育学会・英語授業研究学会関西支部合同プロジェクトチーム（2017a）樋口忠彦，泉惠美子，田邉義隆，和田憲明，神原勝ほか「小中高における学習到達目標（CAN-DO）作成の取り組みとその活用法」『小中連携を推進する英語授業―実践的研究』.
日本児童英語教育学会・英語授業研究学会関西支部合同プロジェクトチーム（2017b）樋口忠彦，中西浩一，多田玲子，山川拓ほか「小学校における授業過程及び授業の進め方（高学年）」『小中連携を推進する英語授業―実践的研究』.
日本児童英語教育学会・英語授業研究学会関西支部合同プロジェクトチーム（2017c）樋口忠彦，中西浩一，箱崎雄子，髙田悦子，今西竜也「45分授業と関連させたモジュール型授業のあり方と単元学習指導計画」『小中連携を推進する英語授業―実践的研究』.
樋口忠彦（監修），衣笠知子（2003）『英語ではじめよう国際理解3―英語で歌おう！』学習研究社.
樋口忠彦，衣笠知子（編著）（2004）『小学校英語活動アイディアバンク ソング・ゲーム集』教育出版.
樋口忠彦，金森強，國方太司（編）（2005）『これからの小学校英語教育―理論と実践―』研究社.
樋口忠彦，大村吉弘，田邉義隆，國方太司ほか（2007a）「小学校英語学習経験者の追跡調査と小・中学校英語教育への示唆」『近畿大学語学教育部紀要』第7巻第2号，pp.123-180.
樋口忠彦，緑川日出子，髙橋一幸（編）（2007b）『すぐれた英語授業実践―よりよい授業づくりのために』大修館書店.
樋口忠彦，大村吉弘，田邉義隆，國方太司ほか（2008）「小学校英語学習経験者の追跡調査と小・中学校英語教育への示唆（続）」『近畿大学語学教育部紀要』第8巻第2号，pp.179-234.
樋口忠彦，下絵津子，加賀田哲也，泉惠美子ほか（2009）「中学入学以前の学習経験が高校生の情意面に及ぼす影響」英語授業研究学会『英語授業研究学会紀要』第18号，pp.47-79.
樋口忠彦(監修)，衣笠知子(2010a)『英語ノートパーフェクト①英語でエンジョイ』学研教育出版.
樋口忠彦，大城賢，國方太司，髙橋一幸（編）（2010b）『小学校英語教育の展開―よりよい英語活動への提言』研究社.
樋口忠彦，泉惠美子（編）（2011）『続　小学校英語活動アイディアバンク』教育出版.
樋口忠彦，並松善秋，泉惠美子（編）（2012）『英語授業改善への提言―「使える英語」力を育成する授業実践』教育出版.
樋口忠彦，加賀田哲也，泉惠美子，衣笠知子（編）（2013）『小学校英語教育法入門』研究社.
樋口忠彦，髙橋一幸（編）（2015）『Q&A 中学英語指導法事典―現場の悩み152に答える』教育出版.
松川禮子（監修）（2001）『50 English songs』文溪堂.
若林俊輔（1990）「日本の公立小学校ではなぜ外国語教育が行われていないのか」（五島忠久（監修），五十嵐二郎，樋口忠彦ほか（編）『児童英語指導法ハンドブック』アプリコット.）

渡辺時夫（1995）「The Input Hypothesis（インプット理論）：MERRIER Approachのすすめ」（田崎清忠（編）『現代英語教授法総覧』大修館書店．）

渡部良典，和泉伸一，池田真（2011）『CLIL 内容言語統合型学習 上智大学外国語教育の新たなる挑戦 第1巻 原理と方法』上智大学出版．

Jamie Dunlea（2009）（2010）「英検と CEFR との関連性について 研究プロジェクト報告」公益財団法人日本英語検定協会．

Matsunaga, M. (2016). A survey study on English proficiency and teaching skills for teaching English in Japanese elementary schools. *JACET Kansai Journal 18*, pp. 66-85.

NTTグループ（2014）『教育スクウェア×ICTフィールドトライアルレポート 3年間の実践から見えた"使い続ける"ための成果と課題』．

Yano, S. (2015). Researching teacher talk in Japanese elementary school English classes : Towards improvement of teaching and classes.

洋書

Asher, J. (1996). *Learning another language through actions* (5th ed.), Los Gatos: Sky Oaks Productions.

Bandura, A. (1977). Self-efficacy: Toward a unifying theory of behavioral change, *Psychological Review 84*(2).

Brown, H. D. (2007). *Principles of language learning and teaching* (5th ed.), London : Peason/Longman.

Bruner, J. S. (1978). The role of dialogue in language acquisition. In A. Sinclair, R., J. Jarvelle, & W. J. M. Levelt (Eds.) *The child's concept of language*. New York: Springer-Verlag.

Canale, M. & Swain, M. (1980). Theoretical bases of communicative approaches to second language teaching and testing. *Applied Linguistics 1*.

Carle, E. (1984). *The very busy spider*. New York: Philomel Books.

Carroll, J. B. (1990). Cognitive abilities in foreign language aptitude: Then and now. In T. Parry & C. W. Stansfield (Eds.), *Language aptitude reconsidered*. Englewood Cliffs, NJ: Prentice Hall.

CAST (2011). *Universal design for learning guidelines version 2.0*. Wakefield, MA: Author.

Chaudron, C. (1988). *Second language classrooms: Research on teaching and learning*. New York: Cambridge University Press.

Chomsky, N. (1965). *Aspects of the theory of syntax*. Cambridge, Mass.: MIT Press.

CILT (2004). *European language portfolio: Primary [Revised edition]*. Integrate Ireland language and training.

Council of Europe (2001). *Common European framework of reference for languages: Learning, teaching, assessment*. Cambridge: Cambridge University Press.

Coyle, D., Hood, P., & Marsh, D. (2010). *CLIL: Content and language integrated learning*. Cambridge: Cambridge University Press.

Deci, E. L. & Ryan, R. M., (Eds.) (2002). *Handbook of self-determination research*. Rochester, N.Y.: The University of Rochester Press.

Deci, E. L., & Ryan, R. M. (1995). Human autonomy: The basis for true self-esteem. In M. Kemis (Ed.), *Efficacy, agency, and self-esteem* (pp. 31-49). New York: Plenum.

DeKeyser, R. (2000). The robustness of critical period effects in second language acquisition, *Studies in Second Language Acquisition 22.*
Department for Education and Skills (DfES) (2007). *Letters and sounds: Principals and practice of high quality phonics.*
Dörnyei, Z. & Skehan, P. (2003). Individual differences in second language learning. In Doughty, C. J. & Long, M. H. *The handbook of second language acquisition.* (pp. 589-630). Blackwell.
Eccles, J. S. (2005). Subjective task values and the Eccles et al. model of achievement related choices. In A. J. Elliott & C. S. Dweck (Eds.), *Handbook of competence and motivation* (pp. 105-121). New York: Guilford.
European Commission/EACEA/Eurydice, (2012). *Key data on teaching languages at school in Europe—2012 edition. eurydice report.* Luxembourg: Publications Office of the European Union.
Krashen, S. & Terrell, T. (1983). *The natural approach.* New York: Pengamon. (藤森和子(訳) (1986)『ナチュラル・アプローチのすすめ』大修館書店.)
Krashen, S. D. (1982). *Principles and practice in second language acquisition.* Oxford: Pergamon.
Kwon, O. (2005). The effect of elementary school English education on Korean high school students' English abilities. *English Teaching 60*(3).
Lenneberg, E. H. (1967). *The biological foundations of language.* New York: John Wiley.
Lightbown, P. & Spada, N. (2013). *How languages are learned.* Oxford: Oxford University Press.
Long, M.H. (1981). Input, interaction, second-language acquisition. In H. Winitz (Ed.), *Native language and foreign language acquisition* (pp. 259-278). New York: New York Academy of Sciences.
Lyster, R. (2007). *Learning and teaching languages through content : A counterbalanced approach.* Amsterdam: John Benjamins.
Palmer, H. E. (1921). *The oral method of teaching languages.* Cambridge: W. Heffer & Sun.
Ryan, R. M., & Deci, E. L. (2000). Self-determination theory and the facilitation of intrinsic motivation, social development, and well-being. *American psychologist 55*(1).
Skehan, P. (1998). *A cognitive approach to language learning.* Oxford: Oxford University Press.
Swain, M. (1985). Communicative competence: Some rules of comprehensible input and comprehensible output in its environment. In S. Gass & C. Madden (Eds.), *Input in second language acquisition* (pp. 235-253). Rowley, MA: Newbury House.
Vygotsky, L. (1962). *Thought and language.* Cambridge, MA: MIT Press.
Willis, D., & Willis, J. (2007). *Doing task-based teaching.* Oxford: Oxford University Press.
Winitz, H (1981). *The comprehension approach to foreign language instruction.* Rowley : M.A: Newburry House.

政府刊行物
厚生労働省 (2014)「発達障害者支援施策」.
法務省 (2017a)「在留外国人統計(旧登録外国人統計) 統計表」.
法務省 (2017b)「出入国管理統計統計表」.
文部科学省 (1998), (2008), (2017)『小学校学習指導要領』.
文部科学省 (1998), (2008), (2017)『中学校学習指導要領』.
文部科学省 (2009)『高等学校学習指導要領』.
文部科学省 (2009)『小学校外国語活動研修ガイドブック』.

文部科学省（2001）『小学校英語活動実践の手引き』.
文部科学省（2011a）「外国語能力の向上に関する検討会」.
文部科学省（2011b）「電子黒板の活用により得られる学習効果等に関する調査研究報告書（株式会社内田洋行 教育総合研究所「電子黒板の活用により得られる学習効果等に関する調査研究」検討委員会報告）」.
文部科学省（2012）「通常の学級に在籍する発達障害の可能性のある特別な教育的支援を必要とする児童生徒に関する調査結果について」.
文部科学省（2013）「グローバル化に対応した英語教育改革実施計画」.
文部科学省（2015a）「平成26年度『小学校外国語活動実施状況調査』の結果について」.
文部科学省（2015b）「電子黒板を利用した授業実践に関する調査研究 電子黒板活用場面集授業がもっとよくなる電子黒板活用」.
文部科学省（2016a）「平成27年度 学校における教育の情報化の実態等に関する調査結果（概要）」.
文部科学省（2016b）「『外国語』等における小・中・高等学校を通じた国の指標形式の目標 たたき台（外国語ワーキンググループにおけるとりまとめ（案）［別添資料9］）」.
文部科学省（2016c）「次期学習指導要領等に向けたこれまでの審議のまとめ」.
文部科学省（2017a）「年間指導計画案素案」.
文部科学省（2017b）「小学校学習指導要領比較対照表」.
臨時教育審議会答申（1986）.
中央教育審議会答申（1996），（2008），（2017）.
中央教育審議会・外国語専門部会審議のまとめ（2006）.
中央教育審議会（2015）「これからの学校教育を担う教員の資質能力の向上について～学び合い，高め合う教員育成コミュニティの構築に向けて～（答申）」.
中央教育審議会・外国語ワーキンググループ審議の取りまとめ（2016）
英語教育の在り方に関する有識者会議（2014）「今後の英語教育の改善・充実方策について 報告～グローバル化に対応した英語教育改革の五つの提言～」.
外国語能力の向上に関する検討会（2011）「国際共通語としての英語力向上のための5つの提言と具体的施策」.
国立教育政策研究所（2003）『平成13年度 小中学校教育課程実施状況報告書 中学校 英語』ぎょうせい.
国立教育政策研究所（2007）「特定の課題に関する調査（英語：「話すこと」（中学校）調査結果」.

教科書・教材
文部科学省（2009）『英語ノート1，2』.
文部科学省（2012）*Hi, friends! 1, 2*
Daekyo出版（2014）*English.*
康軒文教事業出版（2009）*Hello, Darbie!*

放送
日本放送協会（2014）『学びを変える？ ～デジタル授業革命～』（2014年9月8日放送）.
　http://www.nhk.or.jp/gendai/articles/3547/index.html

編著者・執筆者一覧　⟨（　）内は執筆分担⟩

樋口忠彦（ひぐちただひこ）〔代表編著者〕（Q1-1~1-5, 2-8, 6-1, 6-2, 8-1, 8-4, 8-5, 9-6~9-8, 14-3）
　大阪教育大学附属天王寺中学校・高等学校教諭，大阪教育大学助教授，近畿大学教授等を歴任。日本児童英語教育学会および英語授業研究学会元会長，現在，両学会の特別顧問。NPO 子どもの文化・教育研究所理事。編著書に，『個性・創造性を引き出す英語授業』『小学校からの外国語教育』『これからの小学校英語教育―理論と実践』『小学校英語教育の展開』『小学校英語教育法入門』（以上，研究社），『小学校英語活動アイディアバンク』正・続編，『英語授業改善への提言』『Q＆A中学英語指導法事典』（以上，教育出版），『すぐれた英語授業実践』（大修館書店）など。監修に，『Mother Goose World―グースキーの冒険』全12巻（KTC中央出版）など。

髙橋一幸（たかはしかずゆき）〔編著者〕（Q2-7, 3-2~3-4, 4-1, 4-2, 4-7, 8-3, 9-3, 9-4, 12-10, 14-1, 14-2, 14-4~14-6）
　大阪教育大学附属天王寺中学校・高等学校教諭を経て現在，神奈川大学教授。1992年度パーマー賞受賞。2002~2004年度NHKラジオ「新基礎英語1」講師。英語授業研究学会理事，前会長。日本教育アクションリサーチ・ネットワーク副代表。日本児童英語教育学会理事。語学教育研究所パーマー賞委員。著書に『成長する英語教師』（大修館書店），『授業づくりと改善の視点』（教育出版），『チャンツでノリノリ英語楽習！』（NHK出版），編著書に『小学校英語教育の展開』（研究社），『すぐれた英語授業実践』（大修館書店），『Q＆A中学英語指導法事典』（教育出版）など。

加賀田哲也（かがたてつや）〔編著者〕（Q1-4, 5-1~5-3, 5-6, 11-1~11-6, 13-1, 13-4, 13-6, 13-8）
　大阪商業大学助教授，教授を経て現在，大阪教育大学教授。博士（人間科学）。日本児童英語教育学会理事，小学校英語教育学会理事，英語授業研究学会理事・副会長。編著書に『小学校英語教育法入門』（研究社），共著書に『小学校英語教育の展開』（研究社），『英語授業改善への提言』『Q＆A中学英語指導法事典』『児童が生き生き動く英語活動の進め方』（以上，教育出版）など。

泉惠美子（いずみえみこ）〔編著者〕（Q2-1~2-5, 3-9, 4-4, 6-6, 10-2, 10-6, 12-1~12-5, 12-8, 12-9）
　兵庫県立高等学校教諭，兵庫県立教育研修所指導主事等を経て現在，京都教育大学教授。学術博士。日本児童英語教育学会副会長，関西英語教育学会副会長，小学校英語教育学会理事，英語授業研究学会理事など。編著書に，『続 小学校英語活動アイディアバンク』『英語授業改善への提言』（以上，教育出版），『英語スピーキング指導ハンドブック』（大修館書店），『小学校英語教育法入門』（研究社），共著書に『これからの英語学力評価のあり方』『Q＆A中学英語指導法事典』（以上，教育出版），『小学校英語教育の展開』（研究社）など。

石塚博規（いしづかひろき）（Q7-9, 7-10, 13-7）
　北海道教育大学教授。札幌市教育委員会指導主事などを経て現職。小学校英語教育学会理事。共著書に『小中連携Q&Aと実践―小学校外国語活動と中学校英語をつなぐ40のヒント』（開隆堂）など。

上原明子（かんばるあきこ）（Q5-4, 7-1, 7-5, 7-6, 8-8）
　都留文科大学准教授。アメリカ合衆国公立小学校，福岡県教育センター研修主事などを経て現職。第56回読売教育賞最優秀賞受賞。共著書に『小学校英語教育法入門』（研究社）など。

衣笠知子（きぬがさともこ）（Q7-2, 7-4, 7-7, 8-6）
　園田学園女子大学准教授。日本児童英語教育学会理事。編著書に『小学校英語教育法入門』（研究社），『小学校英語活動アイディアバンク―ソング・ゲーム集―』（教育出版）など。

國方太司（くにかたたかし）（Q3-5, 3-6, 9-5）
　大阪成蹊大学副学長。大阪教育大学附属天王寺中・高等学校などを経て現職。日本児童英語教育学会，英語授業研究学会理事。共著者に『英語授業改善への提言』（教育出版）など。

小泉　仁(こいずみまさし)(Q3-1, 3-7, 3-8, 10-5)
　東京家政大学教授。文部科学省教科書調査官、近畿大学教授を経て現職。日本児童英語教育学会会長、(財)語学教育研究所理事。共著書に『新しい英語科授業の実践』(金星堂)など。

多田玲子(ただれいこ)(Q4-5, 4-6, 6-3, 8-7)
　大阪教育大学、神戸親和女子大学非常勤講師。日本児童英語研究学会理事。共著書に『続小学校英語活動アイディアバンク』(教育出版)、『小学校英語教育法入門』(研究社)など。

田邉義隆(たなべよしたか)(Q2-8, 3-10, 6-4, 9-2)
　近畿大学准教授。函館大学付属柏稜高等学校英語科教諭などを経て現職。日本児童英語教育学会理事。共著書に『続小学校英語活動アイディアバンク』(教育出版)、『小学校英語教育法入門』(研究社)など。

田縁眞弓(たぶちまゆみ)(Q4-8, 8-10, 8-13, 12-6, 12-7)
　ノートルダム学院小学校英語科スーパーバイザー、京都教育大学非常勤講師、小学校英語教育学会京都支部事務局長。共著書に『小学校で英語を教えるためのミニマムエッセンシャルズ』(三省堂)など。

中西浩一(なかにしこういち)(Q8-2, 8-10～8-12, 9-9, 9-10)
　高槻市立北清水小学校校長。高槻市教育センター長などを経て現職。日本児童英語教育学会、英語授業研究学会運営委員。共著書に『Q＆A中学英語指導法事典』(教育出版)など。

中村有佐(なかむらゆうすけ)(Q4-3, 6-5, 7-8, 14-6)
　神奈川県足柄上郡山北町立三保小学校校長。クアラルンプール日本人学校(マレーシア)教諭、公立小・中学校兼務教諭などを経て現職。

箱﨑雄子(はこざきゆうこ)(Q1-4, 7-3)
　大阪教育大学准教授。英語授業研究学会運営委員、日本児童英語教育学会関西支部事務局長。共著書に『続小学校英語活動アイディアバンク』(教育出版)、『これからの小学校英語教育―理論と実践―』(研究社)など。

松永　舞(まつながまい)(Q13-2, 13-3)
　京都産業大学教授。青山学院高等部教諭、近畿大学准教授などを経て現職。学術博士。共著書に『これからの小学校英語教育―理論と実践―』(研究社)など。

松宮奈賀子(まつみやながこ)(Q2-6, 10-1, 10-3, 10-4)
　広島大学准教授。博士(教育学)。共著書に『小学校英語教育法入門』(研究社)、『改訂小中連携Q&Aと実践―小学校外国語活動と中学校英語をつなぐ40のヒント』(開隆堂)、『教師教育講座第6巻　教育課程論』(協同出版)など。

矢野智子(やのさとこ)(Q9-1, 13-5)
　京都市立朱雀第二小学校校長。京都市総合教育センター指導主事、研究課主任研究員などを経て現職。京都市小学校英語活動研究会副会長。

山野有紀(やまのゆき)(Q5-5, 8-9)
　宇都宮大学准教授。東洋英和女学院大学非常勤講師などを経て現職。日本CLIL教育学会、国際教育研究所理事。共著書に『CLIL(内容言語統合型学習)第3巻　授業と教材』(上智大学出版)など。

Q&A 小学英語指導法事典
―― 教師の質問112に答える ――

2017年10月17日　初版第1刷発行

編著者	樋口　忠彦
	髙橋　一幸
	加賀田　哲也
	泉　惠美子

発行者　山﨑　富士雄
発行所　教育出版株式会社
〒101-0051　東京都千代田区神田神保町2-10
電話 03-3238-6965　振替 00190-1-107340

©T. Higuchi／K. Takahashi／T. Kagata／E. Izumi　2017
Printed in Japan
落丁・乱丁はお取替いたします。

組版　ピーアンドエー
印刷　藤原印刷
製本　上島製本

ISBN978-4-316-80440-8　C3537